A FRATERNIDADE COMO DIREITO FUNDAMENTAL ENTRE O SER E O DEVER SER NA DIALÉTICA DOS OPOSTOS DE HEGEL

MARIA INÊS CHAVES DE ANDRADE

A FRATERNIDADE COMO DIREITO FUNDAMENTAL ENTRE O SER E O DEVER SER NA DIALÉTICA DOS OPOSTOS DE HEGEL

Tese apresentada ao Curso de Pós-Graduação da Faculdade de Direito da Universidade Federal de Minas Gerais, como requisito parcial à obtenção do título de Doutora em Direito.

Área de concentração: Filosofia do Direito

Orientador: Prof. Doutor Joaquim Carlos Salgado.

Tese intitulada *A fraternidade como direito fundamental – Entre o ser e o dever ser na dialética dos opostos de Hegel*, de autoria de **Maria Inês Chaves de Andrade**, analisada pela banca examinadora constituída pelos seguintes professores:

Prof. Doutor Joaquim Carlos Salgado – Orientador
Prof. Doutor Fausto Quadros
Profa. Doutora Fabiana de Menezes Soares
Profa. Doutora Mônica Sette Lopes
Prof. Doutor Márcio Augusto Vasconcelos Diniz

A FRATERNIDADE COMO DIREITO FUNDAMENTAL
ENTRE O SER E O DEVER SER NA DIALÉTICA
DOS OPOSTOS DE HEGEL

AUTORA
MARIA INÊS CHAVES DE ANDRADE

EDITOR
EDIÇÕES ALMEDINA. SA
Av. Fernão Magalhães, n.º 584, 5.º Andar
3000-174 Coimbra
Tel.: 239 851 904
Fax: 239 851 901
www.almedina.net
editora@almedina.net

PRÉ-IMPRESSÃO | IMPRESSÃO | ACABAMENTO
G.C. GRÁFICA DE COIMBRA, LDA.
Palheira – Assafarge
3001-453 Coimbra
producao@graficadecoimbra.pt

Junho, 2010

DEPÓSITO LEGAL
312301/10

Os dados e as opiniões inseridos na presente publicação
são da exclusiva responsabilidade do(s) seu(s) autor(es).

Toda a reprodução desta obra, por fotocópia ou outro qualquer
processo, sem prévia autorização escrita do Editor, é ilícita
e passível de procedimento judicial contra o infractor.

Biblioteca Nacional de Portugal – Catalogação na Publicação

ANDRADE, Maria Inês Chave de, 1966-

A fraternidade como direito fundamental entre
o ser e o dever ser na dialética dos opostos
de Hegel
ISBN 978-972-40-4094-3

CDU 340

DEDICATÓRIA

Ao Henrique, meu marido, pela propriedade dos valores abstratos mais caros de minha vida.

Aos meus filhos, Jonas e Esther, pela riqueza de um amor que se mensura no infinito.

Às amigas de uma vida inteira: Ângela, Márcia, Maria Tereza, Adriana e Luciana e Juliana Magalhães, Luciana e Daniela Silva, Daniele Nazaré, Denise Silva e Denise de Sousa e Silva, Lílian Müller, Maria Isabel Cristina, Luíza Caprichoso, Francisca, Fernanda, Liliane Santos, Liliane Aparecida, Andréia, Ana Paula Santana, Ticiana, Mônica, Lílian, Marcinha, Bebel, Flávia Bicalho, Ritinha, Úrsula, Flávia Bellini, Juliana Andrade, Ana Paula Prata, Elaine, Ana Paola, Raquel Haas, Raquel Soares, Vera Lúcia, Mariza, Thelma, Christine e Luciana Barbosa.

À Ana Maria Chaves, à Mírian Manhães e à Marília de Campos, minhas grandes amigas de mãe.

Às minhas primas, Andréa, Alessandra, Maria Célia, Maria Cristina, Clarissa, Bruna, Luciana, Paula e Paula, Júlia, Laura e Alice e aos meus primos, Leonardo, Miltinho, Aldo Jr., Marcinzinho, José Marcelo, Eduardo, Rodrigo, Renato, Guilherme, Alfredo, Álvaro, Pedro e Julinho.

Ao Vinícius Miranda Gomes e ao Afonso Mário Paixão Murta Lages, meu grande amigo em vida e meu melhor amigo já depois dela, respectivamente.

AGRADECIMENTOS

Ao meu pai, Prof. Dr. Aloízio Gonzaga de Andrade Araújo, cuja consciência do Estado me legou o estado de cidadã consciente.

À minha mãe, Dra. Marlene Vieira Chaves de Andrade, pela teologia e pela fé, que aproximam ciência e Deus.

Aos meus irmãos, Aloízio Jr., Marcelo e Raquel, pela irmandade efetiva que me proporcionou a primeira experiência de fraternidade.

Ao meu orientador, Prof. Dr. Joaquim Carlos Salgado, pela doçura evidente na acidez de sua perspicácia sem amargor que revela o quanto a vida foi perfeita em seu temperamento.

Ao Prof. Dr. Antônio Álvares da Silva, pela elegância humilde própria aos grandes homens que não se abstêm de outros menores.

Às minhas grandes amigas de "O Proação", Ângela Proença e Márcia Prudente, por realizarem tanto por mim e comigo e apesar de mim, numa vivência cotidiana de humanidade proativa.

Ao Prof. Dr. Júlio Maria de Andrade Araújo, meu tio, por uma conversa sob angicos sobre anjos e homens.

Ao Prof. Dr. Fausto Quadros, cujo ser emoldura mesmo a riqueza ostensiva de seu intelecto, um coração ditoso e o luzimento de um espírito arguto e feliz.

Ao Prof. Dr. Jorge Miranda e ao Prof. Dr. Ricardo Fiúza, cujas mãos me ofereceram um passado que hoje se me oferece presente.

À Profa. Dra. Isabel de Magalhães Colaço, uma grande mulher em tempos de homem, por toda amizade e afeto, *in memorian.*

Ao Prof. Dr. Armando Marques Guedes, pelo mar que Direito fez-me navegar águas antepassadas.

Ao meu marido e aos meus filhos, Henrique, Jonas e Esther, tripé que me sustenta e ao qual dou mobilidade.

APRESENTAÇÃO

Ao estudar Heidegger que indagara o sentido do ser do ente porquanto o "ser é sempre ser de um ente" compreendi que era preciso, muito preciso que nos voltássemos à interpretação de nós mesmos se nos quiséssemos desocultar – porque ser e ao mesmo tempo não ser, não pode ser (*esse, simol non esse, esse non potest*), o mesmo que se dizer ser humano e ao mesmo tempo não ser humano, não pode ser – certos de que o homem é o ente, o que existe e que revela o ser através do logos, que amadurece num processo histórico motivado pela questão que assola a humanidade desde sempre: quem somos, de onde viemos e para onde vamos.

De sua parte, Hegel nos oferece o entendimento de que a interpretação é lógica e o apontamento de que a aparência é um nada, embora sinal do absoluto, quando a interpretação dá-se a revelar a essência como verdade que se tornou certeza na consciência. Então, a partir do pensamento de Hegel propus-me a um pensamento analítico abstrato, dividindo a realidade em essência e aparência, ser humano e homem, possibilitando a alienação, com a essência separada da aparência. Depois, dei-me ao pensamento dialético compreensivo para descobrir a essência humana no momento da totalidade, quando o homem coloca seu fundamento em si mesmo e não em outro, fosse atribuir a Deus as qualidades que a si pertencem e que deve ostentar racionalmente na própria confecção de si como imagem e semelhança do que aspira. O pensamento dialético nos permitiu tomar a totalidade da essência e da aparência, o ser humano como real, procurando mostrar a necessidade de superar o dualismo, a cisão que levou o homem a ser interpretado como mal, como "lobo do homem", na dicção hobbesiana, de modo que como ser humano o homem enquanto realidade recobre a sua integridade.

A alienação da essência do homem, então, procedida em Deus desaparece se nos convencermos desta interpretação dialética a partir de Hegel. Não quero dizer com isto que Deus não exista, mas motivar a busca por Ele que começou desde os primórdios num percurso que tornou as civilizações obsoletas pelo que devemos tomar consciência de nossa própria fragilidade, ou melhor, questionar a arrogância que suscita todo pré-conceito e justifica toda atrocidade.

Sabe-se que a alienação é um risco mesmo do processo de interpretação dado que "o ser torna exterior a si o que está nele e constitui sua essência", considerando-a realidade diversa, quando a entifica, na separação da essência e da aparência.

"No início o verbo" – o verbo que se fez carne. Do Evangelho de João, capítulo 8, versículo 58 temos de Jesus: *em verdade, em verdade vos digo que antes que Abraão existisse Eu sou*. E o próprio Jesus – verbo tornado carne – em Colossenses, capítulo 1, versículo 15 – é dito imagem e semelhança do Deus invisível.

Se invisível não reflete por óbvio e revela que o que existe não é o que é visto quando o Eu não é o mesmo que Eu sou. Poder-me-ia questionar a própria expressão "ser humano" ser oferecida apenas pelas línguas latinas, em descompasso com a língua inglesa que nos oferece "being human" (sendo humano) e a língua alemã onde encontramos do ser "gewesen" (sido). Nesta dimensão, meu orientador da tese, o Prof. Dr. Joaquim Carlos Salgado já nos oferecera uma compreensão de que "gewesen" significa o ser que foi e que passou no conceito através da reflexão. Na essência, o ser é o sido porque já superado como imediatidade; no conceito é o sido como processo acabado que passou pela mediação, a unidade da essência e da aparência, do significante e do significado. Talvez, por isso, Hegel não tenha procedido à dialética da fraternidade, possível em nossa língua, a partir de seu infinitivo como base ontológica de um processo hermenêutico, que nos revela o interior do significado no plano do finito quando a ele lhe aditamos humano. Talvez, por isso também, nos seja possível um entendimento a propósito da razão de o povo alemão encontrar-se em condições de uma humanidade mais efetiva no plano histórico.

Aqui, gostaria de depositar um agradecimento especial ao Prof. Dr. Bruno Simma, meu orientador durante minha estada em Munique, na Ludwig-Maximilians Universität, quando procedia minhas pesquisas para um doutoramento sanduíche, possível através da bolsa do DAAD com a qual fui contemplada, dado o Prof. Simma ter compreendido minha intenção em aprender da Alemanha muito mais que nela, o que só lá poderia saber e que possivelmente não estava apenas nos livros, sempre oferecidos às fotocópias, o que viria a proceder para uma leitura em data conveniente.

Ao Direito cabe não apenas efetuar a coexistência de arbítrios, mas uma coexistência efetivamente livre quando o homem realizar o ser humano que é. O homem, em si racional, tem de fazer-se racional para si e reconhecidamente humano, reconhecer o outro, a si no outro e a si a partir do outro. E isto se dá pelo Direito, na sua idéia de Justiça, através da História, de um homem que, livre à medida que domina a natureza, se vê nela como ente natural que requer sua própria dominação para conclusivamente apor-se livre, o que só faz pelo Direito, quando o entendimento de Hegel e Kant, ante a liberdade, se concluem como liberdade efetiva, no concílio do domínio da natureza e da autonomia da vontade.

O amparo semântico que buscamos não foi para encontrar de pronto o significado, mas estabelecer uma metalinguagem, porque "ser humano" oferece o significado a partir de uma relação, não correspondendo a uma entidade. A sinonímia dicionarizada é uma representante parcial da atual sincronia da língua portuguesa. Com isto, temos que não procedemos a um estudo semasiológico, da significação como metodologia de análise que parte das formas lingüísticas para indicar noções ou conceitos a elas correspondentes, embora relevemos a linguagem como médium irrecusável de sentido e validade de qualquer saber humano que necessariamente conduz a saber-se humano.

Hoje, todo o Planeta e cada um de nós espera uma tomada radical de postura racional tanto pela efetivação dos direitos humanos quanto pela própria perpetuidade de nossa espécie sobre a Terra. Já tomamos consciência de nossa fragilidade e do perigo da inércia de nossas ações até a aferição óbvia de nossa efemeridade.

Espero, sinceramente, ter contribuído para que possamos trazer para nós mesmos a responsabilidade de nossas próprias atitudes, crentes no ser humano do homem que me faz ser racionalmente idealista, embora temerosa à consciência de que já não é nossa ignorância que justifica o perdão divino porquanto já não podemos argumentar que não sabemos o que ora fazemos.

Finalmente, é essencial que faça uma homenagem especial ao Sr. Prof. Doutor Fausto Quadros pela amizade que se adensa já há vinte anos. Aquando dos tempos de mestrado, tive a honra de o ter como orientador e foi pelas mãos dele, amigo pessoal do Prof. Doutor Bruno Simma, que fui a Munique e agora retorno a Lisboa para o lançamento de minha tese pela Editora Almedina. O Prof. Doutor Fausto Quadros aceitou o convite para compor minha banca de doutoramento e nela fez questão de arguir-me aos moldes lusitanos, sempre de pé e fardado como se em sua Clássica, ela que concede já há tanto a autoridade e o respeito dos grandes intelectuais que reconhece por mérito de prova e provação. Ao Sr. Prof. Doutor Fausto Quadros deposito aqui meu reconhecimento e minha gratidão por tudo quanto tenha significado em minha vida, seja sua interveniência sempre leal e exigente, mas também definitiva de quem já há muito sabe de fraternidade. Obrigada.

Agora, submeto minha tese à leitura de todos. Obrigada, também.

PREFÁCIO

A Senhora Doutora Maria Inês Chaves de Andrade licenciou-se em Direito no Brasil, na Faculdade de Direito da Universidade Federal de Minas Gerais. De seguida, frequentou o Mestrado em Ciências Jurídico-Internacionais na Faculdade de Direito da Universidade de Lisboa, tendo defendido uma dissertação na especialidade de Direito do Mar, com a qual obteve elevada classificação. Mais tarde, levou a cabo um plano de investigação na Faculdade de Direito da Universidade de Munique, sob a direcção do Professor Doutor Bruno Simma, que então era o Director do Instituto de Direito Internacional daquela Faculdade, lugar que só deixou quando foi designado Juiz do Tribunal Internacional de Justiça, em Haia. Acabou por apresentar a presente dissertação de doutoramento na Faculdade onde se havia licenciado, em Filosofia do Direito, tendo sido classificada com a nota máxima, por unanimidade. Tive o prazer de fazer parte do Júri que em provas públicas apreciou a dissertação e de ser um dos seus co-arguentes, porque de harmonia com o regime em vigor naquela Faculdade todos os membros do Júri arguem a dissertação de doutoramento.

A Doutora Maria Inês Chaves de Andrade dá agora à estampa, em Brasil e em Portugal, essa dissertação e pede-me que redija o respectivo prefácio. Faço-o com o muito gosto.

Na Europa não é vulgar estudar-se a Fraternidade na perspectiva do Direito, designadamente como direito fundamental dos cidadãos ou no quadro da cidadania. Mas creio que um dos méritos desta dissertação reside exactamente no desafio que ela deixa ao leitor no sentido de se rever essa posição. De facto, a Autora é feliz na abordagem da teoria geral da Fraternidade. Consegue explicar a relação entre a Fraternidade e a Razão. Trata bem a Fraternidade como componente do Ser Humano e descobre várias facetas da Fraternidade na organização da sociedade. Consegue convencer da importância da relação entre a Fraternidade e outros valores, sobretudo a Liberdade e a Igualdade. E, obviamente, tenta construir uma teoria da Fraternidade como direito fundamental.

O leitor, particularmente o leitor europeu, incluindo o jurista português, encontrará nesta dissertação muitos pontos para reflexão. E colocará a si próprio a interrogação de saber por que razão a Fraternidade não tem tido vulgarmente no nosso continente o tratamento metodológico que a Autora lhe dá nesta dissertação. É este o grande resultado desta dissertação, para além, obviamente, do seu mérito científico. Por isso, estou certo de que ela terá da parte da comunidade científica o bom acolhimento que merece. À Autora, eu desejo que continue a sua auspiciosa carreira académica.

Lisboa, Março de 2010

Fausto de Quadros
Doutor em Direito
Professor Catedrático da Faculdade
de Direito da Universidade de Lisboa

Sinto muito, mas não pretendo ser um imperador. Não é esse o meu ofício. Não pretendo governar ou conquistar quem quer que seja. Gostaria de ajudar – se possível – judeus, gentios, negros, brancos.

Todos nós desejamos ajudar uns aos outros. Os seres humanos são assim. Desejamos viver para a felicidade do próximo – não para o seu infortúnio. Por que havemos de odiar e desprezar uns aos outros? Neste mundo há espaço para todos. A terra, que é boa e rica, pode prover a todas as nossas necessidades.

O caminho da vida pode ser o da liberdade e da beleza, porém nos extraviamos. A cobiça envenenou a alma dos homens. Levantou no mundo as muralhas do ódio e tem-nos feito marchar a passo de ganso para a miséria e os morticínios. Criamos a época da velocidade, mas nos sentimos enclausurados dentro dela. A máquina, que produz abundância, tem-nos deixado em penúria. Nossos conhecimentos fizeram-nos céticos; nossa inteligência, empedernidos e cruéis. Pensamos em demasia e sentimos bem pouco. Mais do que de máquinas, precisamos de humanidade. Mais do que de inteligência, precisamos de afeição e doçura. Sem essas virtudes, a vida será de violência e tudo será perdido.

A aviação e o rádio aproximaram-nos muito mais. A própria natureza dessas coisas é um apelo eloqüente à bondade do homem. Um apelo à fraternidade universal, à união de todos nós. Neste mesmo instante a minha voz chega a milhares de pessoas pelo mundo afora. Milhões de desesperados, homens, mulheres, criancinhas, vítimas de um sistema que tortura seres humanos e encarcera inocentes. Aos que me podem ouvir eu digo: "Não desespereis! A desgraça que tem caído sobre nós não é mais do que o produto da cobiça em agonia... da amargura de homens que temem o avanço do progresso humano. Os homens que odeiam desaparecerão, os ditadores sucumbem e o poder que do povo arrebataram há de retornar ao povo. E assim, enquanto morrem homens, a liberdade nunca perecerá.

Soldados! Não vos entregueis a esses brutais que vos desprezam, que vos escravizam, que arregimentam as vossas vidas, que ditam os vossos atos, as vossas idéias e os vossos sentimentos! Que vos fazem marchar no mesmo passo, que vos submetem a uma alimentação regrada, que vos tratam como gado humano e que vos utilizam como bucha de canhão! Não sois máquina! Homens é que sois! E com o amor da humanidade em vossas almas! Não odieis! Só odeiam os que não se fazem amar, os que não se fazem amar e os inumanos!

Soldados! Não batalheis pela escravidão! Lutai pela liberdade! No décimo sétimo capítulo de São Lucas está escrito que o Reino de Deus está dentro do homem – não de um só homem ou grupo de homens, mas dos homens todos! Está em vós! Vós, o povo, tendes o poder – o poder de criar máquinas. O poder de criar felicidade! Vós, o povo, tendes o poder de tornar esta vida livre e bela... de fazê-la uma aventura maravilhosa. Portanto – em nome da democracia – usemos desse poder, unamo-nos todos nós. Lutemos por um mundo novo, um mundo bom que a todos assegure o ensejo de trabalho, que dê futuro à mocidade e segurança à velhice.

É pela promessa de tais coisas que desalmados têm subido ao poder. Mas, só mistificam! Não cumprem o que prometem. Jamais o cumprirão! Os ditadores liberam-se, porém escravizam o povo. Lutemos agora para libertar o mundo, abater as fronteiras nacionais, dar fim à ganância, ao ódio e à prepotência. Lutemos por um mundo de razão, um mundo em que a ciência e o progresso conduzam à ventura de todos nós. Soldados, em nome da democracia, unamo-nos!

Hannah, estás me ouvindo? Onde te encontrares, levanta os olhos! Vês, Hannah? O sol vai rompendo as nuvens que se dispersam! Estamos saindo da treva para a luz! Vamos entrando num mundo novo – um mundo melhor, em que os homens estarão acima da cobiça, do ódio e da brutalidade. Ergue os olhos, Hannah! A alma do homem ganhou asas e afinal começa a voar.

Voa para o arco-íris, para a luz da esperança. Ergue os olhos, Hannah! Ergue os olhos!

Charles Chaplin. *O último discurso* – **O Grande Ditador.**

RESUMO

Da dialética dos opostos põe-se que humano é o não desumano, pois, ser humano, a sua realidade é a negação da realidade do desumano. A questão do ser humano que se põe não se resolve com base na natureza, porque não há o ser desumano, pelo que a solução está na razão. Assim, por meio da própria racionalidade precisa tomar-se como obra de si, porquanto para ser humano é preciso que na ação de ser quem não é encontre-se no seu devir. O produto da ação de ser humano é a realização de si enquanto projeto, de sua idéia de ser humano. O produto não é artificial, mas o próprio ser que, sendo, deve ser pelo que demanda do ordenamento jurídico a confecção da fraternidade, uma vez que nele o homem subjaz autônomo e, portanto, livre. Logo, é pelo ordenamento jurídico, e somente por ele, que o homem se realiza objetivamente como ser humano.

ABSTRACT

The dialectic of opposites establishes that human is that which is not nonhuman, since being human, his reality is to deny the reality of that which is nonhuman. The question of being human that is put forth is not settled based on nature, because there is no such thing as a nonhuman being, and therefore, the solution is to be found in reason. Thus, by means of his own rationality, a human must see himself as his own product, and therefore to be human it is necessary that in the action of being who he is not, he finds himself in his *becoming*. The result of the action of the human being is the realization of himself as a project, of his idea of a human being. The product is not artificial, but the being itself, who, in being, should be what it is demanded from the legal system for the creation of fraternity, since it is within it that man can be considered autonomous, and therefore, free. Thus, it is through the legal system, and only through it, that man realizes himself objectively as a human being.

1. INTRODUÇÃO

1.1 A Escolha do Tema

No plano da filosofia, que intenta mais provocar questionamentos que se dar às soluções pelo seu próprio composto reflexivo, o que faremos é, antes do mais, exercitar nosso conhecimento sobre nós mesmos, ou melhor, refletirmos o homem a partir dele mesmo, pensarmo-nos a partir do conhecimento de nossa própria consciência[1].

Tomado isso, a primeira razão que nos incitou a tratar o tema diz respeito à contemporaneidade do terceiro princípio da Revolução Francesa, a fraternidade, na seqüência de que as preocupações filosóficas contemporâneas, centradas sobre a liberdade e a igualdade, imputam à filosofia do direito que resolva a exigibilidade da fraternidade na sociedade de homens para a realização da justiça social. Assim posto, entendemos que a realização da fraternidade interessa tanto ao Direito como ao Estado, como a eles interessa a realização da liberdade e da igualdade. Nisso exsurge nosso interesse por Hegel: seu movimento dialético na Fenomenologia que toma o sujeito como fenômeno para si mesmo[2]. E, aqui, diga-se que a fraternidade toma o sujeito e o põe em relação a si mesmo porque manipula, como veremos, a própria idéia de humanidade e ela a de ser humano e ela a de homem[3], a nossa em relação a nós mesmos e

---

[1] Nesse sentido, apontemos o entendimento de Joaquim Carlos Salgado de que "a filosofia mostra-se como um saber da consciência e, ainda mais especificamente, uma reflexão sobre a liberdade, enquanto essa idéia pode ser pensada a partir de determinadas condições históricas concretas" (*A idéia de justiça em Kant*: seu fundamento na liberdade e na igualdade, p. 13.)

[2] Cf. VAZ, Henrique Cláudio de Lima. Apresentação. *In*: HEGEL, G. W. F. *Fenomenologia do espírito*, p. 15.

[3] Aqui, tomamos a significação cultural da fenomenologia exposta por Lima Vaz, que conforma a seguinte pergunta: "O que significa, para o homem ocidental moderno,

aos outros. Assim, em Hegel encontramos a possibilidade de nos pormos como sujeitos autocognoscentes e conscientes de nós mesmos, o que nos permite tanto a pretensão do caminho como as escusas das armadilhas nele, vez que nos é dado o direito de acreditar possuir a verdade do objeto porque o próprio objeto, homem e ser humano, mas tornado outro ainda por meio de nosso discurso, porque sujeito intentando aproximar sujeito e objeto porque complementares na exigência natural do autoreconhecimento e da automanifestação.

Embora isso constitua, por si só, um problema, não queremos dizer com isso que queremos igualar certeza subjetiva e verdade objetiva, mas, na lógica de um discurso, conferir-lhe objetividade científica. Nesse sentido, o que se insinua aqui é aplicar ao sujeito cognoscente, que se experimenta consciente a medida de si, a própria medida da autoconsciência, e, com essa medida, tentar a dimensão do objeto, que é o próprio sujeito que se pensa ou pelo menos dimensionar a experiência de si enquanto objeto conhecido e sujeito conhecedor desse mesmo objeto. Assim, porque se não dizer que *conhe-sendo*, tomada a dialética da Fenomenologia de Hegel, primeiro, a certeza sensível, a presença do sujeito no aqui e agora, a situação originária desse sujeito, que se conhece, enquanto objeto, e se experimenta como objeto para depois ter, explicitamente, consciente-de-si, a verdade da certeza de si mesmo.

---

experimentar o seu destino como tarefa de decifração do enigma de uma história que se empenha na luta pelo Sentido através da aparente sem-razão dos conflitos, ou que vê florescer 'a rosa da Razão na cruz do presente'"? (Cf. *Fenomenologia do espírito*, p. 16.) De outra feita, a sociobiologia parte da conformação cerebral do homem como mamífero superior formado por um tipo de córtex mais recente (neocórtex) onde se contitui a racionalidade, para dizer que apesar disso conduzimos muitos de nossos atos com base, ainda, em nosso cérebro primitivo (a parte inferior correspondendo ao cérebro dos répteis, responsável pelas ações involuntárias e funções viscerais; e a porção intermediária, correspondente ao cérebro dos mamíferos antigos, formada por estruturas que regem nossas emoções: possuímos comportamentos ritualísticos, matamos para comer, tendemos a discriminar pessoas fora do nosso grupo imediato (família, aldeia, raça, etc.), defendemos nosso espaço (domínio territorial). Sobre esse pano de fundo biológico desenvolveram-se as culturas, tão diversas entre si, mas todas tendo em comum ao que chamam "mente tribal", que se mantém, haja vista que hoje dizemo-nos numa aldeia global. Apontam esses sociobiólogos a necessidade de nos libertarmos do tribalismo e acrescentam que seria por intermédio da quarta revolução, a da biotecnologia, descobrindo os genes que controlam nosso comportamento agressivo e que fazem a nossa mente ser tribal e desativá-los, encontrando nas neurociências um papel fundamental para uma "evolução artificial". (CARDOSO, Sílvia Helena. *Transcendendo a mente tribal*. Disponível em: www.cerebromente.org.br).

O pensamento de Hegel aparece como ponto definitivo na formulação teórica do conceito de fraternidade: a idéia de fraternidade como humanidade, a possibilidade de dialetizar o conceito de ser humano como distinto de homem, a infinidade na identidade.

1.2 O Intento do Trabalho

Neste ponto revela-se a importância da primeira parte da *Fenomenologia* intitulada "Consciência" para saber do homem no mundo sensível tornado outro na consciência-de-si, sendo um que refletido em si é outro, mas também é a si mesmo porque o outro enquanto objeto é o sujeito sujeitando-se em si. Então, no movimento dialético de Hegel é possível saber do homem consciente de si e ainda consciente do outro que como verdade de um mundo exterior é, também, ele mesmo, mais que refletido porque idêntico ao objeto, refletindo-se. O que se pretende, então, é tomar, a partir da dialética hegeliana, o homem como ser humano, de modo a que o sujeito, encontrando-se como objeto, possa conceber de si mesmo uma verdade para afinar a consciência de si no mundo da vida animal, homem, com a consciência de si para a verdade da história, o ser humano.

Nos parâmetros hegelianos, entendemos possível conceber a fraternidade tomando a dialética do desejo e a dialética do reconhecimento, quando se faz necessário que o homem se distinga de si como objeto em si porque humano e numa história constituída a partir da Revolução Francesa, donde sossobra a fraternidade enquanto princípio para que se possa verificar a necessária efetivação da justiça social como destino de uma civilização racional.

A consciência de si consciente do outro consciente que em si é a consciência consciente. A *Fenomenologia* aderindo à razão a experiência do que é Espírito, "essa substância absoluta que, na liberdade acabada e na independência da sua oposição, a saber, de diversas consciências de si que são para si, é a unidade das mesmas; Eu que é nós, e Nós que é Eu". Assim, o homem consciente de si no outro que é ele mesmo, e essa inflexão, tomando a unanimidade das consciências em si uns nos outros, retira o homem do mundo dos objetos porque na consciência de si em si se não há como falar em domínios supra e aquém sensível porque sensível o próprio objeto que se conhece sujeito tanto quanto sujeito que se põe como objeto a si.

É na fraternidade que o homem se apresenta a si como ser humano e "penetra no dia espiritual do que é presença", quando o outro acontece no mundo histórico com a mesma importância do eu mesmo na unidade do Espírito. A *luta pelo reconhecimento* é o intento do homem que, consciente de si, alcança sua condição humana e a universaliza na consciência do outro, que é ele próprio, para a concepção não apenas de uma "sociedade do consenso universal"[4], mas a própria humanidade enquanto fraternidade de homens.

1.3 Para uma Delimitação Metodológica

O que se pretende com este trabalho é, assim, tratar a idéia de fraternidade em Hegel, buscando aferir, a partir da *Fenomenologia do Espírito*, os parâmetros teóricos para a concepção da idéia de justiça[5] social alicerçada para além da idéia de liberdade e de igualdade, sobre a idéia de fraternidade, advindas todas da Revolução Francesa. Assim, tomando a fraternidade como direito fundamental ou o homem como ser humano, buscar a necessária **coincidência entre o ser e o dever ser**[6] na dialética dos opostos de Hegel para a realização da idéia de humanidade, quando o homem que é deixa que o outro seja, por meio do dever ser que permite o vir a ser desse homem que, sendo ser humano, reconhece no outro o vir a ser daquilo que é, encontrando na fraternidade o sentido da própria humanidade.

Como é imprescindível, balizando-nos em Salgado[7], nos daremos ao processo de dialetização hegeliana até atingir a idéia de fraternidade,

---

[4] VAZ, Henrique Cláudio de Lima. Apresentação. *In*: HEGEL, G. W. F. *Fenomenologia do espírito*, p. 24.

[5] Salgado nos expõe que a "idéia de justiça no mundo contemporâneo [...] é a universalização máxima do direito na forma de direitos fundamentais, um elenco de valores máximos reconhecidos universal e igualmente a todos os seres humanos. Eis que o direito aparece no mundo contemporâneo, como o *maximum* ético, e a justiça como o desdobramento da liberdade na forma de direitos subjetivos e, no Estado de Direito contemporâneo, como justiça universal, entendida como declaração e efetivação dos direitos fundamentais nas constituições democráticas dos povos civilizados e na Carta das Nações Unidas". (*A idéia de justiça no mundo contemporâneo*, p. 8.)

[6] Tomemos aqui a inscrição de Miguel Reale de que o homem é o único ente que só pode ser enquanto realiza seu dever ser, revela-se como pessoa ou unidade espiritual, sendo a fonte de todo processo cultural, pois, como pessoa, não é senão espírito na autoconsciência de seu pôr-se constitutivamente como valor. (*Filosofia do direito*, v. I, p. 190.)

[7] SALGADO, Joaquim Carlos. *A idéia de justiça em Hegel*. O próprio Salgado toma por base Kroner, Richard [*von Kant bis Hegel*. Tübingen: J. C. B. Mohr (Paul Siebeck),

que em Hegel é identificada com a própria história da razão, "matéria infinita de toda vida material e espiritual"[8], na busca da

> eliminação cada vez mais acentuada dos processos de violência na ordem social humana, no sentido do encontro de uma sociedade que possa banir esses processos e realizar a liberdade, tal como em Kant, preconizando o seu vetor progressista: a história mostra que o homem caminha para o mais ético, o mais livre, com o eliminar do irracional, da violência, na busca de uma sociedade de consenso, que marca sua racionalidade no dizer de Lima Vaz[9].
> [...]
> Mesmo quando a história é determinada por contingências ou paixões, isso só se dá pela astúcia da razão que a põe a seu serviço[10].

É preciso compreender também que a história é um progresso. O vir-a-ser de muitas peripécias não é senão a história do Espírito universal que se desenvolve e se realiza por etapas sucessivas para atingir, no final, a plena posse, a plena consciência de si mesmo. *"O absoluto, diz Hegel, só no final será o que ele é na realidade".*

Para tomarmos a dialética dos opostos de Hegel e chegarmos à realização da idéia de fraternidade como realização da idéia de humanidade, faremos uso do problema da significação lingüística, o qual é melhor formulado da seguinte maneira: Quem é o ser humano? Quer dizer, daremos uma caracterização própria de um dos usos de sua significação e seus cognatos. Entendemos que para a expressão lingüística "ser humano" há uma idéia comunicada para além de sua sinonímia a homem. Entendemos que, no contexto da dialética hegeliana, é plausível ter a expressão ser humano realizando uma completa ação lingüística, tomando-a na forma elíptica de uma frase. Desse modo, nosso interesse fundamental consiste em falar sobre a significação da expressão "ser

---

1977] para mostrar "o processo de interiorização da filosofia kantiana até atingir a idéia de liberdade". (Cf. *A idéia de justiça em Kant:* seu fundamento na liberdade e na igualdade, p. 19.)

[8] HEGEL, G. W. F. *Introduction à la philosophie de l'histoire*, p. 47.

[9] SALGADO, Joaquim Carlos. *A idéia de justiça em Hegel*, p. 27.

[10] Salgado (*A idéia de justiça em Hegel*, p. 27) cita Hegel (*Vorlesungen über die Philosophie der Geschichte*, p. 49. *Enziklopädie der Philosophischen Wissenschaft I*, § 209.)

humano" e dar-nos à verificação de seu *status* semântico a partir do que faremos com ela. Não é a identidade de uso de expressões que buscamos, mas a elucidação das especificações de sua significação para explicitar o que estamos expressando, dada a conveniência de apreender mais que "ser humano" significa, mas o que "ser humano" quer dizer.

Antes do mais, tomemos que temos tanto o sentido das palavras como a recepção do sentido que possuem em nossa língua com sua carga significativa.

Ser humano é um lexema (unidade fundamental da língua que pode constituir-se de palavras, locuções ou morfemas) que se analisa por duas características: denotação e sentido. No primeiro caso, o lexema é visto em relação ao que denota ou demonstra na realidade. Já no que pertine ao sentido, mostra seu entrosamento ou composição com diferentes palavras ou locuções para formar conceitos. Do ponto de vista da denotação, o lexema "ser humano" designa homem. Do ponto de vista do sentido, temos que "se a relação entre palavras e coisas – ou entre língua e mundo – fosse tão direta e uniforme quanto se supôs que fosse, poderíamos imediatamente considerar ou o sentido ou a denotação como base a definir um em termos do outro. Por exemplo, poderíamos tomar a denotação por base: considerar que as palavras fossem nomes, ou rótulos, para classes de entidades (como vacas, ou animais) que existem no mundo, externas à linguagem e dela independentes e que o aprendizado do significado descritivo é simplesmente uma questão de aprender que rótulo atribuir a que classe de entidades"[11]. Assim temos que, para além de sua denotação como homem, ser humano como lexema determinado por seu sentido pode ser tomado pela razão como fonte de conhecimento para identificar seu significado com idéias ou conceitos a ela associados, pelo que o faremos.

Portanto, temos que a fraternidade, como direito fundamental, supõe, para sua apreciação, a construção dialético-semântica de sua definição.

A indagação sobre a fraternidade envolve a ponderação dos direitos fundamentais, em função dos quais se tem conjugado o conceito e a normação criada, alicerçando o conceito de fraternidade como direitos fundamentais de terceira geração, afeito ao capítulo 2. Conviu-nos alinhar, no capítulo 3, dados relativos à idéia de ser humano, tentando recolher

---

[11] LYONS, John. *Linguagem e lingüística*: uma introdução, p. 147.

elementos úteis à compreensão do ser humano que autonomizamos no capítulo 4. Na seqüência do que se disse, a partir da dialética do reconhecimento de Hegel, intitulou-se o quinto capítulo como "Reconhe-Ser-se humano" de modo a estruturar o Estado, o cidadão e o indivíduo como sujeitos da ação de ser humano, nos capítulos 6, 7 e 8, designadamente para se compreender a ação de ser humano, propriamente dita, tratada no capítulo 9.

No final do estudo ficam enunciadas as principais conclusões que nos coube aferir. Em termos de notas referentes ao texto, preferimos sua localização contígua à da matéria abordada.

2. A FRATERNIDADE E OS DIREITOS DO HOMEM

A fraternidade vem sempre proclamada como um dos três princípios axiológicos fundamentais em matéria dos direitos do homem, juntamente com a liberdade e a igualdade.

Ora, a formação histórica desse tríptico remonta à Revolução Francesa cuja consagração oficial em textos jurídicos se fez a partir da Declaração dos Direitos do Homem e do Cidadão de 1789. De toda forma, tanto ela como o *Bill of Rights* de Virgínia de 1776 só sagraram a liberdade e a igualdade como princípios. A fraternidade veio a ser mencionada, pela primeira vez – e não como princípio jurídico, mas antes como virtude cívica – na Constituição Francesa de 1791, tendo o texto constitucional da segunda república francesa, em 1848, vindo a declarar oficialmente a tríade. O que se deu à época foi

> a laicização de uma idéia força tipicamente cristã. Ao Cristianismo se deve, efetivamente, o decisivo influxo na implantação e difusão desta convicção e aspiração: a convicção de que os homens são verdadeiramente irmãos e a aspiração a que todos se considerem e tratem como tais[12].

---

[12] CABRAL, Roque. Fraternidade. *In*: POLIS: Enciclopédia Verbo da Sociedade e do Estado. Lisboa/São Paulo: Verbo, [s.d.].

De toda forma, o princípio da fraternidade, quase todo o tempo, se quedou como princípio da solidariedade social[13] a partir da idéia de que um laço fraternal une todos os homens numa só família, a partir de uma base religiosa. O confucionismo e o estoicismo podem ser elencados aqui numa referência à Antigüidade: "A natureza fez de nós uma família" (Sêneca); "O universo é como uma cidade" (Marco Aurélio).

Depois, sobreveio com os chamados direitos de terceira geração tomados sejam como de primeira geração aqueles direitos informados pelas aspirações à liberdade e conhecida em conjunto como direitos civis e políticos[14], sejam de segunda geração, os direitos econômicos, sociais e culturais – ou, simplesmente, direitos sociais[15]. Os chamados direitos de terceira geração[16] são dados à compreensão a partir do processo de ascensão e declínio do Estado-Nação ao longo da segunda metade do século XX, haja vista que

> tendem a cristalizar-se neste fim de século enquanto direitos que não se destinam especificamente à proteção dos interesses de um

---

[13] Alude Reale que a solidariedade social é conseqüência da divisão do trabalho social, "como exigência inamovível da convivência e uma rede de serviços reciprocamente prestados: o Estado mesmo resolve-se em um sistema de serviços públicos". (*Filosofia do direito*, p. 390.)

[14] Refletindo o individualismo liberal-burguês emergente dos séculos XVII e XVIII, os direitos que a compõem tendem a impor obrigações negativas, ou seja, abstenções, ao invés de intervenções ao Estado e têm mais um sentido de "liberdade de" que de "direito a". São direitos de titularidade individual, embora alguns sejam exercidos em conjuntos de indivíduos. Essa geração inclui os direitos à vida, liberdade, segurança, não discriminação racial, propriedade privada, privacidade e sigilo de comunicações, ao devido processo legal, ao asilo face a perseguições políticas, bem como as liberdades de culto, crença, consciência, opinião, expressão, associação e reunião pacíficas, locomoção, residência, participação política, diretamente ou por meio de eleições.

[15] Decorrem de aspirações igualitárias historicamente vinculadas a movimentos socialistas e comunistas do século XIX e início do XX. Têm por objetivo garantir aos indivíduos condições materiais tidas por seus defensores como imprescindíveis para o pleno gozo dos direitos de primeira geração e, por isso, tendem a exigir do Estado intervenções na ordem social segundo critérios de justiça distributiva. Incluem os direitos à segurança social, ao trabalho e proteção contra o desemprego, ao repouso e ao lazer, incluindo férias remuneradas, a um padrão de vida que assegure a saúde e o bem-estar individual e da família, à educação, à propriedade intelectual, bem como as liberdades de escolha profissional e de sindicalização.

[16] WESTON, Burns H. Human rights. *In*: THE NEW ENCYCLOPAEDIA BRITANNICA, v. 20, p. 659.

indivíduo, de um grupo ou de um determinado Estado. Têm primeiro por destinatário *o gênero humano mesmo*.[17]

Não por outro motivo também são chamados de direitos difusos, considerados direitos coletivos por excelência, quais sejam, o direito à auto--determinação política, econômica, social e cultural dos povos; o direito ao desenvolvimento econômico e social; o direito à participação nos benefícios da herança comum da humanidade (recursos compartilhados terrestres e extra-terrestres; informações e progresso científico e tecnológico; e tradições, sítios e monumentos culturais); direito à paz, direito ao socorro humanitário em casos de desastres e direito a um meio ambiente sadio[18].

Bobbio já nos fala em direitos de quarta geração, referentes aos efeitos cada vez mais exarcerbados da pesquisa biológica, que permitirá manipulações do patrimônio genético de cada indivíduo[19].

Sobre a tese histórica das gerações de direitos, a partir da relação entre estes e o Estado, Bobbio afirma:

> os direitos não nascem todos de uma vez. Nascem quando devem ou podem nascer. Nascem quando o aumento do poder do homem sobre o homem – que acompanha inevitavelmente o progresso técnico, isto é, o progresso da capacidade do homem de dominar a natureza e os outros homens – ou cria novas ameaças à liberdade do indivíduo, ou permite novos remédios para as suas indigências: ameaças que são enfrentadas através de demandas de limitações do poder; remédios que são providenciados através da exigência de que o mesmo poder intervenha de modo protetor. Às primeiras, correspondem os direitos de liberdade, ou um não-agir do Estado; aos segundos, os direitos sociais, ou ação positiva do Estado. Embora

---

[17] BONAVIDES, Paulo. *Curso de direito constitucional*, p. 523. Como aponta Marcelo Andrade Cattoni de Oliveira, Paulo Bonavides, seguindo Karel Vasak, valeu-se da famosa divisão da Revolução Francesa para, também, utilizar as expressões "direitos de liberdade" (primeira geração), "direitos de igualdade" (segunda geração) e "direitos de fraternidade ou de solidariedade" (terceira geração). (*Teoria discursiva da argumentação jurídica de aplicação e garantia processual jurisdicional dos direitos fundamentais*, p. 110, grifo nosso.)

[18] Para essa compreensão, BONAVIDES, Paulo. *Curso de direito constitucional*, p. 523.

[19] BOBBIO, Norberto. *A era dos direitos*, p. 6. Apontando que sobre este tema já existe uma literatura significativa, particularmente anglo-saxônica.

as exigências de direitos possam estar dispostas cronologicamente em diversas fases ou gerações, suas espécies são sempre – com relação aos poderes constituídos – apenas duas: ou impedir os malefícios de tais poderes ou obter seus benefícios. Nos direitos de terceira e quarta geração, podem existir direitos tanto de uma quanto de outra espécie[20].

A Declaração Universal dos Direitos Humanos, adotada e proclamada pela resolução 217 A (III), da Assembléia Geral das Nações Unidas, em 10 de dezembro de 1948, conclama o que chamaram *espírito de fraternidade*. Nesse diapasão, a Organização Internacional do Trabalho (OIT), em particular, vem desenvolvendo, por meio de convenções, os vários direitos do homem e neste limite, do homem trabalhador, declarados no art. XXIII[21].

Após enunciar, nos três primeiros artigos[22], os valores fundamentais da liberdade, da dignidade e da fraternidade, e proclamar que todos os seres humanos têm direito à vida, à liberdade e à segurança pessoal, a declaração assenta, ainda, a proibição da escravidão e do tráfico de escravos (art. IV)[23].

A declaração de princípios já consignava em seu art. VI que "todo homem tem direito de ser, em todos os lugares, reconhecido como pessoa perante a lei". Esse é o princípio capital em matéria de direitos humanos[24].

---

[20] BOBBIO, Norberto. *A era dos direitos*, p. 6.

[21] 1.Toda pessoa tem direito ao trabalho, à livre escolha de emprego, a condições justas e favoráveis de trabalho e à proteção contra o desemprego; 2. Toda pessoa, sem qualquer distinção, tem direito à igual remuneração por igual trabalho; 3. Toda pessoa que trabalhe tem direito a uma remuneração justa e satisfatória, que lhe assegure, assim como à sua família, uma existência compatível com a dignidade humana, e a que se acrescentarão, se necessário, outros meios de proteção social; 4. Toda pessoa tem direito a organizar sindicatos e neles ingressar para proteção de seus interesses.

[22] "Artigo I – Todas as pessoas nascem livres e iguais em dignidade e direitos. São dotadas de razão e consciência e devem agir em relação umas às outras com *espírito de fraternidade*; Artigo II – Toda pessoa tem capacidade para gozar os direitos e as liberdades estabelecidos nesta Declaração, sem distinção de qualquer espécie, seja de raça, cor, sexo, língua, religião, opinião política ou de outra natureza, origem nacional ou social, riqueza, nascimento, ou qualquer outra condição; Artigo III: toda pessoa tem direito à vida, à liberdade e à segurança pessoal." (Grifo nosso.)

[23] Ninguém será mantido em escravidão ou servidão, a escravidão e o tráfico de escravos serão proibidos em todas as suas formas.

[24] Numa fórmula tornada célebre, Hannah Arendt concluiu que a essência dos direitos humanos é o direito a ter direitos. A autora entende que os homens não nascem

Outro traço saliente da Declaração Universal de 1948 é a afirmação da democracia como único regime político compatível com o pleno respeito aos direitos humanos (arts. XXI e XXIX, alínea 2). O regime democrático já não é, pois, uma opção política entre muitas outras, mas a única solução legítima para a organização do Estado. Assim, a democracia se põe como inseparável do conceito de direitos do homem, em que naquele regime político todos os indivíduos detêm uma parte da soberania, de modo que a liberdade se vê precedendo o poder[25].

Assinale-se, finalmente, o reconhecimento, no artigo XXVIII[26], do primeiro e mais fundamental dos chamados *direitos da humanidade*, aquele que tem por objetivo a constituição de uma ordem internacional que respeita a dignidade humana.

Essa opção coletiva pela liberdade e pela igualdade tornou os direitos humanos obrigatórios para os membros da sociedade política, pois a existência de pessoas destituídas de direitos humanos enfraqueceria a posição de todos.

Mas, agregada à questão dos direitos humanos, remanesce a indagação central de se saber do homem como ser humano.

Quem é o homem? A sua simples formulação já postula a singularidade emitente deste ser, capaz de tomar a si mesmo como objeto de reflexão. [...] Se a humanidade ignora o sentido da vida e jamais poderá discerni-lo, é impossível distinguir a justiça da iniquidade, o belo do horrendo, o criminoso do sublime, a dignidade do aviltamento. Tudo se identifica e se confunde, no magma caótico do

---

livres e iguais; tomando a liberdade e a igualdade como opções políticas (cf. LAFER, Celso. *A reconstrução dos direitos humanos*: um diálogo com o pensamento de Hannah Arendt, p. 150), e que ambas estão na base dos direitos humanos, vez que em algum momento histórico, com o advento da propriedade privada teve-se que se começar a construir coletivamente os direitos humanos como um instrumento de luta contra a opressão na mantença da liberdade e da igualdade comprometidas.

[25] Bobbio entende que ao nos referirmos à democracia seria mais correto falar de soberania de cidadãos e não soberania popular já que povo é um conceito ambíguo e numa democracia quem toma as decisões são indivíduos e não a sociedade enquanto corpo orgânico, tomando-se que a maioria é a soma aritmética dos votos dos indivíduos, um por um. (*A era dos direitos*, p.101-102.) Paulo Bonavides coloca todas as gerações de direitos como infra-estruturais formando uma pirâmide cujo ápice é o direito à democracia. (*Curso de direito constitucional*, p. 525.)

[26] Toda pessoa tem direito a uma ordem social e internacional em que os direitos e liberdades estabelecidos na presente Declaração possam ser plenamente realizados.

absurdo universal, aquele mesmo abismo amorfo e tenebroso que, segundo o relato bíblico, precedeu a Criação[27].

Ora, as

sociedades justas, expressas nas declarações e discursos, serão efetivadas na medida em que as ações humanas sejam orientadas por uma consciência[28] *que, de fato, fundamente a relação da Ética e do Direito em uma adequada concepção de ser humano.*[29]

É fato que somos animais. Mas a idéia de humanidade não tem sua origem na religião. Antes, está na própria significação da expressão, ser humano. Sua exigência à fraternidade e o fato de relegarmos esta para a religião porquanto se releve o frater na congruência ao irmão que incita a consangüinidade religiosa a partir de um Pai, é que imputou a distorção do termo. John Gray nos fala num darwinismo evangélico[30] em face da

---

[27] COMPARATO, Fábio Konder. *A afirmação histórica dos direitos humanos*, p. 3-4.

[28] Salgado expõe que "a formação da consciência é um processo de formação e informação do homem. Esse processo só é possível em um ser que se transforma segundo suas potencialidades, não só do ponto de vista ontogenético, mas também do filogenético. O ser imediato do homem é negado por essas potencialidades que dele fazem parte na consistência imediata do seu ser em si. Como puro ser o homem é pura potencialidade, mas potencialidade não posta. Como potencialidade posta, o homem precisa definir-se, enquanto essência, não como mero vir-a-ser que pertence a esse ser como potencialidades, mas como dever ser, isto é, autoformar e não apenas transformar-se por determinações dos códigos diretores das suas potencialidades. O dever ser e não o devir é o que dá nota essencial do homem, pois como devir é determinado, como dever ser é autodeterminação que, no caso, é autoformação. Ora, o dever ser que dá a nota da concepção do homem como ser que se projeta e auto-engendra, que ser forma, implica uma concepção axiogênica, pela qual o homem tem de postular-se como livre no processo da auto-educação que envolve tanto uma busca permanente do saber do mundo e sua transformação, do qual ele faz parte, como a busca do saber de si como livre e sua formação como tal, num mundo por ele criado e que é o ambiente, o elemento da sua formação como livre. Não é o trabalho, apenas, que, como força cega, impele o homem no processo histórico, mas o trabalho do homem que inclui duas dimensões: o projeto e a atuação, a idéia e a ação, a ciência ou o saber e a operação". (*A idéia de justiça no mundo contemporâneo*: fundamentação e aplicação do direito como *maximum* ético, p. 19-20.)

[29] SILVA, Paulo César da. Fundamentos antropológicos do biodireito. *In*: NASCIMENTO, Grasiele Augusta Ferreira; RAMPAZZO (Org.). *Biodireito, ética e cidadania*, p. 41.

[30] GRAY, John. *Cachorros de palha*: reflexões sobre humanos e outros animais, p. 12.

idéia de que é falsa a crença cristã de que os humanos se distinguem de todos os outros animais por terem livre-arbítrio[31] e entende que o humanismo não é uma ciência, mas religião:

> A crença pós-cristã de que os humanos podem fazer um mundo melhor do que qualquer outro em que tenham vivido até agora [...] os cristãos entenderam a história como uma narrativa sobre o pecado e a redenção. O humanismo é a transformação dessa doutrina cristã da salvação em um projeto de emancipação humana universal. A idéia de progresso é uma versão secular da crença cristã na providência.[32]

Depois truca o controle consciente da evolução humana porque

> a idéia de a humanidade tomar seu destino nas próprias mãos somente faz sentido se atribuirmos consciência e propósito à espécie, [o que não seria possível haja vista que] a descoberta de Darwin foi que as espécies são apenas correntes na flutuação aleatória dos genes. A idéia de que a humanidade possa moldar seu futuro presume que esteja isenta dessa verdade.[33]

E provoca: "Humanidade não existe. Existem apenas humanos, impulsionados por necessidades e ilusões conflitivas e sujeitos a todo tipo de condições debilitantes da vontade e do julgamento"[34]. Mais à frente acrescenta que o mundo

> é um meio-caos que os humanos só podem esperar compreender parcialmente. A ciência não tem como satisfazer a necessidade humana de encontrar ordem no mundo. As ciências físicas mais

---

[31] Para tanto, pode-se tomar a Santo Tomás de Aquino para quem "o livre-arbítrio é a causa do próprio movimento porque o homem, pelo livre arbítrio, determina a si mesmo a agir". Santo Tomás aponta que não é necessário para que exista a liberdade, que o homem seja a primeira causa de si mesmo porque dita primeira causa é Deus. (ABBAGNANO, Nicola. *Dicionário de filosofia*, p. 578.)

[32] GRAY, John. *Cachorros de palha*: reflexões sobre humanos e outros animais, p. 13.

[33] GRAY, John. *Cachorros de palha*: reflexões sobre humanos e outros animais, p. 22.

[34] GRAY, John. *Cachorros de palha*: reflexões sobre humanos e outros animais, p. 28.

avançadas sugerem que causalidade e lógica clássica talvez não façam parte da natureza das coisas[35].

E como que a nos decepcionar a nós mesmos:

A ciência nunca será usada prioritariamente para a busca da verdade ou para aprimorar a vida humana. Os usos do conhecimento serão sempre tão instáveis e corrompidos como o são os próprios humanos. Os humanos usam o que sabem para satisfazer suas necessidades mais urgentes – mesmo que o resultado seja a ruína.

Ora, o niilismo de Gray não estaria enfraquecido não tivesse ele se esquecido do Direito enquanto ciência e filosofia[36] e como o "único habitat da liberdade e, mesmo autocrático, é melhor do que a sua ausência, que torna impossível a liberdade"[37]. E liberdade é "realidade ou necessidade e vontade subjetiva"[38].

Considerando que tanto para Kant como para Hegel o direito é o lugar da liberdade e a única forma de existência da liberdade e critério da sua validade, é sobre o direito que a humanidade constrói seu progresso ético.

Mas Hegel ainda nos conforta de forma mais convincente. E isso porque toma que "a razão não é uma regra como deve ser o direito, mas elemento do próprio ser do direito, que diz como ele é e tem de ser"[39]. Assim, a ciência do Direito tem essa característica de tanto buscar por nossas necessidades práticas como servir à busca da verdade, sem deixar de ser algo natural para ser transcendental, como exigisse uma fé mística de que a verdade é divina. Hegel interpreta o elemento histórico, temporal, como processo pelo qual a liberdade se realiza por meio do direito e pensa essa liberdade como movimento que exige a dialética para ser pensada. E não nos desanimemos ainda que de Lovelock tenhamos que

---

[35] GRAY, John. *Cachorros de palha*: reflexões sobre humanos e outros animais, p. 40.

[36] IHERING, Rudolf von. *É o direito uma ciência?*, p. 77. Também, REALE, Miguel. *Filosofia do direito*, v. 1, p. 56-58. E, "captar a realidade humana no processo de revelação e realização da liberdade ou expressar a liberdade, a partir do calvário da história, eis a tarefa da Filosofia do Direito". SALGADO, Joaquim Carlos. A idéia de justiça em Hegel, p. 409.

[37] SALGADO, Joaquim Carlos. *A idéia de justiça em Hegel*, p. 324.

[38] SALGADO, Joaquim Carlos. *A idéia de justiça em Hegel*, p. 322.

[39] SALGADO, Joaquim Carlos. *A idéia de justiça em Hegel*, p. 325.

os humanos na Terra comportam-se, de alguma maneira, como um organismo patogênico ou como as células de um tumor ou neoplasma. Crescemos em número e em transtornos para Gaia a ponto de nossa presença ser perceptivelmente inquietante [...] a espécie humana é agora tão numerosa que constitui uma séria moléstia planetária. Gaia está sofrendo de Primatemaia Disseminada, uma praga de gente[40].

Como bem aponta Salgado,

o direito no sentido filosófico decorre de um desenvolvimento 'racional da sociedade', desenvolve-se com essa sociedade ou com a 'realização da razão' nessa sociedade por meio da história [...] [mas], com a 'simples mudança da ordem jurídica positiva não se solucionam os problemas' da sociedade. 'As mudanças políticas e sociais têm de vir em primeiro lugar', enquanto movimento imanente da liberdade ou do Espírito, em que se insere a ordem jurídica[41].

O fato é que

o que o conceito ensina, mostra a história com a mesma necessidade: somente na maturidade da realidade o ideal aparece diante do real e reconstrói o mesmo mundo, concebido na sua substância como um reino intelectual [*intellektuelles Reiches*]. Quando a filosofia pinta seu cinzento no cinzento, já amadureceu uma forma de vida que, com cinzento no cinzento, não pode rejuvenescer-se, mas tão--só se deixar conhecer. Somente ao cair do crepúsculo da noite, alça seu vôo a coruja de Minerva[42].

---

[40] LOVELOCK *apud* GRAY, John. *Cachorros de palha*: reflexões sobre humanos e outros animais, p. 22-23.
[41] SALGADO, Joaquim Carlos. *A idéia de justiça em Hegel*, p. 327.
[42] HEGEL, G. W. F. *Grundlinien der Philosophie des Rechts*, p. 28.

3. A IDÉIA DE SER HUMANO

3.1 Razão de Ordem

Na historiografia do homem, a questão de quem somos nós e as angústias que em torno dela se congregam, decisivamente, contam para concitar a primeira seção do capítulo que toma a idéia de ser humano para dizer nela da possibilidade da resposta, de modo que viemos, numa segunda seção, a tomar a fraternidade como objeto do direito, então.

3.2 Quem Somos? – Da Possibilidade da Resposta

Primeiramente, esclareça-se aqui que não se pretende, a partir da pontuação da idéia, definir o homem[43] como se se pretendesse resolver

---

[43] Classificação científica: reino (*animalia*), filo (*chordata*), subfilo (*vertebrata*), classe (*mammalia*), ordem (*primates*), família (*hominidae*), gênero (*homo*), espécie (*sapiens*), subespécie (*sapiens*), nome científico (*homo sapiens*). Geneticamente somos muito parecidos com os outros antropóides. A biologia molecular determinou, por exemplo, que 98% do genoma do chimpanzé é igual ao nosso, o que levou o biólogo inglês Desmonde Morris escrever sobre o macaco pelado (*The naked ape*: a zoologist's study of the human animal. Dell, 1999). Ponha-se aqui a ocorrência de *Oliver the humanzee: For over for decades, a remarkable creature named Oliver has existed among humans and caused considerable dismay among people who have met him. He has been the subject of documentaries on cable television and of national news reports. For a chimpanzee, Oliver possesses several remarkable characteristics. First, he does not scoot along on all fours but, like a human, he walks up-right with strong arms held back and knees locked. Second, se has a remarkably humanoid face with an expressive mouth, a rounder cranium, prominent forehead, unusual ears placed higher on the skull than on most chimps, and inquisitive eyes. Compared to normal chimps, he has less hair, a flatter nose, and a smaller chin. He does not smell like a chimpanzee but like a human, so much so that other chimps avoid him. Remarkably intelligent, he learns things easily. Socially, he prefers the company of humans to chimps, sits in chairs, and once lived in a suburban house with a couple who owned a circus.* (PENCE, Gregory E. *Cloning after Dolly*: who's still afraid? p. 145.) Em 1758, Carl von Linneus (1707-1778), um botânico sueco, estabeleceu a classificação das espécies assumindo uma linha evolucionista, catalogando a espécie *homo* como um ramo dos hominídas, criaturas de duas pernas, cuja evolução passou pelo *homo habilis*, pelo *homo erectus* até chegar ao *homo sapiens*. (PEREYRA, Mario. *De homo sapiens a homo videns*. Disponível em: http://dialogue.adventist.org/articles.)

a grande questão antropológica que se põe à filosofia – o que sou? Ora, mas há que contrapor-se à questão de quem sou? partindo da consciência que há uma diferença entre as perguntas, como as aponta Santo Agostinho, sendo que sobre quem sou diz respeito à pergunta do homem ao próprio homem ("E dirigi-me a mim mesmo e disse-me: Tu, quem és tu? E respondi: um homem" – *tu, quis es?* (*Confessiones* x. 6). A pergunta que o homem dirige a Deus ("O que sou então, meu Deus? Qual é a minha natureza?" – *Quid ego sum, deus meus? Quae natura sum?* (x, 17) é que conforma o "grande mistério", no grande *profundum* que é o homem (iv, 14). No intermédio de se definir quem sou como o que sou, aquele que sabe quem é, um homem, não sabe o que é: "A questão da natureza do homem é tanto uma questão teológica quanto a questão da natureza de Deus, ambas só podem ser resolvidas dentro da estrutura de uma resposta divinamente revelada"[44]. Obviamente, feito imagem e semelhança de Deus (Gênesis 1:27) ou mesmo sendo Deus projeto intelectual do homem, perscrutar a própria natureza é querer descobrir a natureza de Deus e não é o que se pretende aqui[45].

---

[44] ARENDT, Hannah. *A condição humana*, p. 19. Podemos encontrar ao longo da História diferentes concepções míticas e religiosas em relação ao homem: os acádios afirmavam que o primeiro homem, Adapa, era filho do deus Ea, mas perdeu a imortalidade; um mito mesopotâmico afirma que o homem cresceu da terra como uma planta; para Hesíodo, Zeus modelou em argila Pandora, a primeira mulher, de cujo enlace com o deus Epimeteu nasceu o resto dos homens, sendo que mais tarde, Pandora foi a responsável por todos os males da Humanidade, ao abrir a Caixa de Pandora, retendo nela apenas a esperança; o mito nórdico da criação atribui a Odin e seus irmãos o ato de infundir vida a dois troncos de árvore de uma praia, convertendo-se em Ask, o primeiro homem, e Embla, a primeira mulher; segundo o mito judaico-cristão, o homem foi criado por Deus Sua imagem e semelhança a partir do barro, tendo sido expulso do Paraíso como conseqüência do pecado original, depois de ter adquirido a consciência do bem e do mal. (Disponível em: http://pt.wikipedia.org.)

[45] Para Santo Agostinho (354-430), a filosofia é antropologia: filosofia do homem sobre o homem, principalmente sobre sua alma e interioridade, onde Santo Agostinho lhe atribui valor teológico: "porque só refletindo sobre si e descendo às profundezas de sua alma é que o homem encontra Deus. Deus não deve ser procurado fora, mas descoberto dentro. 'Não busques a Deus fora de ti: a verdade mora no interior do homem'". (NOGARE, Pedro Dalle. *Humanismos e anti-humanismos?* Introdução à antropologia filosófica, p. 56.) Ademais, aqui ponderemos que se "no princípio era o Verbo", segundo o Evangelho de João, é possível perguntar se "ser humano", pela sua concepção primeva, não imporia ao homem a humanidade como predicado.

Assim, deixemos a questão do que é o homem[46] para desenvolvermos nossa idéia a partir de quem é o homem na consciência de que quem é, é e sendo não pode ser outra coisa senão o que conhece de si.

As maneiras de cognição humana aplicáveis às coisas dotadas de qualidades naturais – inclusive o próprio homem, na medida limitada em que somos exemplares da espécie de vida orgânica mais altamente desenvolvida, sempre se ativeram diante das questões de que e quem somos. Mas somos do entendimento de que sobre quem somos nos é lícito perscrutar enquanto nos pomos a nós mesmos, então, como homens, portanto, animais racionais, animais políticos, animais sociais, *animal laborans*, *homo faber*, *homo sacer*[47], animal teleológico[48], *homo noumenon*[49], *homo phaenomenon* (*animal rationale*), *homo videns*[50], "um ser capaz de produzir uma ciência empírica (uma física, mas não uma meta-

---

[46] Kant põe tal questão na sua introdução às *Lições de lógica* (*Vorlesungen über Logik, Kant´s gesammelte Schriften*, v. IX, p. 25.)

[47] Cf. AGAMBEN, Giorgio. *Homo sacer*: o poder soberano e a vida nua I, p. 121.

[48] BOBBIO, Norberto. *A era dos direitos*, p. 51. Para Bobbio, o homem é um animal teleológico, que atua geralmente em função de finalidades projetadas no futuro, de modo a prescrever que "somente quando se leva em conta a finalidade de uma ação é que se pode compreender o seu 'sentido'".

[49] A expressão equivale à pessoa, isto é, no dizer de Kant, sujeito de razão moralmente prática guindado acima de qualquer preço, pois como pessoa "não é para ser valorado meramente como meio para o fim de outros ou mesmo para seus próprios fins, mas como um fim em si mesmo, isto é, ele possui dignidade (um valor interno absoluto) através do qual cobra respeito por si mesmo de todos os outros seres racionais do mundo. Pode avaliar a si mesmo conjuntamente a todos os outros seres desta espécie e valorar-se em pé de igualdade com eles". (*A metafísica dos costumes*, p. 277.)

[50] O sociólogo italiano Giovanni Sartori conforma a tese de que o *homo sapiens* está sendo destronado pelo *homo videns*. O primeiro é caracterizado, para além do mais, pelo uso da linguagem. Sartori concorda com o filósofo Ernst Cassirer (1874-1945) ao afirmar que os homens são essencialmente caracterizados por sua atividade simbolizante, "a habilidade de comunicar por meio de sons articulados e sinais significativos". (*Homo videns*: la sociedad teledirigida, p. 24.) A partir daí, Sartori toma que tanto o pensar como o saber do homem são construídos em linguagem e através da linguagem e que com o advento da televisão, o desenvolvimento do homem foi interrompido e revertido, pois ao ser estimulado o pensamento concreto ligado à imagem na tela, temos atrofiado o dom da abstração e compreensão de problemas, haja vista que palavras que se referem a idéias, tais como liberdade e justiça, não são visíveis, antes sendo conceitos ligados a processos mentais abstratos. Ademais, anota que "no princípio era o Verbo, diz o evangelho de João. Ninguém teria de dizer que 'no princípio era a imagem'". (*Homo videns*: la sociedad teledirigida, p. 37.)

física) e de agir de acordo com um imperativo moral, mas ainda assim um ser incapaz de se conhecer a si mesmo"[51], "o animal que trabalha" (Marx), "o animal não fixado" (Nietzsche), "o animal que troca" (Simmel), "o animal que fala" (Saussure), "o animal que erra", "o animal que mente"[52]; "animais fazedores de armas e com uma insaciável inclinação para matar"[53]; "que quimera é o homem? Que novidade, que monstro, que caos, que sujeito de contradição, que prodígio! Juiz de todas as coisas, imbecil verme da terra, depositário do verdadeiro, buraco da incerteza e erro, glória e dejeto do universo"[54], todos conceitos que se põem na busca pelo entendimento do ser homem na distinção necessária que se faz em face da natureza divina propriamente dita[55]. Nesta perspectiva, o homem antes de tudo o mais sobreleva como deve ser[56]. São pontos de vista diversos, mas não opostos quando o homem se põe diante de si mesmo, bem como diante do outro para tentar saber de si se bom ou mau[57].

---

[51] Santos, José Henrique. *Trabalho e riqueza na fenomenologia do espírito de Hegel*, p. 15.

[52] Benjamin, César. Dialética da empulhação. *Revista Caros Amigos* n. 74, maio 2003.

[53] Gray, John. *Cachorros de palha*: reflexões sobre humanos e outros animais, p. 108.

[54] Pascal, *Pensées et opuscules*, p. 531.

[55] Tomemos aqui não seja necessária a abjeção a Deus para pensar o homem haja vista que ambos, homem e Deus, põem-se, com as devidas proporções, como enigma e obscuridade.

[56] Kant aponta o comando do "conhece a ti mesmo" em termos da perfeição moral em relação ao dever de cada um, isto é, "conhece teu coração se é bom ou mau, se a fonte de tuas ações é pura ou impura, e o que pode ser imputado a ti *como pertencente originariamente à substância de um ser humano* ou derivado (adquirido ou desenvolvido) pertencente à tua condição moral." E afinal do § 14 releva entre parêntesis: ("Somente a descida ao inferno do auto-conhecimento é capaz de pavimentar o caminho para a divinização". (*A metafísica dos costumes*, p. 283, grifo nosso.)

[57] Bobbio não se põe a elucidar a questão do mal, embora o distinga em mal moral e mal físico, mal ativo e o mal passivo, a maldade e o sofrimento. De toda forma, o que ele nos aponta é a existência das duas visões da história humana, a religiosa e a laica sobre o problema do mal seja este com a presença ou prescindindo da existência de Deus. Mas o que nos importa aqui é a remanescente questão de Bobbio: "A resolução do insolúvel mistério do Mal no problema dos muitos males que afligem o homem não é um ato de insolência racionalista. É, ao contrário, muito modestamente, a primeira condição para que se possa consentir ao homem de razão e de ciência, ainda que consciente de seus próprios limites, o encontro de algum remédio eficaz pra tornar o mal mais suportável". (*Elogio da serenidade e outros escritos morais*, p. 27.)

Aqui, convém-nos fazer inserir, então, as razões que nos levaram a refletir sobre o tema da fraternidade aplicada ao direito. Transmutemos o raciocínio que Bobbio desenvolve no seu Elogio da serenidade[58] para compreender o substantivo e pensemos que fraterno é aplicado apenas às pessoas e nunca aos animais, não tendo vindo sequer por analogia a ser aplicado a outros seres. Assim, o homem é fraterno por sua própria natureza[59]. O segundo argumento vem do verbo respectivo: fraternizar que se refere exclusivamente aos homens: V. t. d.1. Unir com amizade íntima, estreita, fraterna: e V. t. i. e int. 2. Unir-se estreitamente, como entre irmãos; 3. Aliar-se, unir-se; 4. Fazer causa comum; comungar nas mesmas idéias; harmonizar-se: "O governo fraternizou com o povo" é o exemplo que exsurge do próprio Aurélio. Quanto ao verbete fraternidade, propriamente dito, temos que do latim *fraternitate*, S. f. 1. Parentesco de irmãos; irmandade; 2. Amor ao próximo; 3. União ou convivência como de irmãos; harmonia, paz, concórdia, fraternização.

Nos dez mandamentos, "amai-vos uns aos outros como Eu vos amei", o texto bíblico expõe essa fraternidade[60]. Portanto, quanto ao

---

[58] BOBBIO, Norberto. *Elogio da serenidade e outros escritos morais*, p. 198.

[59] Olgária C. F. Matos escreve que a "revolução não é mais concebida como realização coletiva e consciente de uma necessidade histórica objetivável. 'Revolução' no sentido de uma liberação da história natural do homem é muito mais algo que resulta de uma 'reiluminação' da razão iluminista com relação à própria natureza – e que este algo é a derrubada da dialética do Iluminismo da qual as revoluções até o presente foram meros agentes cegos. Tão-somente uma civilização reconciliada com a natureza estaria isenta desta naturalidade incontrolada (*Naturwüchsigkeit*). Trata-se do tema comum a Benjamin, Adorno, Horkheimer e Marcuse: a emancipação dos homens não é possível sem uma ressurreição da natureza; há uma exigência do despertar da natureza, já formulada por Marx sob o nome de humanização da natureza [...] Os mártires anônimos dos campos de concentração são os símbolos da humanidade lutando para nascer. A tarefa da filosofia é a de traduzir o que fizeram em linguagem que será ouvida". (*Os arcanos do inteiramente outro*, p. 321-322.)

[60] Tomando a separação de Sponville de que há três tipos de amor: o amor/eros (tematizado em O Banquete de Platão e que permeia igualmente o amor romântico), o amor/philia (o amor amizade explorado por Aristóteles na Ética a Nicômaco e implica um desejo de partilhar a companhia do outro, seja pelo prazer, pelo útil ou pela virtude e o amor/caritas (ágape) a que podemos facilmente identificar com o amor crístico vez que se define como amor de benevolência, porém não por uma pessoa em particular, mas por toda a humanidade. Kant o denominará de *humanitas* prática: fazer o bem ao outro ainda que não tendo nenhuma inclinação especial ou sentimental em relação a esse. Para tais distinções do amor, cf. BORGES, Maria de Lourdes. *Amor*, p. 9-11. Aponte--se que Bobbio indica a paixão de modo que não se pode pensar o homem sem ela. Em se tratando da humanidade propriamente dita enquanto fraternidade, entendemos ser

substantivo "fraternidade", entendemos que ele alcança a extensão da própria humanidade porque, necessariamente, exige a presença do outro com quem se fraterniza e de tantos quantos sejam necessários à expressão "uns aos outros" até tomar o alcance necessário do todo. Assim posto, tomemos também que sobre a humanidade não se está a referir apenas ao próprio homem, mas também a sua concepção enquanto sinônimo de benevolência, clemência – compaixão.

Assim, poder-se-ia dizer que a humanidade se revela no plano social haja vista que dirigida aos outros, como se põe a própria justiça na acepção de Aristóteles. Tem-se, então, que a humanidade é uma disposição do espírito do homem que se resplandece na presença de outro homem. Humano é o ser humano diante do outro que, sendo também humano, se

---

possível falar de paixão mas não considerando esta como que em detrimento da razão. O homem é um ser humano à medida que racionalmente conforma o *locus* social no qual considera o outro igual e promove a sua liberdade. Apontemos aqui que a fraternidade se pode pôr como paixão da igualdade, paixão da liberdade como escreve Sérgio Cardoso sobre a amizade em Montaigne: "Assim, também os homens – semelhantes – se unem e se afinam por esta lei da natureza, a atração universal do semelhante pelo semelhante. E a amizade – freqüentemente reservada para traduzir a simpatia cósmica no registro antropológico – é então, entre eles, o gênero e o princípio de todas as espécies de vínculos, contratos e sociedades e, conseqüentemente, de toda ordem e de toda paz. Erasmo, o grande humanista, ilustra bastante bem a transcrição do velho tema diafônico – ou mesmo polifônico – da amizade para o solo monódico da semelhança. Vê nas diversas modalidades de aliança consideradas pelos antigos o desdobramento e aprofundamento progressivo de um parentesco físico e espiritual entre os homens, que os inclina para o amor e aponta a concórdia. Tudo é amizade. E 'Aequalitas', 'Similitudo' e 'Benevolentia' são os elementos fundamentais das relações humanas. E, se nela está presente a utilidade comum dos amigos, se implica deveres e troca de serviços, não são eles que a explicam, apenas derivam de sua natureza mais profunda. Assim, o universo coberto pelo império da amizade vai dos laços de sangue (*cognatio*) e semelhança física que une a família ao grande parentesco entre todos os homens, a afinidade natural que alimenta a 'philanthropia' – a *Caritas generis humani* do humanista cristão – e solda os vínculos sociais ("Quero ser cidadão do mundo", diz Erasmo, "compatriota de todos ou antes estrangeiro para todos"). É desta simpatia natural em relação ao homem enquanto homem que se destaca a amizade em seu sentido mais restrito. As afinidades especiais de alguns homens particularizam esta grande *Similitudo* do gênero humano numa verdadeira *cognatio spiritualis*, que incluindo a deliberação e a escolha refletida – *Caritas ex inductione animi* – alia suas próprias almas. Esta 'consagüidade espiritual', no entanto, só atinge sua perfeição no matrimônio; pois, aí, ao vínculo das almas acrescenta-se a indissolubilidade sacramentada pela unção divina que lhe confere a mesma solidez – indefectível – da consagüinidade física". (CARDOSO, Sérgio. *Os sentidos da paixão*, p. 168-169.)

revela àquele e ao que se põe adiante desse modo, e assim sucessivamente até o limite da humanidade que se esgota em si mesma, fraternalmente. Dessa maneira, o homem só é humano na presença de outro homem. Na coletividade, os homens dizem de si mesmos que são irmãos e para serem tomam de partida um Pai. De toda forma, esgotando-se em si mesma, a fraternidade irmana a todos, mas não se socorre à metafísica para uma conceituação, não sendo necessária a concepção de um Pai para que o homem se reconheça irmão de outro homem, obrigando-se fraternalmente uns aos outros seja a própria natureza fraterna[61]. Então, diante da fraternidade, a dissonância entre o homem e o animal se adensa na qualidade do ser humano. Ser humano se distingue de ser animal[62], embora seja própria a denominação de animal humano[63]. De toda forma, na maior parte das vezes utiliza-se um vocábulo para marcar a antinomia de um em relação ao outro.

Mas, para além da ponderação léxica, o tema fundamental a ser desenvolvido é o do posicionamento da fraternidade na fenomenologia do direito. Assim, é preceito evidente negar a fraternidade apenas como

---

[61] Aponte-se aqui que, em sua origem etmológica, fraternidade não arrebata a qualidade de irmão enquanto parentesco de sangue para sagrar-se definida. A palavra "irmão" deriva de uma palavra latina que não faz qualquer alusão a um vínculo de parentesco. *Frater* designava qualquer membro de espécie humana, da "família humana". Para tanto, cf. JACQUARD, A. *Filosofia para não filósofos,* p. 47. De toda forma, é pertinente que apontemos que a fraternidade na linguagem neotestamentária é sinônimo de ágape, de amor; muitos são os vocábulos que encontramos como fraternidade. "Eu neles como tu em mim" (Jo 17, 23). Jesus na linguagem paulina é o primogênito entre muitos irmãos (Rm 8, 29) (cf. Hb 2, 11). Também no âmbito da fraternidade é ele que nos indica o caminho, a verdade e a vida (Jo 14,6). Para fraternidade na sua sinonímia com irmandade, LEXICON: dicionário teológico-enciclopédico. São Paulo: Edições Loyola.

[62] Em Bobbio, por exemplo, é o esforço para o bem que caracteriza o mundo humano em contraste com o mundo animal, quando o homem desenvolve instrumentos e regras de conduta na conformação do mundo da cultura paralelo ao mundo da natureza. (BOBBIO, Norberto. *A era dos direitos,* p. 55.)

[63] Aponte-se aqui a teoria dos direitos animais humanos e não humanos de Tom Regan. Ao apresentar-se como advogado da causa dos animais, Regan tem em mira os preconceitos que envolvem o próprio estatuto moral da vida humana, buscando a partir do redimensionamento das relações entre animais humanos e não-humanos, a própria fundamentação dos direitos humanos. Na fórmula de Regan, o princípio de igualdade está expresso no princípio do respeito ao valor inerente dos sujeitos de uma vida, os quais são considerados titulares de um direito de respeito que se desdobra, para os agentes morais, em dois deveres: um negativo, de não causar dano; um positivo, de dar assistência às vítimas da injustiça. (Cf. REGAN, Tom. *The case for animal rights*, Berkeley/ LA: University of California Press, 1983.)

virtude. Ora, por óbvio se equivalente à própria definição de humano e sendo própria da espécie do animal homem, não é simplesmente virtude moral porque, nesse diapasão, tanto seria uma virtude fraca ou uma virtude forte tomando a distinção efetuada por Bobbio[64]. Assim, seria virtude forte porque dentre as que "são típicas dos potentes [...] daqueles que têm o ofício de governar, dirigir, comandar, guiar, e a responsabilidade de fundar e manter os Estados"[65] bem como, também, virtude fraca, própria "do homem privado, do insignificante, do que não deseja aparecer, daquele que na hierarquia social está embaixo, não tem poder algum, às vezes nem sequer sobre si mesmo, daquele que ninguém se dá conta, que não deixa traços nos arquivos em que devem ser conservados apenas os dados dos personagens e dos fatos memoráveis". Assim, temos que, em face da humanidade, os pobres e os nobres, os soberanos e os súditos se identificam igual, livre e fraternalmente. Desse modo, podemos inferir que todos os homens, em face da humanidade, são fraternos.

Aqui, fecha-se a tríade: todos os homens são livres, iguais e fraternos e se amalgamam os princípios revolucionários para a efetivação de uma sociedade mais justa.

3.3 A Fraternidade como Objeto do Direito

Tomar a fraternidade como objeto do direito é a que nos propomos. Intentamos evidenciar que o homem deve ser humano[66], concebido de modo universal seja como pessoa, indivíduo e cidadão, numa época que representa, seja do ponto de vista da filosofia da história[67], seja tomando-a como o ser-aí dos momentos que vivemos – a era dos direitos humanos.

---

[64] BOBBIO, Norberto. *Elogio da serenidade e outros escritos morais*, p. 37 et seq.
[65] BOBBIO, Norberto. *Elogio da serenidade e outros escritos morais*, p. 37.
[66] Salgado mesmo expõe: "O homem como ser em si, potência, não só tem de ser em ato, negando-se como pura potência na exterioridade da natureza da qual ele é parte enquanto bios, mas ao mesmo tempo deve transformar-se, por espontaneidade, ou seja, por ação originária de si como causa sui, num plano acima da exterioridade da natureza, vale dizer, na interioridade do espírito, da liberdade. Ser determinado pela natureza exterior na ontosfera do seu existir situado, ser que determina e interioriza a natureza como representação na logosfera do seu conhecer e ser que autodetermina na noosfera do seu agir livre enquanto sabe de si e de seu mundo são os momentos que revelam a estrutura da sua efetividade". (*A idéia de justiça no mundo contemporâneo*, p. 20.)
[67] Releve-se que Bobbio, a partir do apontamento em Kant de que o "gênero humano está em constante progresso para o melhor" como concepção profética da histó-

Primeiramente, tomemos que não se está a falar de qualquer concepção cristã da fraternidade, tomando a perspectiva de que os homens seriam irmãos porque filhos de Deus. Mas, como vimos, a fraternidade só acontece na sociedade humana, haja vista que o homem só é fraterno se em relação a outro homem. Então, não se há de falar em ser humano pelo simples fato de ser filho de Deus[68].

No estado de natureza, para Lucrécio, os homens viviam *more ferarum* (como animais); para Cícero, *in agris bestiarum modo vagabantur* (vagabundavam pelos campos como animais); para Hobbes, comportavam-se, nesse estado natural, uns contra os outros, como lobos.

---

ria, aponta o entusiasmo que a Revolução Francesa despertara na opinião pública mundial como "uma disposição moral da humanidade". (Cf. BOBBIO, Norberto. *A era dos direitos*, p. 100.)

[68] Aponte-se aqui que na Bíblia tanto se tem o uso da expressão Filho de Deus como Filho do Homem. No Novo Testamento, o título Filho de Deus é freqüentemente atribuído a Jesus: 31 vezes nos evangelhos sinóticos, 42 vezes nas cartas, 23 vezes em Jó, 3 vezes nos At, uma vez no Ap. A expressão Filho do Homem é um título messiânico que ocorre 70 vezes nos sinóticos, 12 vezes em Jó, e fora dos Evangelhos só em At 7, 56, a Dn 7, 56, onde Estêvão faz alusão a Dn 7,13. Mt 26,64; Mc 14, 62; Lc 22, 69; e Ap 1, 13; 14, 14 também aludem a Dn 7, 13. É digno de nota que a frase não só não ocorre nas cartas, mas também que nos evangelhos é usada somente por Jesus. Para a maioria dos estudiosos isso demonstra que o título teve origem com o próprio Jesus. O dicionário teológico questiona: "Em que medida, porém era um título messiânico no uso corrente? Esta pergunta não permite uma resposta certa; não se pode determinar em que medida as concepções de Enoc eram conhecidas. O título sugere mais do que aquilo que afirma e convida aqueles que o ouvem a pesquisarem mais sobre seu significado. Como uma reflexão de Dn 7, 13, ele sugere que Jesus é o novo Israel. Alguns estudiosos modernos resolveram a dificuldade negando que Jesus usou o título; opinam que é um título messiânico, que ecoa intencionalmente Dn e Enoc, dado a Jesus pela Igreja primitiva. Mas contra esta hipótese, está o uso verdadeiramente característico do título por Jesus. Outros avançaram a hipótese de que quando 'Filho do Homem' é usado por Jesus na terceira pessoa para falar de uma figura apocalíptico-escatológica, não indica a si mesmo, mas o Filho do Homem de Dn e de Enoc; de novo a identificação é feita pela Igreja primitiva. Em relação a estas hipóteses se deve dizer que elas suscitam mais dificuldades do que aquelas que resolvem". Façamos, ainda, um apontamento aqui porque pertinente ao tema da tese de que um dos usos da frase nos sinóticos pode ser classificado em contextos que descrevem a "missão messiânica de Jesus": aquele *a quem os homens devem reconhecer* (Mt 16,13). Ainda temos a apontar que é atribuída *esta identificação ao Filho do Homem com o Servo sofredor* de Iahweh. Em Jó o título provoca uma pergunta sobre a identidade do Filho do Homem (Jó 9, 35; 12, 34). Para tais informações, cf. MC KENZIE, John L. *Dicionário bíblico*. São Paulo: Paulus, 1983. De nossa parte, entendemos encontrar aqui substrato para a dialética do reconhecimento a que veremos em tempo.

Nesse ponto, podemos aferir que a fraternidade se dá não no estado ferino, mas no estado de liberdade e de igualdade[69], nos estritos limites da lei. Mas nem no estado de natureza onde somente há indivíduos sem ligações uns com os outros, cada qual se preocupando apenas consigo, com interesses que suplantam os interesses dos demais, nem no Estado orgânico onde importa mais o todo que o indivíduo, a fraternidade se pode realizar. E isso porque não se há de falar em ser humano, se o homem já designado ente não se pode qualificar fraterno em relação ao outro ou receber do outro a fraternidade. Na concepção organicista da sociedade, a justiça se realiza quando cada qual desempenha a função

---

[69] Boff coloca que é a fé na trindade que responde às indagações. "Na experiência do Mistério há sim a diversidade (o Pai, o Filho e o Espírito Santo) e ao mesmo tempo a união desta diversidade, mediante a comunhão dos Diversos pela qual Eles estão uns nos outros, com os outros, pelos outros e para os outros. A Trindade não é excogitada para responder à problemática humana. Ela é revelação de Deus assim como é, como Pai, Filho e Espírito Santo em eterna correlação, interpenetração, amor e comunhão, com o que são um só Deus. Porque Deus é trino significa a união da diversidade". Assim, tomando-se os mesmos parâmetros da tríade divina para o tríptico revolucionário temos que "se Deus fosse um só", como um só fosse livre ou alguns adotada a dialética do senhor e do escravo, "haveria a solidão e a concentração na unidade e na unicidade". "Se Deus fosse dois, uma díade (Pai e Filho somente), haveria a separação" ainda que a partir da liberdade se conceitue a igualdade, porque "um é distinto do outro e a exclusão porque um não é o outro". Aqui, a "trindade permite a identidade (o Pai), a diferença da identidade (o filho) e a diferença da diferença (o Espírito Santo)". Aloque-se com pertinência a liberdade, a igualdade e a fraternidade. "A trindade impede um frente a frente do Pai e do Filho, numa contemplação 'narcisista'. A terceira figura é o diferente, o aberto, a comunhão. A trindade é inclusiva, pois, une o que separava e excluía (Pai e Filho). O uno e o múltiplo, a unidade e a diversidade se encontram na trindade como que circunscritos e re-unidos. O três aqui significa menos o número matemático do que a afirmação de que sob o nome de Deus se verificam diferenças que não se excluem, mas incluem, que não se opõem, mas se põem em comunhão; a distinção é para a união. Por ser uma realidade aberta, este Deus trino inclui também outras diferenças; assim o universo criado entra na comunhão divina". (BOFF, Leonardo. *A trindade e a sociedade*: o Deus que liberta seu povo, t. V, p. 12-14.) Ademais, anote-se aqui que o sistema hegeliano, caracterizado pelo desejo incessante de unificar identidade e diferença, demonstra um Hegel obcecado pelo número três. Isso talvez se deva mesmo às influências teológicas do pensamento do jovem Hegel, que vê, "no amor pregado por Jesus, a grande festa matrimonial em que os opostos são reunificados" [...]. "Esse número emblemático nos remete à vida trinitária em sua eterna moção amorosa, em que Deus sendo um, mantém em si três pessoas distintas numa perfeita reconciliação". (SOUZA, José Carlos Aguiar de. *A alteridade recalcitrante*: a identidade e a alteridade na concepção metaxológica de William Desmond, p. 31.)

que lhe é própria no corpo social, estando o Estado acima do indivíduo, o Estado enquanto "homem artificial" (Hobbes), no qual o soberano é a alma, os magistrados, as articulações, as penas e os prêmios, os nervos, etc.; na concepção individualista[70], apondo-se contrariamente, justo é que cada um seja tratado de modo que possa satisfazer as próprias necessidades e atingir os próprios fins, antes de mais nada a felicidade, que é um fim individual por excelência.

Fraternalmente, ao homem importa o todo como ao todo, o homem, haja vista que a justiça se realiza quando cada um, desempenhando a função que lhe é própria no corpo social, intenciona o indivíduo, devendo ser tratado por esse mesmo corpo social individualmente, com necessidades e fins próprios, de modo que a felicidade, que é um fim individual por excelência, se realize em sociedade[71]. Nesse diapasão, não há que se falar em inversão de direitos e deveres, quando o tempo todo Estado e indivíduo se complementam na realização da idéia de fraternidade. Então, tanto há de se dizer de direito à fraternidade quanto de dever de fraternidade, de modo que o ser humano realizado a partir da existência do outro proceda, por meio do Estado de direito[72], o dever ser humano.

---

[70] Bobbio indica o individualismo metodológico segundo o qual o estudo da sociedade deve partir do estudo das ações do indivíduo; o individualismo ontológico, que parte do pressuposto da autonomia de cada indivíduo com relação a todos os outros e da igual dignidade de cada um deles; o individualismo ético, segundo o qual todo indivíduo é uma pessoa moral como versões do individualismo que contribuem para dar conotação positiva ao termo que foi conotado negativamente, quer pelas correntes de pensamento conservador e reacionário, quer pelas revolucionárias.

[71] O art. 2º da Declaração de 1789 inscreve que a conservação dos direitos naturais e imprescritíveis do homem "é o objetivo de toda associação política".

[72] Bobbio aponta os direitos públicos subjetivos como caracterizadores do Estado de direito. Para ele, no estado despótico, os indivíduos singulares só têm deveres e não direitos. No Estado absoluto, os indivíduos possuem, em relação ao soberano, direitos privados. No Estado de direito, o indivíduo tem, em face do Estado, não só direitos privados, mas também, direitos públicos. "O Estado de direito é o Estado dos cidadãos" (*A era dos direitos*, p. 61.) Salgado expõe-nos que o "Estado de Direito é não só definido formalmente como o Estado que se submete ao seu direito, mas é também materialmente concebido como o Estado cuja constituição declara os direitos fundamentais. Para realizá-los, estrutura-se e se organiza formalmente segundo o modelo democrático, isto é, legitimado quanto à titularidade do poder pela sua origem na vontade popular, organizado quanto ao exercício do poder na divisão da competência dos órgãos que exercem esse poder, o Legislativo, o Executivo e o Judiciário. Define-se, pois, como o Estado ético por excelência, cuja finalidade ética é realizar os direitos fundamentais declarados na sua constituição, tarefa específica de um Judiciário independente. (*A idéia de justiça no mundo contemporâneo*, p. 8.)

Nesse ponto, o que se tem é a relação entre direito e dever, quando liberdade e poder se impõem pela democracia, reconhecidos os direitos fundamentais do homem, seja essa a forma de governo na qual todos são livres para tomar decisões e têm poder para fazê-lo. Não é à toa que Kant entende por "constituição civil" uma Constituição em harmonia com os direitos naturais dos homens, ou seja, uma Constituição segundo a qual "os que obedecem à lei devem também, reunidos, legislar"[73].

Bobbio, tomando Kant, inspira-se a dizer, a partir da convicção de que o único direito inato do homem é a liberdade, que "do ponto de vista da filosofia da história, o atual debate sobre os direitos do homem – cada vez mais amplo, cada vez mais intenso, tão amplo que agora envolveu todos os povos da Terra, tão intenso que foi posto na ordem do dia pelas mais autorizadas assembléias internacionais – pode ser interpretado como um 'sinal premonitório' (*signum prognosticum*) do progresso moral da humanidade"[74]. Ora, aponte-se aqui que a Bobbio não interessa perscrutar a idéia de progresso, mas interpor uma interrogação sobre o destino do homem, e põe

> assim como não podemos deixar de nos interrogar sobre sua origem, o que só podemos fazer – repito mais uma vez – escrutando os sinais que os eventos nos oferecem, tal como Kant o fez quando propôs a questão de saber se o gênero humano estava em constante progresso para o melhor[75].

Assim, podemos dizer que tanto em Bobbio como em Kant a questão do ser humano aparece como referência evolutiva do homem. De toda maneira, a questão da fraternidade, até então, conforma-se vinculada à moral apenas, seja de acordo com uma visão religiosa do mundo, seja do ponto de vista de uma ética racional. Mas, como observa Bobbio,

> na realidade, a fraternidade não tem, por si mesma, um valor moral. Tanto a história sagrada quanto a profana mais próxima de nós nascem ambas – por um motivo sobre o qual especularam todos os intérpretes – de um fatricídio[76].

---

[73] KANT, Immanuel. *Se il genere umano sia in costante progresso verso il meglio* (1798): scritti politici e di filosofia della storia e del diritto, p. 219-220 e 225.
[74] BOBBIO, Norberto. *A era dos direitos*, p. 52.
[75] BOBBIO, Norberto. *A era dos direitos*, p. 53.
[76] BOBBIO, Norberto. *A era dos direitos*, p. 58.

Se todos os homens são fraternos porque humanos e assim se diga porque em sociedade apostos, assim, se todos os homens são humanos devem ser fraternos.

Tomada a consciência hobbesiana de que o homem é o lobo do homem e que há uma guerra imanente de todos contra todos, fundamentando o que Hobbes pensa a respeito do estado natural em que vivem os homens, podemos dizer que se homem é o lobo do homem, nessa perspectiva temos o animal, e não o ser humano. Não é à toa que não dizemos animal humano, mas admitimos a expressão "bicho-homem". Tomemos, então, que o homem é o lobo do homem no estado natural, ou seja, esse é o modo de ser do homem antes do seu ingresso no estado social. Assim, no estado de natureza, não há seres humanos, mas apenas homens. E bem aponta Hobbes que no estado de natureza "a utilidade é a medida do direito"[77]. Ora, a utilidade diz respeito às coisas como pudesse dizer respeito aos homens enquanto animais, mas não enquanto seres humanos. A partir do entendimento de Hobbes, uma equação se põe à solução, porquanto a destruição do próximo impõe uma vida solitária, embrutecida e curta quando se é possível verificar o convencimento de que há no homem uma disposição natural para viver em sociedade. Assim, de um lado, se põem os que entendem que os homens não vivem em cooperação natural, quando em face do instinto de conservação os indivíduos entram em sociedade só quando a preservação da vida está ameaçada, e, de outro, os que se convencem de que o homem é um animal social quando a liberdade se constitui como norma e não como fato, como imperativo e não como comprovação, de tudo o que sossobra, a par das posturas que se queira, é que o homem se esforça para ser humano numa coletividade em que, enquanto indivíduo se sabe em estado de sofrimento, de indigência, de penúria e de miséria.

Se não se puder ser humano, nada mais poderá haja vista que

> o sentido da variedade da história devida à variedade do próprio homem: não existe o Homem (como H maiúsculo) com certos

---

[77] Aponte-se que embora no estado de natureza Hobbes faça alusão já ao direito, talvez relevando o que Wundt aponta como o código de leis não escrito mais antigo do homem: os tabus, sendo suposição geral de que o tabu é mais antigo que os deuses e remonta a um período anterior à existência de qualquer espécie de religião, trazendo em si um sentido de algo inabordável, sendo principalmente expresso em proibições e restrições. (FREUD, Sigmund. *Totem e tabu e outros trabalhos*, v. XIII, p. 38.)

caracteres fundamentais sempre iguais e imutáveis, como pensavam os jusnaturalistas; existem homens, diversos entre si conforme a raça, o clima, o período histórico...[78]

E a clarificar o que se disse:

A Constituição de 1795 é feita pelo homem. Ora, não existem homens no mundo. Tenho visto, na minha vida, franceses, italianos, russos, etc.; e sei também, graças a Montesquieu, que podem existir persas; mas, quanto ao homem, declaro jamais tê-lo encontrado na minha vida; e se existe, por certo é com meu desconhecimento[79].

A ambigüidade da história humana está na contraposição que o bem e o mal se fazem[80]. Bobbio não intenta uma explicação ou justificação na busca de um sentido para os eventos históricos, mas pergunta:

---

[78] BOBBIO, Norberto. *O positivismo jurídico*: lições de filosofia do direito, p. 48.

[79] BOBBIO aponta De Maistre, considerado um predecessor do historicismo, defensor do *Ancien Regime* e opositor da Revolução Francesa, que afirmou o que se expôs, num panfleto anti-revolucionário, *Considérations sur la France*, falando da Constituição francesa de 1795. (Cf. BOBBIO, Norberto. *O positivismo jurídico*: lições de filosofia do direito, p. 48.

[80] Aqui citamos, por exemplo, em Platão (429-348 a.C.), a luta e a contradição dentro do próprio homem, entre alma e corpo, que o filósofo esclarece através de sua teoria das três almas: a alma racional, que residiria na cabeça e cuja tarefa é governar e controlar todas as atividades, movimentos e sentimentos do homem; a alma irascível, que residiria no peito, e representaria o ímpeto, a generosidade, o entusiasmo, sentimentos todos que bem governados podem ser proveitosos ao homem; a alma concupiscível, que residiria no abdômen e seria o princípio dos instintos de volúpia, cobiça, covardia, etc. No diálogo Fedro (*Diálogos de Platão*, v. I, p. 218), Platão ilustra esta teoria com o mito do carro puxado por uma parelha alada e conduzido por um cocheiro (alma racional), sendo que um dos cavalos é belo, bom e de boa raça (alma irascível), enquanto o outro é de má raça e de natureza brava (alma concupiscível). Na República (*Diálogos de Platão*, p. 284 *et seq*.) Platão traça outra imagem também apontando uma tríplice divisão da alma. Sob a aparente unidade e harmonia, que o homem exibe, há diversos seres: um primeiro, monstro cheio, por todos os lados, de cabeças de animais domésticos e selvagens; um segundo, de dimensões menores, leão; e finalmente, em proporções reduzidas, um homem. O monstro policéfalo representa o homem dos instintos, alguns bons, outros perversos; o leão significa o homem agitado pelo sentimento da cólera, agressão, coragem, entusiasmo, etc; o homem verdadeiro é o espírito, razão e contemplação pelo que deve "agir e falar de tal modo que o homem interior se torne o mais forte dentro do outro homem, e que seja ele quem cuide da besta policéfala favorecendo e cultivando, como um bom lavrador, o que há nela de manso e impedindo o crescimento

Quem ousaria negar que o mal sempre prevaleceu sobre o bem, a dor sobre a alegria, a infelicidade sobre a felicidade, a morte sobre a vida? [...] Mas não posso negar que uma face clara apareceu de tempos em tempos, ainda que com breve duração. Mesmo hoje, quando o inteiro decurso histórico da humanidade aparece ameaçado de morte, há zonas de luz que até o mais convicto dos pessimistas não pode ignorar: a abolição da escravidão, a supressão em muitos países dos suplícios que outrora acompanhavam a pena de morte e a própria pena de morte. É nessa zona de luz que coloco, em primeiro lugar, juntamente com os movimentos ecológicos e pacifistas, o interesse crescente dos movimentos, partidos e governos pela afirmação, reconhecimento e proteção dos direitos do homem[81].

Aqui é que nos interessa declinar nosso labor intelectual. E isso porque entendemos que os esforços que o homem vem empreendendo para a adequação de um mundo melhor são próprios de um ser que, em contraposição, se põe no mundo animal, animal social, diante de si para dizer-se humano à medida que sua racionalidade[82], própria do animal racional, se põe a serviço da concepção de regras que intentam a adequação das relações interindividuais, ressalvado o indivíduo bem como o Estado, de modo que a *sobrevivência* no mundo da natureza caminhe à *vivência por sobre* esse mesmo mundo de modo que o bicho-homem perfaça, por

---

do que há de silvestre; e para isso buscará a cooperação da natureza leonina, atendendo de modo igual a todos e fazendo-os amigos entre si e também de si mesmo." (*Diálogos de Platão*, p. 284-285.)

[81] BOBBIO, Norberto. *A era dos direitos*, p. 54-55.

[82] Vejamos que, como afirma Salgado, a "Razão na história não se mostra diretamente sem esforço. Seu sentido está imerso em meio às contingências. O Estado não deixa de estar pela mesma forma sujeito a essas contingências que mascaram a sua verdadeira essência. A racionalidade que ele expressa é, muitas vezes, nas suas manifestações empíricas, encoberta pela violência, pelos privilégios, pela sujeição do interesse coletivo ao privado, pela irracionalidade, enfim. É necessário, para que se possa conhecer o Estado no seu conceito, isto é, como realização da liberdade, interpretar o momento histórico e assim interpretar e descobrir o significado desse hieróglifo da razão (*eine Hieroghyphe der Vernunft, die sich in der Wirklichkeit darstellt*), que só se decifra 'na medida em que nele se lê a idéia realizada na liberdade', pela qual a história não é um destino e o Estado o efeito abstrato de um determinismo, ou o instrumento de arbítrio contrário à liberdade, mas a superação dessas contingências pela autodeterminação objetiva do homem, segundo uma racionalidade imanente". (*A idéia de justiça em Hegel*, p. 497.)

meio do mundo da cultura[83], sua transmutação em ser humano. Portanto, o homem é um ser humano à medida que racional e livremente conforma o *locus* social no qual considera o outro igual e promove a sua felicidade.

4. O SER HUMANO COMO SER FRATERNO

4.1 Razão de Ordem

Antes de entrarmos na apreciação da fraternidade como produto da razão, o que faremos na seção 8, cumpre efetuar uma análise, naturalmente circunscrita ao tema, e destinada a apurar conceitos úteis para a compreensão daquela.

Essa análise se afigura imprescindível para a construção da definição de fraternidade para o direito e corresponde à verificação nas seções anteriores do ser humano como ser fraterno, pelo que, debalde disso se vem dimensionando a fraternidade como direito fundamental.

Qual é, então, a ordenação da exposição que entendemos de adotar?

Começamos, na seção 2, por tomar o ser humano como explicação do homem para si, de modo que possamos lidar na seção 3, a partir da dialética dos opostos de Hegel, com o ser humano como vir a ser do homem.

Feito isso – já na seção 4 –, ocupamo-nos do desenvolvimento da idéia do ser humano como razão de ser do homem.

---

[83] Miguel Reale escreve que "a natureza de hoje não é a mesma de um, dois ou três mil anos atrás, porque o mundo circundante foi adaptado à feição do homem. O homem, servindo-se de leis naturais, que são instrumentos ideais, erigiu um segundo mundo sobre o mundo dado: é o mundo histórico, o mundo cultural, só possível por ser o homem um ser espiritual, isto é, um ente livre dotado do poder de síntese, que lhe permite compor formas novas e estruturas inéditas, reunindo em unidades de sentido, sempre renovadas e nunca exauríveis, os elementos particulares e dispersos da experiência. [...] Que é que move o espírito nessa realização histórica, que não pertence a fulano ou a beltrano, mas a totalidade da espécie humana, em sua universalidade? Que move o homem nesse projetar-se histórico? Na resposta, divergem as diferentes doutrinas. Dirão uns que são tendências profundamente éticas, outros que é o anseio de liberdade, outros ainda que nos determinam necessidades econômicas inelutáveis no sentido do progressivo domínio sobre a natureza". (REALE, Miguel. *Filosofia do direito*, p.186-187.)

Essa disposição prende-se intimamente com a quinta seção seja a óbvia conexão entre homem e ser humano. A verdade é que existe uma diferenciação dialética que nos cumpre efetuar, que veio a culminar na existência humana seja o ser e a aparência.

Na sexta seção delimitamos o ser humano enquanto causa do ser humano como efeito, inferindo que o ser humano é de natureza ativa, de modo que ser humano decorra da autodeterminação do ser humano, racional e livre.

Na sétima seção, debruçamo-nos a expor sobre o ser humano e o dever ser humano, encerrando no conceito a unidade do real e do racional.

4.2 O Ser Humano como Explicação do Homem para Si

Como é possível dizer do homem ser humano? Temos a relevar que não se trata de uma ilusão dizê-lo desse modo, mas que sob essa titulação há uma verdade não elevada ao plano do conceito e que somente como "filho de Deus" vem sendo captada pela consciência do povo. Mas é preciso que essa expressão seja interpretada na sua significação mais profunda, tomado que a religião é apenas uma das formas pela qual o homem capta o absoluto, quando dizendo de si que "filho de Deus" toma-se "como um além, um conteúdo estranho à consciência de si", sendo necessário que o absoluto, então, se revele na imanência do homem como ser humano.

Ora, posta a questão que se pretende desenvolver, tomemos o homem como ser, cuja essência humana conduz à conformação totalizada do conceito de ser humano.

Portanto, é necessário ter a humanidade como essência do ser que nem sempre é ser humano sendo homem, demonstrando a cisão que existe no ser entre o interior e o exterior, embora por meio da mediação da essência e da aparência, a totalidade do movimento conforme o homem como ser humano, exatamente porque a essência aparece por intermédio do ser, e não haveria de ser de outra forma, bem como o ser aparece por meio da essência e se possa dizer com pertinência que "é essência por força da aparência; é aparência por força da essência"[84]. *Schein in Anderes* (aparecer no outro), quando a essência humana aparece no outro cuja aparência se lhe identifica

---

[84] SALGADO, Joaquim Carlos. *A idéia de justiça em Hegel*, p. 108.

homem, bem como por meio do outro porque a humanidade se revela por meio do outro. Assim, para conceituar o ser humano há de se desdobrar o todo, homem e humano, uma vez que não há como identificá-los imediatamente, mas entendendo que a identidade está mediatizada pelo movimento da essência e da aparência, quando, na totalidade desse movimento, o homem tanto se revela humano como não. Assim, temos que o homem é um conceito que aparece como totalidade imediata e em si, mas como ser humano é necessário que a essência se revele por meio de outro homem e o ser humano explique o homem para si.

Dessa forma, imediatamente o homem em si não sabe de si. Por isso, podemos tomá-lo como ser na proporção que como ente está livre de toda determinação que se lhe diga diferente de si mesmo ou diferente do outro fora de si. Uma sociedade de homens não é necessariamente uma sociedade humana. Dito dessa maneira, põe-se que o homem nem sempre é humano se sua essência não se revela. Se não há o outro para que a humanidade se conforme entre seres fraternos, não temos uma humanidade, mas uma comunidade de homens iguais a si mesmos, individualmente indeterminados porque a nenhum há o outro para que a essência lhes diga quem são e o que contêm em si. Ser simplesmente homem sem que haja a fraternização com o outro não há como dizê-lo ser humano, mas puramente homem. Ser homem não é ser nada, mas saber-se em si.

Portanto, a consciência de si, ou seja, sua identidade, o ser em si descobre a partir da diferença e da oposição que se conforma a partir da sua reflexão sobre o outro. Mas não se trata num primeiro momento de saber-se ser humano, mas, sobretudo, que é homem. Tomemos, exemplificativamente, a história de Tarzan. O homem das selvas não sabe o que é em si. A partir de sua oposição aos macacos (símio, mas não símil), ele percebe que não é um deles. Na literalidade do espelhamento nas águas, a identidade consigo e imediata, reflexamente revela apenas que ele não é aquilo que lhe esboçam os macacos. A identidade como homem ele só vai encontrar a partir da presença do outro no qual ele se reflete, portanto, uma identidade mediatizada pela presença de outro homem.

De toda forma, é pela reflexão que o homem vai buscar sua essência. Mediatamente, por meio do outro sabe que é homem aquele ser até então em si. Pela reflexão se identifica, isto é, "passa para o estar dentro de si mesmo do conceito"[85], mas ainda sabe de si mais que o homem que se

---

[85] *Insichsein* como Salgado cita na p. 130 de *A idéia de justiça em Hegel*.

vê, quando o ser imediato, aquele ora refletido nas águas, distinto dos símios quando nem era homem, ainda permanece diferente. Essa imediatidade do ser que se pensa já se autodesigna como ser e sendo sabe que é mais do que vê e é nesse desenvolvimento que vai encontrar sua essência. Não é simplesmente homem, posto este como algo que aparece a si mesmo para dizer o que é. Mas é preciso que se lhe revele enquanto essência, ou seja, tem de fazer o que é aparecer. Ou melhor, quem é o ser que é homem. O homem e o ser humano são o em si e o para si no movimento da essência. A essência humana designa o ser que como homem encontra nela a consciência do que é.

Ora, como define Salgado, "a essência é o interior do ser; a aparência é o exterior, o imediato que se supera para mostrar o que está recôndito no interior por ela encoberto"[86]. Assim posto, é ser humano a explicação, o fundamento do homem, a sua essência.

Salgado, ao discorrer sobre a reflexão como dialética, aponta que "a reflexão tem como propriedade ser em si enquanto *se relaciona* com o outro" (grifo nosso)[87]. Assim, para que o reflexo do homem seja o ser humano, isto é, para que a essência se revele, é necessário o relacionamento com o outro. O homem é a identidade imediata. O ser humano vai se identificar a partir do relacionamento com o outro, e a existência humana é a dessa essência que se manifesta.

Ser humano é o resultado dessa dialética do ente homem, no momento da reflexão pelo qual este se expõe e desvela para além do que se põe imediatamente. Como bem aponta Salgado, "o homem na aparência dos seus atos não mostra o que é em si senão no momento em que a exterioridade do seu ato tem a mediação do seu interior, que se denomina intenção e liberdade"[88].

4.3 A Dialética dos Opostos – O Ser Humano como vir-a-Ser do Homem

O homem, portanto, é distinto do ser humano porque como ser que não é sendo nada, sabe-se nada já que se pensa a si mesmo imediatamente

---

[86] SALGADO, Joaquim Carlos. *A idéia de justiça em Hegel*, p. 134.
[87] SALGADO, Joaquim Carlos. *A idéia de justiça em Hegel*, p. 128.
[88] SALGADO, Joaquim Carlos. *A idéia de justiça em Hegel*, p. 136.

e não por meio do outro. Ora, como ente que é homem não pode ser nada simplesmente, embora seja, já que o ser é aquele que é e é nessa oposição de ser homem e ser nada, porque lhe falta a essência, é que o ser humano se dá como identidade imediata do vir-a-ser. Ser humano é o vir-a-ser do homem; é o vir-a-ser a possibilidade que ele é; é o vir-a-ser o poder ser o que ele é no tempo que é puro devir; num tempo que é puro transformar--se: um instante ligado a outro – um tempo intuído, como pensava Heráclito. Ora, o homem não é em si ser humano e nesta proporção "o ser não é mais que o não-ser" (Heráclito), nem é menos, pelo que ser e nada são o mesmo e a essência se põe, então, como mudança. O ser humano exsurge como o verdadeiro, a unidade dos opostos. E o verdadeiro é o devir, não o ser. Se para si o homem não fosse nada e na sua imediatidade indeterminada não se soubesse vazio porquanto nada intuiria de si a partir do outro, então, sim, estaria justificado tratar o outro como coisa que aparece ao lado do ser que é em si não sendo ser humano.

As determinações absolutamente opostas estão ligadas numa unidade; o homem, que em si é o ser e também o não-ser e ambos não são para si, mas são idênticos. É isso que de Heráclito podemos ver expressos. O não ser é, por isso é o não-ser, e o não-ser é, por isso é o ser; isto é a verdade da identidade de ambos[89].

O passo largo é exatamente passar do ser para o devir; quando acontece a unidade das determinações opostas.

Se se diz do homem que ser humano e humano equivale a fraterno, é quando é suscitado o mal-estar de se definir o homem como ser fraterno porque não o seja[90].

Heráclito diz que os opostos são características do mesmo, como, por exemplo, "o mel é doce e amargo" – ser e não-ser ligam-se ao mesmo. Heráclito parte, como os céticos, das representações correntes dos homens; pelo que se tem que ninguém negará que os sãos dizem do mel que é doce e os que sofrem de icterícia, que é amargo – se fosse

---

[89] O que não é é, em realidade, ativamente reconhecido como o que seja, pelo que o homem se se identifica consigo mesmo e com outros por espelhamento, pelo que não se põe para si, mas permanece em si sustentando preconceitos e intolerâncias.

[90] Da metafísica iorubá temos que três princípios sustentam e regem o universo: iuá é o que permite que alguém ou algo seja; axé é o que permite que aquilo que é tenha um vir a ser; abá é o que permite que o vir a ser daquilo que é tenha um sentido. Para tanto, cf. RISÉRIO, Antônio. *Um jogo com as tecnologias do espírito.* Disponível em: http://www.revistazunai.com.br/entrevistas/antonio_riserio.htm.

apenas doce, não poderia modificar sua natureza por meio de outra coisa e, assim, também, para os que sofrem de icterícia seria doce. Ora, aqui tomemos o predicativo humano. O ser humano dito já dessa forma, conformando o ente que é não poderia ter em si arraigado que ser desumano como fosse possível outro, embora a desumanidade permeie a ação dos homens continuamente.

Não se trata de discutir a natureza humana como se esta se oferecesse aos sentidos, pelo que buscássemos uma explicação racional daquilo que é possível constatar. Neste caso não há como conceber como termos contraditórios, humano e desumano, como dois positivos contrários ou opostos, nem como dois predicados contraditórios do mesmo sujeito, que só existem negando um ao outro, como fosse dizer-se em vez de humano--desumano, quando fosse melhor dizer, humano-não humano; o negativo aqui (o não humano) não é um positivo contrário ao outro positivo humano, nem é verdadeiramente negativo. Ora, não podemos dizer, exemplificativamente, "humano não é desumano", porque é e esse não é um negativo verdadeiro, fosse o humano e desumano continuarem como dois termos positivos. A negação permanece externa. O verdadeiro negativo é uma negação interna, como aquela que surge se se disser, por exemplo, "humano é o não-desumano", pois, aqui, ser humano, a sua realidade, é a negação da realidade do desumano; humano é o desumano negado como desumano. Não há nada humano que seja desumano, mas há o que sendo humano deixa de sê-lo porque transformado em desumano. A negação interna é aquela na qual um ser é a supressão de seu outro, de seu negativo. A contradição dialética nos revela um sujeito que surge, se manifesta e se transforma graças à contradição de seus predicados. Assim, em lugar de a contradição ser o que destrói o sujeito, ela é o que movimenta e transforma o sujeito, fazendo-o síntese ativa de todos os predicados postos e negados por ele.

Segundo Hegel, *something is therefore alive only insofar as it contains contradiction within it, and moreover is the power to hold and endure the contradiction within it*[91].

---

[91] HEGEL, G. W. F. *Science of logic*, p. 440. Apenas quando formos capazes de deixar o entendimento finito do infinito é que poderemos apreender a natureza especulativa do pensamento e chegarmos à compreensão do verdadeiro infinito. Somente através do poder dialético da negatividade e da contradição é que o Espírito se reconcilia consigo. Ora, Hegel adverte que o Espírito "não é a vida que se atemoriza ante a morte e se conserva intacta da devastação, mas é a vida que suporta a morte e nela se conserva. O

Portanto, a questão de ser humano que se põe não se resolve com base na natureza, porque não há o ser desumano, pelo que a solução está no pensar. Na abstração de ser e não-ser, numa forma bem imediata e universal; podemos conceber não a oposição de maneira determinada, fosse opor-se ser humano e ser desumano, mas identificar o primeiro como ser não desumano. Homem em si e ser humano enquanto para si. É essa unidade de real e ideal, de objetivo e subjetivo; o objetivo como devir subjetivo. O verdadeiro é o processo do devir; homem como ser humano expresso de modo determinado numa unidade das diferenças. A subjetividade é o outro da objetividade, deve ser *seu* outro, e nisso reside sua identidade; assim a humanidade é o outro do outro enquanto seu outro num *continuum*. Esse é o grande princípio que se pode declinar de Heráclito.

Salgado afirma que

> tomados separadamente o ser e o nada são abstrações vazias, de tal modo que a identidade do ser com o pensar é ainda o puro abstrato, não concreto. A primeira determinação do pensar concreto não é o nada nem o ser, mas o movimento de passagem de ambos, o devir.[92]

Dito de outra forma, tomado de modo imediato sem qualquer determinação, o ser é o mesmo que o nada. Ou seja, o conceito do ser contém em si a sua própria negação. A resolução dialética da oposição entre o ser e o nada é um novo conceito: o devir. A reconciliação pretendida por Hegel se dá por meio da "negação determinada", na qual toda diferença, alteridade, oposição e contradição seja por fim superada, reconciliada. A negação determinada se distingue da negação abstrata porque esta se liga apenas ao entendimento (*Verstand*), e não à razão (*Vernunft*). Sendo o poder do negativo o motor da dialética, é por meio da negação determinada que a razão vai recompor após cada negação e ser a negação da negação continuada. É como se a razão experimentasse uma ruptura até culminar numa reconciliação pela auto-identidade e autodiferenciação. Segundo Hegel,

---

Espírito só alcança a sua verdade à medida que se encontra a si mesmo no dilaceramento absoluto [...]. O Espírito só é essa potência enquanto encara diretamente o negativo e se demora junto dele. Esse demorar-se é o poder mágico que converte o negativo em ser". (HEGEL, G. W. F. *Fenomenologia do espírito*, parte I, p. 38.)

[92] SALGADO, Joaquim Carlos. *A idéia de justiça em Hegel*, p. 112.

O saber tem sua meta fixada tão necessariamente quanto à série do processo. A meta está ali onde o saber não necessita ir além de si mesmo, onde a si mesmo se encontra, onde o conceito corresponde ao objeto e o objeto ao conceito. Assim o processo em direção a essa meta não pode ser detido, e não se satisfaz com nenhuma estação precedente[93].

Assim, vejamos. O ser humano se conforma a partir do homem enquanto ser e nada. Enquanto homem apenas é em si mesmo e isso diz apenas de sua absoluta indeterminalidade. Não podendo determinar-se ao pensar a si mesmo em si, pelo que permanece indeterminado, pensa a despeito de nada ao se pensar em si, o que Salgado vai chamar de "pensabilidade do real", e que explica como "ausência absoluta de determinação, na qual a única determinação é o universal indeterminado". O homem se concebe ser humano neste movimento do nada e do ser que desaparece em si e se desenvolve a partir do devir até a essência.

Salgado aponta que "o resultado do devir é o estar presente, existir (*Dasein*)". Ora, o homem só existe enquanto ser humano, podemos dizer, contendo em si neste devir o homem e o nada, os quais no ser humano se substituem e se suprimem reciprocamente, desaparecendo, vez que se negam mutuamente, homem e nada, ser e não ser no ser humano enquanto o que existe. Ora, o termo: existir [do lat. *existere*.], verbo intransitivo, comunica uma existência real, ser efetivamente à medida que se torna (*geworden*). Ser humano surge como o que se torna o homem e é a humanidade a verdade do devir.

Uma existência real demanda que se realize e se determine. Para que o homem exista é necessário que sua essência se manifeste, haja vista que enquanto ser e nada, enquanto homem em si, é pura indeterminação, porque não pode "encontrar apoio ou descanso no seu infinito mover-se"[94] entre ser e não ser. Na mediação por meio de outro, a determinação buscada se conforma, porque não tendo podido fixar-se em si dada a oscilação entre ser e nada e não podendo dizer de si que "a suma essência"[95] vai descobri-la no outro e recupera sua unidade na sua determinação como ser humano.

---

[93] HEGEL, G. W. F. *Fenomenologia do espírito*, p. 68.
[94] SALGADO, Joaquim Carlos. *A idéia de justiça em Hegel*, p. 116.
[95] Salgado releva que em si não há como fixar-se num dos aspectos da pura indeterminação como, por exemplo, na religião ocidental (o ser absoluto do cristianismo),

Até então, indeterminado em si sendo homem e nada é nada. O tornar-se (*werden*) humano, o vir-a-ser humano é o resultado, o fazer-se à medida que se faz presente, que existe, o devir que reúne ser e nada e se apresenta (ser presente) ao outro (*Dasein*). Apenas a partir do outro o ser humano é ser como tal.

4.4 Ser Humano como Razão de Ser Homem

É no outro que a diferença se fixa e o homem deixa de ser indeterminado em si, exposto na dualidade do imediato e do mediato. Ser humano é a razão do ser homem, conformando-se aí a sua essência, o que o faz fraterno sem necessariamente aliená-lo para o transcendente para qualificá-lo assim porque irmão em face do Pai. De toda forma, como dizer do homem que ser humano se tal essência não retorna a si de pronto, para se lhe conceituar? Deus nesse caso é o ser que, humano, tem no homem sua imagem e semelhança, porquanto representativo da essência pura separada do homem, ser imediato dependente. Portanto, para que conceitualmente o homem diga de si que é ser humano, é necessário que suprima esta divisão entre a aparência e a essência. Até então, entre ser homem e ser nada não havia diferença da essência, porquanto ser homem e ser nada é ser indeterminado. Já entre a essência e a aparência, há uma divisão clara, haja vista que uma nega a outra conformando não uma oposição propriamente dita, mas uma contradição.

Por meio da identidade das diferenças entre os homens, a essência humana se vai determinando, primeiro, a partir do homem que se mediatiza consigo mesmo para dizer de si o que não é; segundo, a partir do outro mediatizado. O ser humano se manifesta como homem, é o que dele aparece, a aparência que tem exigida de si seu fundamento. Ora, se a essência é "a explicação da aparência desse ser", ser humano é a explicação para que o homem enquanto animal racional, por exemplo, explique sua essência. Ser homem, o *homo sapiens*, simplesmente, não é nada se a essência humana não aparece nele enquanto refletida. A essência humana manifesta-se por intermédio do homem que encontra nela fundamento

---

quando se afirma que Deus é a suma essência (*das höchste Wesen*), ou como na religião oriental (o nada absoluto do budismo), quando, numa abstração total, se erige o nada como princípio, em que a individualidade se consome. (*A idéia de justiça em Hegel*, p. 116.)

para sua existência. Assim, existência humana é a do homem que mostra sua essência. Ser homem e ser humano são a aparência e o fundamento, o ser presente e o fundamento do ser distinguindo momentos na existência. Quando a essência humana vem à tona, o homem enquanto ser imediato não desaparece como se fosse distinto dela, mas reserva para si a graduação de aparência, de toda forma, não a aparência distinta da essência, mas a forma como a essência aparece, se mostra e se justifica. Tudo o que o homem sabe de si se lhe justifica aparentemente e como aparência, à medida que torna possível que sua essência humana tome corpo. Portanto, novamente como releva Salgado,

> o homem na aparência de seus atos não mostra o que é em si senão no momento em que a exterioridade do seu ato tem a mediação do seu interior, que se denomina intenção e liberdade.[96]

Intenção que se conforma em vontade. A vontade em Hegel que é o próprio pensar, portanto, vontade do homem, na determinação do querer, quando "o próprio pensar é em si mesmo ato de vontade"[97]. Assim sendo, o homem em si só revela sua própria essência para si, a essência humana, à medida que sua vontade racional, própria do homem em si, se pensa porque livre e enquanto pensamento livre pensa sobre os que pensam, outros homens, e por isso mesmo livres como ele. Nesta ação de pensar-se no outro, própria do homem, ele só vai poder concluir pela idéia de ser humano à medida que conhece a liberdade dos outros homens não como coisa possuída, mas como condição do ser homem na sua efetividade.

Ora, Hegel não distingue razão e vontade, mas tem na primeira

> um modo especial da razão, da atividade do pensar, o lugar da liberdade; pelo pensar o homem está em si mesmo e não fora ou alienado em outro; o objeto (*Gegen-Stand*), que se opõe ao homem no mundo da exterioridade, torna-se algo próprio do homem quando conhecido, e o homem faz do mundo 'sua morada se o conhece', ou melhor, se o tiver concebido'.[98]

---

[96] SALGADO, Joaquim Carlos. *A idéia de justiça em Hegel*, p.136.
[97] SALGADO, Joaquim Carlos. *A idéia de justiça em Hegel*, p. 241.
[98] SALGADO, Joaquim Carlos. *A idéia de justiça em Hegel*, p. 241.

Se o objeto que se opõe ao homem é o próprio homem e com ele se identifica, porquanto livres ambos, e do pensamento decorre, ainda, que diga do outro que ser humano, a imediatidade posta a partir do homem com a mediação do outro que se lhe revela ser humano, nessa exterioridade do seu pensar o outro como ser humano é o que o faz pensar ser humano se autodesignando assim pelo pensamento.

É aqui que se revela sua essência, uma vez que a partir do momento que se pensa como um ser humano deve, por meio do pensamento, desenvolver-se de modo a não ser apenas um homem, aposto enquanto objeto que aparece a si mesmo, de modo a descobrir quem é. Então, exsurge não mais apenas o homem, imediato, mas sua essência, pela mediação do outro, de modo que o homem e o ser humano convirjam, a partir do pensamento, o em si e o para si, o ser e o conceito, e o homem possa definir-se como ser humano.

O desenvolvimento da essência que fundamenta o homem para si dá-se do desdobramento desse mesmo homem através da história, no sentido lógico e não temporal, em que o homem se vai tornando ser humano num processo desse negar-se como imediatidade apenas[99]. Ora, tal raciocínio lógico não se dá a partir de pensar o homem como coisa, como objeto sensível que se oferece ao pensamento apenas, mas o próprio pensar em si sobre si a partir do outro para desenvolver nessa mediatidade a própria essência. A história nasce do reconhecimento de que somos mais do que meros acidentes da natureza e que existe um sentido e significado mais amplo para a existência. A história, para Hegel, *represents the development of the spirit's consciousness of its own freedom and of the consequent realization of this freedom*[100].

---

[99] Veja-se que a distinção apontada entre *actus hominis* e *actus humani* é exatamente que os primeiros são compreendidos como os atos irresponsáveis do homem e os segundos, os atos livres e conscientes, "pois só estes são atos humanos". (VIANA, Mário Gonçalves. *Ética geral e profissional*, p. 8.)

[100] HEGEL, G. W. F. *Lectures on the philosophy of world history*: introduction: reason in history, p. 142. Hegel aduz a missão terapêutica da razão exatamente em face de a existência ser marcada pela "consciência infeliz" da cisão infinita, mas entendendo que a consciência infeliz contém em si a possibilidade de uma reconciliação. Numa verdadeira odisséia do Espírito (*Geist*), que diferentemente de um "mal infinito" consegue, através de um processo de desenvolvimento teleológico e histórico, culminar numa reconciliação última: o infinito e o finito são reconciliados numa totalidade autodiferenciada, com a identidade mediada entre pensamento e ser. Ora, cabe à razão resolver a angústia pungente que se dá diante da própria razão. Com Aristóteles se põe que a felicidade é a finalidade da vida e a conseqüência do único atributo humano, a razão. Mas, é mesmo a razão que

À identidade inicial de si em si, o homem como ser imediato contrapõe-se a diferença posta pela essência porquanto tenha o homem se mediatizado a partir de outro para saber-se ser humano na sua identidade final. Há aqui o movimento dialético entre o idêntico e o diferente. O homem enquanto ente é concebido na sua identidade imediata, da identidade na própria identidade. O ser humano é a identidade na diferença haja vista a presença do outro conformar a própria essência. A primeira identidade consigo, homem; depois, a conformação da diferença a partir do outro homem, de que tudo decorre o ser humano enquanto identidade concreta: a identidade, a diferença e a identidade de ambos, o ser humano como conceito. Posto assim, "como elemento de diferença, a essência põe a oposição mais interiorizada do ser: ser e aparência. A dialética do ser e da aparência conduz à existência como essência que se manifesta".[101]

4.5 A Dialética do Ser e da Aparência: A Existência Humana

O homem não se revela humano de pronto. É necessária a reflexão para que se exponha na dualidade do imediato e do mediato. De toda forma, podemos pensar o homem como ser humano e ali encontrar sua essência. A mesma essência que ele de si aliena porque não se pode dizer ser humano, embora imagem e semelhança de um Ser assim qualificado.

---

afasta o homem da natureza, ordenada e racional. Como a razão do homem vai retornar à própria razão a partir da experienciação da liberdade, Hegel aponta que é a partir do desenvolvimento da autoconsciência, da realização do Espírito através da história, onde o Espírito termina por se reconhecer não apenas em si e para si mesmo, mas também em e para si através da alteridade. A partir da percepção da alteridade, o Espírito é compelido a pensar a problemática da ipseidade e da alteridade. Através deste reconhecimento, a história se dá como registro do exercício da liberdade do espírito em sua progressão a uma autoconsciência cada vez mais profunda. Este registro se conforma nos progressos feitos pela raça humana nas diferentes fases da progressão histórica. A história se põe como um processo de desenvolvimento que alcança níveis cada vez mais elevados de liberdade em que se contemplam as realizações do espírito autoconsciente (HEGEL, G. W. F. *Fenomenologia do espírito*, parte II, p. 163-164.) É por meio do espírito objetivo que a consciência da liberdade se expressa e se objetiva, realizando-se na realidade externa, esta, expressão de uma vontade organizada manifesta numa sociedade, também ela organizada (HEGEL, G. W. F. *Elements of the philosophy of right*, p. 73-78). O desenvolvimento da consciência do Espírito de sua própria liberdade se manifesta através da progressão da história, onde o Espírito alcança um nível de consciência cada vez mais elevado, ao realizar mais liberdade, com a razão realizando a si mesma.
[101] SALGADO, Joaquim Carlos. *A idéia de justiça em Hegel*, p. 135.

Temos, então, a cisão, a separação, aqui, da essência e do ser que permanece imediato e dependente da transcendência onde encontra sua essência. O homem não pode se dizer ser humano, mas aqui com mais propriedade, filho de Deus, e como é na essência humana na qual se conforma a fraternidade, ela só se conformou até então como objeto da teologia, haja vista que exige o *frater*, e todos se dizem irmãos porque filhos de Deus. Mas o conceito de homem como ser humano se revela no momento em que a essência se desdobra, mostrando o interior de um ser que se vem desenvolvendo num processo que se pode qualificar como histórico. Ser humano é a verdade de um homem que constrói de si o próprio pensamento em si e para si, pondo-se na sua diferença como negação da sua imediatidade óbvia para buscar suas próprias determinações. Ora, o homem já diz de si que ser humano. Portanto, pensar assim é revelar sua própria essência, que necessita desenvolver-se porque pensada. Ser humano é o que sabe de si, mas ainda não é o que se tornou em si e para si, já que, passado pela reflexão, sua identidade inicial o designa homem (o ser imediato), mas não o identifica ser humano seja este a identidade final mediatizada dada a diferença posta pela essência. O homem é de si sua identidade imediata bem como a identidade na própria identidade, o ser em si. O ser humano é a identidade entre homens que se sabem diferentes, não desiguais. A humanidade é a diferença que exsurge na identidade quando os homens se identificam nas suas diferenças, para uma identidade concreta, que tem em si a diferença[102]. Podemos dizer, aqui, que o ser humano tem a aparência de homem, quando ambas diferem – ser e aparência. A existência humana é a da essência do homem que se manifesta. Como homem, o homem se pensa e se pensando por intermédio do outro se vê concebendo a própria essência. Assim, o primeiro passo do ser humano é pensar-se como tal. Não é pensar apenas. O animal racional encontra sua essência ao apor-se como objeto do próprio pensamento por intermédio do outro que se lhe mediatiza. Como bem aponta Salgado,

---

[102] Salgado afirma que num primeiro momento ocorre a identidade abstrata, porquanto imediata; num segundo momento, a identificação da diferença e o terceiro momento, a identidade concreta, que traz em si a identidade imediata e a diferença. E entende que é aí que se dá, citando Bernard Bourgeois (*El pensamiento político de Hegel*, nota n. 1 ao § 112 da *Encyclopédie*, p. 371), o "conceito posto, o-posto, objetivado, diferenciado, quer dizer, desenvolvido em seus momentos constitutivos (a identidade, a diferença, a identidade de ambos), no elemento da diferença; essa posição do conceito não é então sua posição como conceito, como identidade (concreta) da identidade e da diferença". (SALGADO, Joaquim Carlos. *A idéia de justiça em Hegel*, p. 135.)

a essência é de outro lado o momento próprio da alienação, pois, como momento da divisão, a essência, ser posto, pode não retornar a si no conceito. Nesse caso, aliena-se para o transcendente, e o resultado é um absoluto, uma essência pura separada do ser imediato dependente[103].

Nesse diapasão, ser humano é ser imagem e semelhança daquilo que o homem projeta para si.

A consciência de si se põe fora dela mesma transpondo-se para o transcendente. A essência humana se transcende para o além e a existência de um Ser Humano só existe pela fé. Ser humano é apenas uma "aspiração subjetiva, nostalgia de uma unidade irrealizada" em face do homem que não é. Mas, uma vez alienado de si, o retorno a si por intermédio da razão se dá como

> lógica imanente de um processo histórico que se constitui e se avança pelo entrelaçamento dialético entre natureza e liberdade, entre o aleatório acontecer histórico e a densa necessidade que o livre agir do homem inscreve na face muda das coisas e do tempo[104].

A consciência de si como ser humano alienada pela fé "dessencializa" o homem, que se torna presença sem essência. Mantém o homem os dois mundos, o da cultura e o da fé, este, cultura ainda, porque materializado na religião positiva. Mas o homem se sabe ser humano tanto na consciência da fé como pela razão intelectiva que o afirma desse modo como universal. "Toda realidade é espiritual, é 'vontade universal real', dos singulares".[105]

No entanto, só pela mediação com o outro ou com a própria consciência de si exteriorizada é que o homem como ser humano se conforma.

Houve a cisão do mundo efetivo (real) com a separação entre fé e realidade, mas esse mundo real traz em si uma contradição.

Hegel, apondo a contradição no núcleo do pensamento e das coisas, simultaneamente, denuncia que o pensamento procede por meio de contradições superadas, da *tese* à *antítese* e, daí, à *síntese*, como num diálogo em que a verdade surge a partir da discussão e das contradições.

---

[103] SALGADO, Joaquim Carlos. *A idéia de justiça em Hegel*, p. 136.
[104] VAZ, Henrique Cláudio de Lima. Destino da revolução. *Síntese*, p. 6.
[105] SALGADO, Joaquim Carlos. *A idéia de justiça em Hegel*, p. 308.

Uma proposição (tese) não pode se pôr sem se opor a outra (antítese) em que a primeira é negada, transformada em outra que não ela mesma ("alienada"). A primeira proposição se encontrará finalmente transformada e enriquecida numa nova fórmula que era, entre as duas precedentes, uma ligação, uma "mediação" (síntese).

Portanto, ser homem, sem qualquer qualidade ou determinação, é, em última análise, não ser absolutamente nada, é não ser! O ser, puro e simples, equivale ao não-ser (antítese). É fácil ver que essa contradição se resolve no vir-a-ser, o ser humano (posto que vir-a-ser é não mais ser o que se era). Os dois contrários, homem e ser humano que engendram o devir (síntese), aí se reencontram fundidos.

É com a essência humana que se introduz no homem a determinação do outro homem, o que permite conceituá-lo como ser humano, na medida do outro que lhe permite mensurar-se pelo que passa a saber de si.

Nos momentos lógicos do ser, da essência e do conceito para serem pensados cobram imediatidade, mediação e totalidade mediatizada, de modo que o ser humano se conceba na afirmação de si mesmo ao se pensar, bem como sua negação, de modo que ainda que pense sobre tudo como não sendo a si mesmo se perceba de si ao se pensar, mas não apenas em si, mas por intermédio do outro ser com quem se identifica, de modo que sua percepção da realidade se aproxime cada vez mais da realidade e de si possa ter um significado.

De tudo o mais, sem sair de si mesmo ou trazer o outro para dentro de si, como seu negativo interno, fosse dizer que o outro não é o que é, temos que o homem descobre que o outro homem é o que é, sendo também homem e sendo a partir de si não é coisa, mas ente como a si. O homem que como ente perscruta de si a qualidade de homem. E diz de si que ser humano, e o ser é o que é: ser humano. Para ser humano e realizar sua humanidade é preciso o outro. A exigência do outro é manifesta para que o homem se diga ser humano. "Algo só pode ser entendido como o que exige o outro, como carência, e carência é carência do outro"[106]. À medida que o homem exige outro homem sabe-se como o outro exigente de si e que ambos são carentes mutuamente. Enquanto homens se determinam como homem diante de outro homem. Mas, carentes um do outro para a conformidade do ser humano, a humanidade exsurge como reflexão e ser humano pode ser entendido na linguagem

---

[106] SALGADO, Joaquim Carlos. *A idéia de justiça em Hegel*, p. 120.

hegeliana como o ser-para-si. Enquanto homem é o ser-em-si[107] que se revela ser humano à medida que se pode ser-em-outro, na proporção que para si se volta por meio do outro. Então, o ser-para-si resulta no conceito de ser humano. E é mesmo em sua humanidade que o homem pode dizer da idealidade concreta. Enquanto ser humano, ou seja, ser-para-si, há a superação da separação do ideal e do real, uma vez que ser humano é a verdade dos momentos do ser e do *Dasein*. No instante em que reflete seu conceito, o ser humano, posto como realidade realiza a idealidade por meio da verdade.

Apenas como ser humano, portanto, como ser-para-si, o homem passa a saber de si mesmo e se conforma enquanto sujeito consciente de si, o "eu", e se pensando não se pensa enquanto objeto, mas como sujeito que se pensa no outro porque ser humano sabendo que como autodeterminação há compromisso de sujeito sob sujeito. Como devir do homem, o ser humano exige a alteridade para saber-se assim, ser-para-si, ser--humano como verdade da natureza, quando a qualidade de humano se determina pela relação com o outro. Não há como sobrepor-se homem e ser humano, como se um coisa e o outro, ser-para-si, que assim se reconhece noutro. Homem e homem ladeados não se reconhecem e indeterminados em si excluem-se mutuamente e nesta repulsão é que se conforma a figura do excluído, porque não há a admissão de diferenças. Como idêntico a si mesmo, o homem quantifica-se numa multiplicidade de homens. Dizer ser humano à medida que há reconhecimento como outrem de um *quantum* limitado de outros homens é o mesmo que não o ser, o não-ser, uma vez que como essência a humanidade exige que haja identidade da qualidade de humano com a quantidade ilimitada de homens.

Assim posto, o ser humano é o homem refletido que conforma no outro sua autoconsciência para descobrir sua essência.

---

[107] Salgado analisa que o "homem como ser em si, potência, não só tem de ser em ato, negando-se como pura potência na exterioridade da natureza da qual ele é parte enquanto bios, mas ao mesmo tempo deve transformar-se, por espontaneidade, ou seja, por ação originária de si como *causa sui*, num plano acima da exterioridade da natureza, vale dizer, na interioridade do espírito, da liberdade. Ser determinado pela natureza exterior na ontosfera do seu existir situado, ser que determina e interioriza a natureza como representação na logosfera do seu conhecer e ser que autodetermina na noosfera do seu agir livre enquanto sabe de si e de seu mundo são os momentos que revelam a estrutura da sua efetividade. (SALGADO, Joaquim Carlos. A idéia de justiça no mundo contemporâneo, p. 20.)

Só se pode falar em existência humana referindo-se ao homem que encontrou seu fundamento. A essência humana e a aparência de homem, a razão de ser, bem como o ser presente são dois momentos distintos da existência. Assim, temos que o *Schein,* sendo este o brilho que anunciava o ser, o ser homem, o ente, aquele cuja aparência indica a presença da essência, de repente, se torna *Erscheinen*, "o brilho da essência, o resplandecer da essência, o seu mostrar-se luminosamente"[108]. Portanto, podemos dizer, a partir de Hegel, que o homem que mostra a própria essência humana é o ser humano. O homem é o aspecto do ser que humano expõe sua explicação, o aparecer que explica o ser. O brilho do ser que provocando sua explicação incita o brilho da essência para sua explicação

O que existe do ser humano é o homem. É o que é e o que não é. Essência e aparência a partir da realidade, sendo a essência humana a justificação racional do que existe, que se encontra no real, no homem. O homem só é ser humano – se e somente se – souber o que não é humano. Ser humano não é todo homem porquanto não há como identificar essência e aparência de pronto, sendo exigido do ser humano que saiba que é não desumano, repudiando sê-lo para si mesmo; consciente do que seja a diferença. A essência humana exsurge entre as determinações dos homens, em torno de suas identidades e diferenças. Essência e aparência se identificam, homem se vislumbra ser humano, de forma que a relação dos diferentes é de mera diversidade. A diferença essencial, a oposição e a contradição, é a que Hegel denomina entre o positivo e o negativo como seria entre o ser humano e o ser desumano. Logo, o ser humano só existe a partir do seu oposto, que se lhe explica para conceituar o fundamento. A realidade nestes parâmetros não conforma suas razões, sua explicação. A existência do ser humano exige como seu fundamento a existência do ser não desumano, reflexão em si, como identidade.

A essência humana reflete-se na existência do homem que mediatiza, por meio do outro homem, aquela essência. Homem tornado ser humano como a possibilidade da mensuração da totalidade do real, a coisa que em si, homem, precisa dar-se à solução definitiva na realidade efetiva.

O homem é o real, podendo-se dizer num primeiro plano que sua essência é incognoscível. Assim, não sendo a essência do homem passível de ser conhecida, mas apenas o real externo, o homem, este veio sendo identificado com a própria essência. Portanto, homem identificado como ser humano. Como objeto cognoscível permaneceu como simples coisa.

---

[108] SALGADO, Joaquim Carlos. *A idéia de justiça em Hegel*, p. 158.

Mas homem e ser humano são dois aspectos da realidade e não podem mesmo ser pensados separadamente, sendo que o interior termina por ser pensado como o exterior, e assim reversamente. O homem é o que aparece e a essência o que não vem revelada nele. A realidade efetiva se manifesta quando a essência se exterioriza na existência, quando ocorre a manifestação de si mesmo, do ser humano por intermédio do homem.

Dito dessa forma, voltamos à questão inicial que se pôs para perscrutar quem somos. Imediatamente apomo-nos nosso próprio ser em nós para nos pensar. Em nós, determinamo-nos. O ser em si que logicamente se determina homem. O homem é o que temos de nós às escâncaras. O interior desse homem que nos vai remeter à busca de nossa essência exige a questão do quem somos[109]? Quem somos está sob a aparência do que somos, na aparência de um homem que não explicita a sua verdade. O que é tem como resposta o homem enquanto coisa, o objeto que se põe aparente. Quem é o homem? É a questão que o homem se põe para si em busca da própria essência. E a resposta que o imediato, aquele que em si, homem, se dá, para si, mediatizado pelo outro, separando o que do quem, é dizer-se ser humano. Saber-se ser humano, de toda forma, é essencial para o conceito que o homem espera conformar de si, tomada sua essência humana como sua verdade de homem, negada esta apenas como imediatidade e aparência do ser. A verdade do homem só se dirá pronta, portanto, quando da essência se conformar equivalendo-o a ser humano e sendo ambos o conceito de um, a verdade de uma realidade manifesta.

As questões que se distinguem em "que é o homem" e "quem é o homem" distingue, de fato, o ser como é, sua aparência já que tudo é, e nisto talvez esteja a razão por que Hegel não distingue as questões já que não perscruta especialmente a essência do homem para dizê-la humana. Num primeiro momento, distinguir homem e ser humano é negar a aparência como verdade, porque a verdade seria outra e não a que aparece imediatamente. Por isso, o ser humano é a negação da afirmação do ser homem. Ser humano e ser homem se opõem. Mas ser homem é ser humano, aparência e essência, o imediato e o mediato. Quem é aquele

---

[109] Aponte-se que Hegel, na busca pela essência, põe-nos tal questão, mas dizendo a pergunta de outro modo, qual seja, "é o quê?" como indicação de dois momentos: o "é" imediato e o que é posto como algo interior ao imediato que, diante do exposto (a explicação da essência, a sua verdade), é simples aparência. Essência e aparência são a oposição que se desenvolve e que se supera definitivamente no conceito, a resposta à pergunta "que é"? (SALGADO, Joaquim Carlos. *A idéia de justiça em Hegel*, p. 147.)

que é? O conceito vai ser a explicação do ser. O ser humano é a negação do ser homem porque, dessa forma posto, a verdade não se encontra no ser. Mas também se equivalem, ser humano e ser homem, porque a humanidade é essência e do homem não pode ser separada. A negação que se conforma aqui entre homem e ser humano é para dizer da essência até sua absorção no conceito, no percurso de determinações intermediárias. A aparência imediata que determina o homem, o ser em si mesmo, cuja essência humana exige manifestar-se, portanto, aparecer por intermédio deste mesmo homem. Neste momento entre parecer e aparecer, a existência se identifica como o aparecer da essência. Podemos encontrar aqui, então, as razões que nos deixam perceber quão instável é a essência humana, dada sua "indeterminada consistência e inconsistente determinação"[110], em face da realidade que dela não se distingue e como unidade conceituam uma "essência sem configuração" (*das gestaltose Wesen*) "e a aparência inconsistente" (*haltlose Erscheinung*), quando a verdade que se tem é o do "subsistir sem determinação" com "instável multiplicidade", sendo arremetida ao absoluto a questão da essência humana.

Ora, essência e aparência, essência e existência compactuam para dar efetividade à realidade. A dualidade é manifesta nessa realidade e de tal modo mais aparente haja vista o ser humano enquanto homem se realizar efetivamente e a partir daí pensar-se realizando. Mas não é na realidade que o ser humano e homem podem ser definidos numa unidade. Da realidade o que sossobra é o ser imediato, o homem. Para o homem pensar-se como o ser humano que é, deve pensar as condições para que essa essência se manifeste, no modo como deve se dar o aparecimento desse ser humano, dado que resultado de um processo do homem que age porque nesta ação reside a forma de como tornar-se ser humano. O ser humano advirá do homem que racionalmente criar condições para que resulte afinal como totalidade de um ser que é ao mesmo tempo, essência e aparência. Pensar o homem como ser humano é pensá-lo como o ser imediato que será o seu mediato, mediante um processo que exige a ação, o ser enquanto aquele que é, enquanto vai sendo, e é nessa atividade de o ente ser é que perfaz do homem ser humano, é o que os une. O homem é que racionalmente deve criar as condições para que exsurja como ser humano, antes do mais pela necessidade concreta dessa unidade. É possível o homem como ser humano, vislumbrado seja o que se efetiva e se desenvolve em face da necessidade manifesta da realidade.

---

[110] SALGADO, Joaquim Carlos. *A idéia de justiça em Hegel*, p. 149.

"O movimento da efetividade, denominado necessidade, é o que engloba a condição, o resultado e o processo (atividade que leva a condição ao resultado e o resultado à condição)"[111].

4.6 O Ser Humano enquanto Causa do Ser Humano como Efeito

Aponta Salgado que, do ponto de vista formal, "a possibilidade é apresentada como fora da substância e acaba por ser a essência da coisa, o que faz ela existir, mas exterior à realidade"[112]. Na distinção entre o

---

[111] SALGADO, Joaquim Carlos. *A idéia de justiça em Hegel*, p. 152.

[112] Aqui a referência filosófica a despeito da realidade é a teoria da substância de Espinosa. (SALGADO, Joaquim Carlos. *A idéia de justiça em Hegel*, p.151 no pé de página relativo à citação.) Portanto, é necessário, neste momento, destacar algumas das idéias de Espinosa: a) a realidade é una; b) Deus e a realidade são uma coisa só; c) a mente e a realidade também são unas; d) o propósito da filosofia é perceber a unidade que existe na diversidade e buscar a síntese dos opostos. Espinosa é um filósofo racional e revolucionário. A seu ver, é possível compreender a totalidade do real por meio da razão. Para ele, a compreensão do todo não é um simples exercício intelectual: é um exercício de liberdade. Seu ponto de partida é que se Deus é onipresente, não há como imaginá-lo fora do mundo. O divino faz parte de tudo o que existe no mundo natural. Não é, pois, transcendente, mas sim imanente. Na verdade, Ele seria a própria Natureza, o que evidentemente inclui os homens. Daí a conhecida expressão de Espinosa de que *Deus sive Natura* (Deus, isto é, a Natureza). A teoria da substância é a de que Deus ou a Natureza é uma substância única que tem *atributos* (qualidades essenciais, infinitas, que constituem o seu ser) dos quais nós, homens, conhecemos dois: a *extensão* (essência da concretude, da materialidade) e o *pensamento* (essência da compreensibilidade, da inteligibilidade). Os atributos se manifestam por dois modos ou maneiras finitas de expressão. Quanto aos homens, o atributo extensão se expressa por meio do corpo. Dizemos então que nosso corpo é um modo finito do atributo extensão da substância única (ou Deus, ou a Natureza). Já nossa mente (alma) é um modo finito do atributo pensamento dessa mesma substância. A substância única e seus atributos compõem o que Espinosa chama de *Natureza naturante*. Os modos – finitos e temporais – constituem a *Natureza naturada*. Dessa maneira, estariam dadas as condições para que o homem alcance a liberdade por meio do conhecimento. Não é necessária a existência de uma divindade transcendente como a dos monoteísmos dualistas, para os quais Deus está fora do mundo que criou. A expressão *Deus sive Natura* inclui a idéia de que Deus é a causa de si mesmo, a causa imanente de tudo o que existe. Na filosofia espinosana, Deus é a causa imanente eficiente, isto é, a causa que produz seus efeitos, mas não se separa deles. Os efeitos fazem parte das causas e vice-versa. As causas se manifestam em seus efeitos e estes se manifestam nelas. Para Espinosa, a ação de Deus é uma manifestação necessária de sua essência. Desse modo, Ele é um ser que se causa a si mesmo, que se autoproduz. Se o efeito não é separado da causa, não cabe a questão de

quem criou o que. Aqui está, seguramente, o que três séculos depois viria a ser chamado de autoprodução. Se o homem é um modo de expressão divina e se Deus é a Natureza, estamos diante de uma filosofia que nega a existência de um Deus moral, criador e transcendente. Em conseqüência, tudo o que existe no mundo natural pode ser compreendido pela razão do homem. Nada é misterioso, hermético ou oculto. Nada é tão incompreensível que precise ser revelado. Tudo aquilo que é escondido, reservado e envolto em enigmas e obscuridades, acaba servindo como um instrumento por meio do qual quem tem acesso a esses saberes pode exercer poder sobre quem não o tem. Cria-se assim uma casta de privilegiados, iniciados ou "iluminados", a quem cabe intermediar o contato entre o homem comum e os poderes transcendentes. Os modos de expressão divina estão presentes no mundo natural. Eles se causam mutuamente. A substância única se explica em seus atributos e estes a explicam. Dessa maneira, a relação entre as causas e os efeitos é circular e não linear, e por isso o poder não está concentrado ou centralizado: é difuso. Quanto mais intensas as interações e os entendimentos entre as pessoas – e destas com o mundo natural – mais livres elas se tornarão de poderes supostamente superiores, transcendentes, e de verdades a elas externas, muitas das quais incompreensíveis para os homens ditos "comuns", aqueles sobre os quais se exerce o poder e dos quais se exige obediência. A "heresia" espinosana consistiu em afirmar que os homens podem, por meio da razão, conhecer a realidade em seu todo. Com isso, podem alcançar a liberdade e construir um mundo melhor, livre de deuses autoritários e legiferantes. Desse modo, é possível inferir que quanto mais intensos forem os entendimentos entre as pessoas, mais independentes as comunidades humanas se tornarão de diretivas vindas "de cima" ou "de fora". Em termos de cultura organizacional (o modo como as coisas são feitas nos grupos, organizações e instituições), pode-se dizer que quanto maior a horizontalidade (os entendimentos entre as pessoas sobre as quais são exercidos o poder e a autoridade) menor a verticalidade (o poder autoritário, exercido de cima para baixo). Ao questionar os autoritarismos, Espinosa pôs em xeque várias das condições a eles costumeiramente associadas: regulamentos rígidos, rótulos, posturas dogmáticas, questões fechadas, intolerância, formalismos, ortodoxias. Espinosa questionou os monoteísmos dualistas, claramente baseados na lógica binária e dificilmente viáveis sem ela, e, por extensão, seus excessos, entre os quais os fanatismos que se baseiam nessa mesma lógica. Pode-se dizer que se o Deus da teologia e da metafísica tradicionais está fora do mundo, essa condição precisa da lógica binária para ser compreendida: *ou* Deus *ou* o mundo. Trata-se de pólos mutuamente excludentes. Para Espinosa, porém, essa dualidade não existe. Por isso, sua idéia de Deus não pode ser entendida com facilidade pelo pensamento linear, segundo o qual a questão não é *como* se crê, mas crer *ou* não crer. Ao contestar a crença num Deus controlador e transcendente, o filósofo descartou o tradicional sistema de punições e recompensas a ela associado. De Espinosa, Hegel vai a Leibniz, quem entende que a realidade apresenta-se indiscutivelmente sob dois aspectos: um idêntico, universal, necessário, e o outro diverso, particular, contingente. Com Leibniz temos distintas as verdades da razão (juízos necessários da essência), que colheriam o primeiro aspecto da realidade, e as verdades de fato (juízos da existência

homem e o ser humano e tomada a teoria da substância de Espinosa como fez Hegel, podemos dizer que a humanidade (essência da divindade) é um atributo de Deus tomado por humano um predicado do ser. O atributo humano se expressaria, então, no homem por meio da razão. Assim, a idéia de humanidade deve decorrer da razão, como um juízo necessário da essência do homem (imagem e semelhança de Deus), distinto do juízo da existência contingente de Leibniz. O homem como ser humano imediatamente equiparado é uma verdade de razão fundamentada sobre o princípio da identidade, imediatamente evidente. Mas é preciso que tal verdade seja tomada como juízo, haja vista que o predicado em sua concepção inicial tem identidade com o sujeito. De toda forma, o que se tem é o homem como verdade de fato representado por juízos de experiência, em que o predicado humano não pode ser extraído analiticamente dele. Então, a partir de Leibniz por meio de Hegel, devemos conciliar a necessidade de ser humano com as exigências que têm sido postas por ser homem, de modo que ser homem venha a ser Ser humano, tomadas ambas como proposições contingentes verdadeiras racionais e demonstráveis, porque o predicado é contido na noção adequada do sujeito. A definição de homem como ser humano, para quem a penetra até o fundo, é a necessidade lógica de seu predicado.

Para o homem ser humano deve deixar manifestar sua essência, pelo que por meio da razão deve causar-se a si mesmo, se autoproduzir, alcançar a liberdade e construir um mundo melhor. E essa relação de causalidade, este autoproduzir-se, ser causa e efeito de si mesmo, a necessidade se conforma como potência e não se dá a partir de uma referência

---

contingente), que colheriam o segundo aspecto. As verdades de razão fundamentam-se no princípio da identidade, imediatamente evidente, isto é, tais verdades reduzíveis a juízos, em que o predicado tem identidade com o sujeito, se pode ser tirado analiticamente dele. As verdades de fato seriam representadas por juízos de experiência, em que o predicado não se pode extrair analiticamente do sujeito; teria, porém, um fundamento, o princípio de razão suficiente na realidade criada. Entretanto, estes juízos escapam às pretensões da necessidade racionalista. Então, Leibniz procura conciliar a necessidade do racionalismo com as exigências da contingência: as verdades de fato seriam contingentes *quoad nos*, com respeito a nós, devido à nossa ignorância. Mas, de um ponto de vista absoluto, *quoad se*, seriam necessárias como as outras. Isto quer dizer, também as proposições contingentes verdadeiras seriam racionais e demonstráveis, porque o predicado é contido na noção adequada do sujeito. A definição do sujeito, para quem a penetrasse até o fundo, seria verdadeiramente o antecedente lógico infalível de cada um dos predicados.

temporal, empírica, mas lógica. O termo inicial é mesmo o ser humano, causa e substância originária e o efeito ou substância originada; o segundo termo, também, o ser humano, ambos substância originária e originante, respectivamente, mas cuja passagem exige uma ação: ser humano[113]. Assim, temos o conceito de ação-recíproca (*Weckselwirkung*) para a conformação do conceito propriamente dito, a partir da manifestação da essência dada "a totalidade da relação causal, como a substância que tem em si o movimento da substância causadora que passa na causada e volta a si como totalidade mediatizada pelo momento da causada (efeito)"[114].

O ser humano enquanto causa do ser humano como efeito são distintos, haja vista que este último é um ser-posto, a partir da ação eficiente, uma ação geradora do efeito, a ação de ser humano. Portanto, ser humano pressupõe ser humano. O homem é a substância passiva sobre a qual se dá o efeito, e passivo porque ele não age, não impinge a ação de ser humano. Mas ser humano é de natureza ativa. Aqui se explica a questão de que "a causa é causa no efeito e somente no efeito, e o efeito só é efeito na causa"[115]. Para ser humano o ser humano deve ser humano. O efeito é necessário e idêntico à causa, de modo que ser humano decorra da autodeterminação do ser humano, imposta como necessidade livre ou necessidade racional, não se impondo a partir de qualquer determinação externa. O homem pensar-se como ser humano decorre da necessidade de sê-lo, e concluir com ele o conceito de si: quem sou? – que se responde.

Pois, como bem aponta Arendt,

se existe relação tão estreita entre ação e discurso é que o ato primordial e especificamente humano deve, ao mesmo tempo, conter resposta à pergunta que se faz a todo recém-chegado: 'Quem és?' Esta revelação de quem alguém é está implícita tanto em suas

---

[113] Até agora temos tratado humano como predicativo do sujeito, visto que o verbo "ser" é de ligação, não expressando ação verbal, e era preciso que se fizesse mesmo uma declaração sobre o ente homem, mas temos que na expressão frásica "ser humano", o sujeito é indeterminado (verbo no infinitivo), pelo que o verbo "ser" adquire aqui a intransitividade verbal, passando a indicar ação, mas como não tem sentido pleno, toma humano como adjunto adverbial de modo. Assim, como não decorre por óbvio que homem é humano, demandando dele uma ação para que assim se qualifique, a partir da ação de ser é que os sujeitos se podem determinar.

[114] SALGADO, Joaquim Carlos. *A idéia de justiça em Hegel*, p.153.

[115] SALGADO, Joaquim Carlos. *A idéia de justiça em Hegel*, p. 153.

palavras quanto em seus atos [...]. Sem o discurso, a ação deixaria de ser ação, pois não haveria ator; e o ator, o agente do ato, só é possível se for, ao mesmo tempo, o autor das palavras.[116]

De toda forma, o que efetivamente temos de palpável é um processo histórico em que o homem se vem autodeterminando como ser humano, por meio da norma, quando só ao final, quando Deus se tiver realizado na história, dado que convergida essência e existência, o homem poderá dizer de si imagem e semelhança de um Ser Humano. O ser humano como realidade de homem. No processo em que o homem se torna ser humano, racionalmente, podemos verificar a partir da evolução da norma ou da efetividade da liberdade para a coexistência entre seres iguais, que o homem é a explicação de uma realidade humana seccionada. Salgado chama de efetividade a Fenomenologia do Espírito propriamente dita, porque "processo que se desenvolve em etapas, consciência, consciência de si e razão"[117] até chegar-se ao conceito ou consciência; "o sentido do Espírito nessa sua autoformação na experiência que a consciência faz do processo tem seu resultado no conceito da própria razão ou do pensamento"[118]. A efetividade de Hegel é interpretada como o ser em ato de Aristóteles[119]. Assim posto, ser homem é apenas um momento do processo, não reproduzindo nem a essência nem a existência do ser humano na sua efetividade, haja vista que o ser humano só se pode apresentar na sua totalidade. E de que forma; o ser humano não pode ser definido isoladamente porquanto exige a ação de ser humano em relação a outro ser humano. A essência humana se manifesta por meio do ser humano em ato. A existência humana é, pois, a realização da essência humana.

O homem como ser humano se efetiva racionalmente. O real é racional e o racional é o real. Não é mais preciso que o homem aliene de si a idéia de ser humano tomado este como predicado de Deus. O conceito de ser humano prevê a essência humana, não mais na sua imediatidade como homem, mas como resultado de um processo racional que exige a unidade.

Neste momento, temos a perceber o conceito de homem como ser humano tomando que para Hegel o conceito é a identidade do ser e da

---

[116] ARENDT, Hannah. *A condição humana*, p. 191.
[117] SALGADO, Joaquim Carlos. *A idéia de justiça em Hegel*, p.155.
[118] SALGADO, Joaquim Carlos. *A idéia de justiça em Hegel*, p. 155.
[119] Cf. SALGADO, Joaquim Carlos. *A idéia de justiça em Hegel*, p.154.

essência e, como aponta Salgado, "o imediato elevado ao plano do pensar", "unidade inseparável da identidade e da diferença"[120].

4.7 Ser Humano e Dever Ser Humano: A Unidade do Real e do Racional

Mas para tomar o conceito de ser humano para dizer do homem como totalidade e identidade imediata é preciso vê-lo explicitar-se, à medida que se mediatiza a partir do outro homem, também singular, particular e universal. Ora, dizer do homem que ser humano é concluir pela sua essência de pronto. O conceito resta perfeito dada a identidade da identidade e da diferença ou a negação da negação, o conceito afirmativo da identidade, infinito em si mesmo e desdobrando-se até a constituição da verdade absoluta. Assim temos de perscrutar a verdade absoluta do homem, no seu processo de aparecer, refletir, conceber-se na busca da inteligibilidade de seu conceito como ser humano, para que no seu desenvolvimento, tal conceito seja mensurado a partir dos momentos subjetivos e objetivos dele, até a conformação da idéia de humanidade, não como comunidade de seres humanos, mas como fraternidade: "o conceito do conceito totalmente desenvolvido"[121].

Separar homem e ser humano, ou seja, falar de um do ponto de vista do outro, é difícil, já que o que se tem é a unidade em si e para si, mas de cuja atividade vai resultar na idéia de fraternidade. Ser humano é a realidade total do homem que se distingue nos momentos da universalidade, da particularidade e da singularidade. Como universalidade, o ser humano não se põe como restrito à pura atividade do pensar-se porque seu conteúdo está na atividade de ser, à medida que pensa a si mesmo como objeto que age, ou seja, como particularidade é o sujeito que pensa o sujeito que age, e assim, como seu próprio objeto. A unidade dentro do universal o faz particular como é o singular em face da totalidade, ente absolutamente inconfundível.

O homem enquanto ser humano é o que existe sem a separação da essência, embora possa se verificar a cisão da essência e do ser e,

---

[120] SALGADO, Joaquim Carlos. *A idéia de justiça em Hegel*, p. 159, grifo nosso. Anote-se aqui que, dessa forma posto por Salgado, na fraternidade resolve-se a questão da igualdade entre os homens e o tríptico revolucionário se explica.
[121] SALGADO, Joaquim Carlos. *A idéia de justiça em Hegel*, p. 160.

singularmente, termos apenas o homem. Mas, toda diferença já se encontra assambarcada na totalidade do conceito. É mesmo na busca da unidade total, a partir das diferenças, que o homem concebe a si como ser humano, sujeito e predicado, juízo e unidade completa do silogismo.

Como conceito subjetivo há a identidade do ser e da essência, que aparece: como identidade imediata, o ser humano; como conceito que se divide no juízo em sujeito e predicado (ser humano que é) e o silogismo, integrada a universalidade, a particularidade e a singularidade, a partir do verbo ser, podendo-se, então, dizer que ser humano é humano como não seja a partir da negação. Mas aqui uma releitura impõe-se para dizer que ser não se identifica com ente, mas o ente identificado enquanto homem que é. No caso, ser humano não abre flanco a dúvidas: ser humano. Basta como juízo necessário dizer ser humano, tomado sujeito e predicado como idênticos. A predicação não se dá por puro contingente, fosse um juízo da existência dizer que o homem é humano. Ser humano não pode deixar de ser humano. Ser humano é a espécie e o gênero. Por isso dizer-se espécie humana como gênero humano. Como espécie humana tem que incluir o homem. Se se desprender do palpável até o necessário, o juízo hipotético prediz que se existe um homem humano, existe uma espécie humana. Causa e efeito haja vista que a efetividade de humano é, ao mesmo tempo, de ser humano. O juízo do conceito de ser humano, de toda forma, exige que se releve a liberdade e o valor, a mediação necessária do outro para a concreção da unidade do silogismo. Ser humano deve ser humano. A unidade universal, o juízo necessário, a particularidade do conceito que retorna à universalidade restam integrados: ser humano. Não há que se falar na debilidade do "é" fosse ser humano, sujeito e outro, seu predicado: ser humano é... O silogismo aqui se encerra no próprio conceito: ser humano, descrito "o pensamento da razão no seu próprio meio e substrato, primeiramente como racionalidade inconsciente, depois consciente e, finalmente, realizando-se pela necessidade da sua própria natureza livre"[122].Tem-se expresso o conteúdo racional e o real a partir do fundamento essencial do que é verdadeiro.

Assim, tomado que o direito é a forma de realização e objetivação da liberdade do conceito na estrutura de totalidade do silogismo, ser humano deve ser humano de modo que o conceito se realize como real e racional. Dessa forma, ele se põe como unidade do racional e do real.

---

[122] SALGADO, Joaquim Carlos. *A idéia de justiça em Hegel*, p. 170, onde cita FLEISCHMANN, Eugène. *La philosophie politique de Hegel*, p. 266.

Na dialética da razão, o ser humano caracteriza a ação do homem na organização social, a ação positiva de ser humano, e não de outro modo, e o faz enquanto ser livre que intenta uma finalidade. A finalidade de ser humano não se realiza na natureza como liberdade. A finalidade humana, a fraternidade, só se realiza por meio da razão. Na natureza não se tem o ser humano, mas apenas o homem, que só se humaniza, só realiza seu conceito a partir de outros seres humanos.

Na fraternidade vai se dar a realização da idéia de humanidade como totalidade da realidade humana, tomado o processo histórico, haja vista que o que se tem é o ser humano como causa de si mesmo, e é na história que ele desenvolve seu próprio conceito de si. O que Hegel descreve quando

> indivíduos espirituais entram em ação e em determinação recíproca; a natureza do espírito, porém, num sentido muito mais elevado que o caráter do ser vivente em geral, é precisamente a de não aceitar um outro originário em si, ou seja, de não deixar continuar em si a ação de uma causa, mas de interrompê-la e transformá-la[123].

É a idéia de humanidade que assombra a existência humana, uma vez que o indivíduo não consegue mensurar aquela como conseqüência de sua natureza, embora tudo decorra a partir da idéia de liberdade.

A idéia de humanidade enquanto fraternidade de homens livres e iguais está no momento do imediato quando se dá a superação da dualidade homem e ser humano. Quando se dá essa identidade, instaura-se a idéia lógica de humanidade, na qual não há mais a distinção do homem enquanto sujeito que pensa o homem enquanto objeto sobre o que se pensa. O cognoscente se reconhece como seu próprio objeto e sabe dele que sujeito, também, como que resultante de uma fenomenologia da autoconsciência por intermédio do outro.

Tal raciocínio deflui dos parâmetros hegelianos de que "se o lógico está na realidade como seu interior e essência que a justifica e lhe dá significado"[124], é na humanidade que o ser humano vai realizar sua natureza ou entender, afinal, por que é, enquanto ente homem, ser humano.

É claro que, tomada a dialética como contradição posta pela razão, sobre o homem tudo o que se afirma se contradiz. A superação da

---

[123] SALGADO, Joaquim Carlos. *A idéia de justiça em Hegel*, p. 179.
[124] SALGADO, Joaquim Carlos. *A idéia de justiça em Hegel*, p.181.

contradição se encontra na unidade de ser humano, quando a dialética se resolve como movimento do conteúdo, e não como exercício para seu entendimento[125]. Assim posto, a dialética é o modo pelo qual o ser humano se conhece, ou seja, enquanto homem se justifica, quando o que aparece procede de alguma coisa de modo que a verdade só se dá quando o ser humano se revela como homem, na íntegra, a partir do autoconhecimento, que se dá a partir do outro que pela similitude consigo é idêntica enquanto em si. A consciência absoluta de si que se exterioriza para se conhecer como tal, dialeticamente, "o conhecer-se do absoluto", "o mostrar-se a si mesmo a si mesmo revelado". Está deflagrado o processo dialético que Salgado descreve como "movimento interno do conceito", "instrumento filosófico de conhecimento, nunca como método de conhecimento científico da realidade objetivizada como exterior"[126].

Ora, quando a razão se debruça por sobre o ser humano como conceito, sendo que é ela que conhece a liberdade, é mesmo nele que encontra a unidade que supera no homem todas as suas contradições, abrangendo tanto a identidade como a diferença, para se definir como totalidade.

Assim posto, até então a razão funcionava como faculdade de negação das categorias do entendimento, categorias imóveis e abstratas, que tomavam o ser humano como identidade de homem, imobilizando o autoconhecimento ou determinando que a busca se perpetuasse a partir da alienação. O homem como ser humano é forma e conteúdo, a totalidade, o universal concreto. O objeto é sujeito que se põe a si mesmo, e o método que utiliza para isso é interiorizado neste movimento de se pôr como seu próprio objeto de conhecimento. Ser humano é o positivo do universal concreto, homem[127], haja vista que como real o homem não é

---

[125] SALGADO, Joaquim Carlos. *A idéia de justiça em Hegel*, p. 182.

[126] SALGADO, Joaquim Carlos. *A idéia de justiça em Hegel*, p. 183.

[127] Salgado aponta que a estrutura da lógica é a do real, sendo que se manifesta em três aspectos: o abstrato ou do entendimento, o dialético ou racional negativo e o especulativo ou racional positivo, todos momentos inseparáveis, a compor a totalidade da estrutura do pensar, não podendo ser isoladamente tomado qualquer um deles. Ademais, aponta Salgado que a atitude de isolar ou fixar é típica do pensamento na fase do entendimento, que separa a finitude, não podendo alcançar com isso a totalidade. "Entretanto, o momento abstrato entra na estrutura do lógico enquanto momento formal. O momento dialético (negativo) e o especulativo (positivo) constituem a estrutura própria do absoluto, do pensar e do real ou do pensar-real. [...]: o absoluto ou o verdadeiro que têm o mesmo significado; é o aspecto especulativo, caracterizado na unidade dos opostos". (*A idéia de justiça em Hegel*, p. 185.)

abstrato, mas, de toda forma, não se resolve por si só, sendo necessário que como ser humano se venha a revelar como estrutura do real, não apenas como homem, o ente como sinonímia de ser que aparece num primeiro momento como categoria da lógica para iniciar o pensamento sobre o real. Assim posto, o homem é o imediato; humana é a essência, mediatizada no outro, sossobrando o conceito como momento racional que conclui pelo homem como ser humano por meio da fraternidade.

4.8 A Fraternidade como Produto da Razão

Nas definições que se põem do homem o que se tem é a busca pela verdade, a busca de si na sua identificação como na sua distinção dos outros animais, o entendimento de si no processo até a conformação de seu conceito como ser humano. Tal é o princípio da identidade que se constrói por silogismo. Mas a separação que se põe ao homem em relação aos demais animais o põe identificado consigo mesmo, sem necessariamente pô-lo relacionado com os outros. Quando se lhe fala pensar-se como ser humano, há a necessidade de vê-lo negar-se como homem apenas, como ente em isolamento. Exemplificativamente, no entendimento do homem como animal social, no processo de formação da verdade, tivemos apenas um começo, abstrato, e não se poderia dizer que inverídico o universal produzido. Mas tal não encontra suficiência para dizer do homem, embora pensamento da identidade (positivo). A razão dialética que se põe para pensar a diferença (negativo) assume que o homem racionalmente se individualiza e a razão especulativa para pensar a totalidade, ou a identidade daquela identidade e dessa diferença, o positivo mediatizado pela negação da identidade abstrata, ou o universal concreto, conclui pela liberdade como forma de coexistência entre os homens.

É da alçada do entendimento dizer dos aspectos negativos, pelo que se tem, por exemplo, que o homem não é bom, mas tal é tomá-lo na sua imediatidade e não corresponde à verdade. De toda maneira, não se trata da negação dialética. Enquanto atividade negadora aqui se diria, o homem não é humano, para dizer disso que é claro que não é, para elevá-lo ao momento que exige a verdade, que o homem deve ser humano. Nesse diapasão, o imediato, o homem, porquanto não seja humano não pode ser negado para dizer do ser humano, fosse possível excluir quem não fosse, mas há como ter ambos conciliados a partir da mediação do conceito na idéia de fraternidade.

Na fraternidade, o homem apela ao infinito à medida que se obriga a sair de si mesmo, e só ele é capaz de fraternizar-se, porquanto o outro não se lhe revela apenas finito, dada a limitação que o ente, enquanto homem apenas, possibilita a si, mas posto que ser humano pode pensar-se como o infinito que se determina e por intermédio do outro revela a sua verdade. Ser humano é "a unidade dos conceitos opostos" que se fazem do homem fosse neste sentido possível concluir dele que um "nada abstrato", quando o que se tem é um conceito enriquecido com tudo quanto se diga dele, continente do que se afirma e de seu contrário, porquanto resultado. Ao fim e ao cabo, como ser humano, o homem se busca a partir do negativo de si como imediato. Dessa maneira, tomada a idéia de humanidade, tem-se que ela é o verdadeiro, aquilo que deflui da essência humana revelada como totalidade de um processo, desse homem no vir-a-ser, no desenvolvimento pela concepção do ser humano para tornar-se nele o que é[128]. Desse modo posto, o homem é o em si ou *potentia* e o ser humano o que é para si, a partir do ato (energéia), e estão ambos contidos numa unidade ativa. O homem é fraterno, mas só o será para si a partir da ação de ser que demanda dele a fraternidade, isto é, ter a consciência de que é humano.

O ser humano não se confunde com o homem porque aquele, sendo concreto, ainda que este seja o sensível, não tem em si sua explicação e por isso, ainda que pareça abstrato, é o que se realiza pela sua construção, haja vista que o homem é apenas o ser humano em si, portanto, que embora continente do concreto, somente vai se revelar como unidade no momento do para si.

O homem se realiza enquanto ser humano porquanto nele está o influxo para se desenvolver. Ser humano é realização. A ação de ser que se dá para a superação da identidade e da diferença que se conformam entre os homens; ser imediato e essência mediata, identidade e diferença que se aglutinam numa unidade, o momento do positivo mediatizado pela negação.

Dizer do homem que animal racional, animal social e todo predicado que o entendimento precise encontrar para determiná-lo, o identifica apenas como homem, isolado em si. Não se trata aqui de dizê-lo apenas humano enquanto predicado, mas aquele cuja ação assim possa receber o predicativo de humano, e sujeito desta ação, o homem age humanamente, tome-se o adjunto adverbial de modo, por meio da razão.

---

[128] Cf. SALGADO, Joaquim Carlos. *A idéia de justiça em Hegel*, p. 192.

Assim, a solidariedade[129] aparece como um primeiro momento da fraternidade, mas com ela não se confunde. Ser solidário se distingue de ser humano haja vista que o homem aparece diante da solidariedade apenas como sujeito a quem se lhe atribui o predicativo, como se lhe fosse possível ornamentar ao infinito. O homem é tudo o que dizem dele

---

[129] Erhard Denninger afirma que a "solidariedade significa uma permanente injunção no sentido de mostrar 'decência em relação aos outros' e respeitar o 'espírito comum', e assim a permanente transcendência do 'meramente jurídico' para as esferas ética e moral. A ordem jurídica, dessa forma, perde sua qualidade de ordem definível e fechada, relativa ao comportamento humano. Uma relação 'jurídica' legal não basta em si mesma; apelos à solidariedade sugerem a manutenção de um flanco aberto de moralidade inacabada" [...] A solidariedade não conhece limites substantivos ou pessoais; ela engloba o mundo e se refere à humanidade. Ela reconhece o outro não apenas como um 'camarada' ou como membro de um particular 'nós-grupo', mas antes como um 'Outro, até mesmo um 'Estranho'". Veja-se que em seu artigo Denninger distingue a solidariedade da fraternidade, porque esta enfatizaria o sentimento, o que não admitimos aqui. Aluda-se, aqui, também, que Salgado toma a *fraternité* como terceiro vetor da idéia de justiça da Revolução, pode pois ser entendida como solidariedade, não, porém, somente moral, mas como direito, portanto exigível na sua essência, embora não acostados em força aparelhada que garanta sua eficácia. A questão é de justiça social." (SALGADO, Joaquim Carlos. Globalização e justiça universal. *Revista Brasileira de Estudos Políticos*, p. 53.) Retomando Denninger, para ele, a solidariedade "significa um vínculo de sentimento racionalmente guiado, limitado e autodeterminado que nos compele a oferecer ajuda, enquanto se apóia na similitude de certos interesses e objetivos de forma a, não obstante, manter a diferença entre os parceiros da solidariedade. Significa 'também em termos jurídicos, uma rejeição do caráter vinculante de sistemas de valor universais, e a renúncia da exigência de nos fazermos iguais aos outros tanto em posses quanto em consciência. O caráter vinculante geral de uma postura solidária repousa no conhecimento da subjetividade relativa de toda experiência de valor e na renúncia ao desejo de forçar os outros a serem felizes. [...] Antes e acima de tudo, a solidariedade também exige uma constante transcendência dos próprios pequenos preconceitos nascidos de um etnocentrismo primitivo. 'Ela deve ser concebida como a crescente capacidade de ver que diferenças tradicionais (entre países de origem, religiões, raças e costumes) são insignificantes em comparação com as semelhanças relacionadas a nossas experiências de dor e humilhação – é a capacidade de contar pessoas que são profundamente diferentes de nós como um de 'nós'". (Cf. DENNINGER, Erhard. "Segurança, diversidade e solidariedade" ao invés de liberdade, igualdade e fraternidade". *Revista Brasileira de Estudos Políticos*, p. 35-36.) Veja-se que Benhabib, mesmo ao tratar da solidariedade, alude à questão de ser humano, seja a expressão "humanidade dentro dele" e "individualidade humana" pelo que escreveu: "À medida que eu me relaciono com o outro de acordo com normas de solidariedade, amizade e amor, eu valido não apenas a humanidade dentro dele, mas também sua individualidade humana". (BENHABIB, Sheyla. *Kritic, norm und utopie*, p. 232.)

porque como ser imediato é como não é, mas nesta infinitude permanece sujeito indeterminado, até que a ação de ser humano se lhe vai determinar e torná-lo diverso dos predicativos que suporta.

Assim, resta superado o imediato. O homem apenas como aquele que é para ser humano, quando a razão supera a unilateralidade dos predicados e consciente das diferenças os concebe como uma unidade. Aqui a fraternidade exsurge da razão. Ser humano como a unidade indiferenciada dos homens dada a diferença introduzida pela mediação da essência. O universal indeterminado aqui é o ser humano que se autodetermina sem abstrair-se da universalidade, "estrutura revelada do pensável", "uma vez que ser, essência e conceito são estruturas do pensar"[130] e estão no plano da razão. Anote-se aqui que na fórmula cartesiana do *cogito ergo sum* o que se tem é o homem em si, porquanto o ser imediato é o que pensa não havendo a mediação do outro, não havendo o termo médio[131]. Assim, aqui o que se tem é o período marcado da subjetividade e da interioridade, do pensar na sinonímia do ser que no imediato tem-se o homem identificado consigo mesmo, imediatamente, a consciência da própria existência.

A idéia de fraternidade realiza-se a partir do conceito de ser humano cuja ação de ser adapta a realidade à medida que o homem revela a sua idealidade, ou seja, a humanidade como tal, a humanidade enquanto fraternidade de homens, "a unidade da objetividade e da subjetividade"[132].

Para que a humanidade se constitua como tal, ou seja, como uma fraternidade de homens a partir da ação de ser humano – humano, então, como adjunto adverbial de modo da ação para a realização do predicativo que nos universaliza –, tomemos a definição formal de verdade de Hegel como *adaequatio rei et intellectus*, ou seja, a verdade como a adequação do real com o racional, o efetivo e o objetivo na sua intelegibilidade, para dizer que só a partir da fraternidade há a superação da identidade e da diferença entre os homens, de modo que o ser humano realizado na humanidade como ideal dessa realização comum envolva a todos, haja vista que é por meio da fraternidade que o homem em si, como ser imediato, se identifica na mediação com o outro idêntico a si, e nessa ambivalência o ser humano restaura sua identidade concreta, subjetividade

---

[130] SALGADO, Joaquim Carlos. *A idéia de justiça em Hegel*, p. 201.
[131] Cf. SALGADO, Joaquim Carlos. *A idéia de justiça em Hegel*, p. 207.
[132] SALGADO, Joaquim Carlos. *A idéia de justiça em Hegel*, p. 208.

enquanto atividade efetiva no ser que se realiza humano, infinitude verdadeira, idealidade real.

Como sujeito da ação de ser humano[133], o homem deixa de ser apenas em si, portanto, unidade imobilizada para realizar-se, e só o faz a partir do outro, porquanto, por meio da fraternidade, o animal social ora individualizado pela razão que o põe livre, retorna a essa organização social superando a subjetividade unilateral do conceito imediato para constituir a idéia de humanidade.

É por meio da ação de ser humano que a idéia de humanidade se torna verdade na proporção que perfaz concreta a identidade de homem e ser humano, objeto e conceito. É onde se dá a identidade da identidade e da diferença. Ora, por meio da fraternidade os homens constituem a humanidade enquanto totalidade real de seres humanos, tomado que o ser imediato, homem, apresenta apenas uma verdade parcial do ser humano. O homem em si é apenas o momento do ser imediato que por intermédio da essência se mediatiza no outro para dizer de si que humano. Não é à toa que Salgado denomina esse momento de "mo(vi)mento", tamanha a ação que se percebe nele a que explica por meio dos verbos "passar" mediato e "passar" imediato e "transpor-se" de um momento no outro[134].

A humanidade como totalidade de homens[135] é uma universalidade de seres sem ação, porque apenas como seres humanos os homens são sujeitos de uma ação, sujeitos determinados, a ação de ser humano.

Ora, como dissemos, é por meio da fraternidade que o animal social ora individualizado por meio da razão que o põe livre, retorna a essa organização social superando a subjetividade unilateral do conceito imediato para ser humano. Assim, é na humanidade que o homem é realmente

---

[133] Como aponta Antônio Álvares da Silva, a dignidade do homem é superior a Estados e épocas e prevalece e há de prevalecer sempre, "pois o ser humano é sujeito e jamais objeto das instituições que ele próprio criou. Essa dignidade se esteia na razão da humanidade, muito maior que a razão do Estado. Hoje já se fala de um monopólio de direitos centrados no homem antecedentes aos sistemas jurídicos dos Estados internacionais. Um autêntico direito universal antropocêntrico e não mais estatocêntrico. Uma confirmação de que o homem está superior ao direito dos Estados, constituindo um novo personalismo internacional, válido por si mesmo". (SILVA, Antônio Álvares da *Pequeno tratado da nova competência trabalhista*, p. 254.)

[134] SALGADO, Joaquim Carlos. *A idéia de justiça em Hegel*, p. 210.

[135] Anote-se, como bem o fez Mariah Brochado (*Direito e ética*: a eticidade do fenômeno jurídico, p. 121), que "sobre a expressão humanidade, pode ser empregada basicamente em dois sentidos: em sentido vulgar, significando o coletivo de seres humanos; e, em sentido filosófico, significando a qualidade de humano, de ser humano".

livre. A coexistência de seres livres que racionalmente conformam as próprias leis às quais se submetem exatamente por serem livres e sendo livres, porquanto racionais, haja vista que a liberdade é produto da razão do homem, razão transcendental porque comum a todos os homens, o dever ser. Agora, na fraternidade o que se tem é o dever ser como determinação reflexiva da essência. Ser humano deve ser humano até a conformação da humanidade como identidade do ser e da essência, uma vez que o dever ser educa para a liberdade:

> *Die Menschen sind alle vernunftig; das formelle dieser Vernunftigkeit ist, dass der Mensch frei ist; dies ist seine Natur. Doch ist bei vielen Völkern Sklaverei gewesen und ist zum Teil noch vorhanden, und, die Völker sind damit zufrieden. Der einzige Unterschied zwischen den afrikanischen und asiatischen Völkern und den Griechen, Römern und der modernen Zeit ist nur, dass diese wissen, es für sich ist, dass sie frei sind*[136].

O dever ser como determinação reflexiva da essência impõe o que Hegel nomina de reconhecimento do outro. A reflexão da essência é, em certa medida, o exercício de um desejo narcísico de conhecer a si próprio. O narciso essencial, ao contrário do que se afoga na imagem de si mesmo, não vê no lago sua própria imagem refletida, mas a imagem de algo que lhe é desconhecido que, até então, antes do outro, passava-lhe despercebida.

É um narciso que, em vez de, apaixonado, se aproximar cada vez mais do lago para mergulhar em si próprio, toma certa distância para admirar-se de mais longe e a partir dos outros para reconhecer-se. Começa, então, a estranhar-se a si próprio, a partir da experiência da alteridade, aprendendo no descentramento do olhar quem realmente é vendo o outro sendo, tornando o estranho familiar e enxergando o familiar com estranhamento.

Primeiro, o saber do homem se dá na unilateralidade de saber de si mesmo, e isso na natureza. A partir do outro homem, o homem se reconhece livre e conforma a liberdade. É quando o trabalho aparece como elemento que desencadeia o processo de revelação do Espírito como livre.

---

[136] HEGEL, G. W. F. *Vorlesungen über die Geschichte der Philosophie I*, p. 40.

O homem é fraterno na mesma proporção que é livre. Ora, tomemos que a solidariedade[137] é um primeiro momento da fraternidade como o livre arbítrio o é da liberdade. Um segundo momento que se enumera é o da reciprocidade, como que critério para uma política democrática emancipatória, que exige a ação de ser humano:

> A radicalidade da prática dos direitos humanos aqui proposta reside acima de tudo em não ter fim e, como tal, em conceber cada luta concreta como um fim em si mesmo. É uma prática microrrevolucionária. Uma prática contingente, tão contingente como os sujeitos individuais e coletivos que se mobilizam para ela a partir das comunidades interpretativas onde se aprende a aspiração de reciprocidade[138].

A humanidade enquanto idéia, não do ponto de vista do conjunto de seres humanos ou conjunto de características específicas à natureza humana, mas o resultado da fraternidade, é a culminância da realização plena de ser humano. Assim posto, o ser fraterno que é e uma fraternidade que deve ser releva a subjetividade, ou melhor, o sujeito de uma ação de ser. O homem sabe em si como é, mas sabe, também, que sua "vontade visa precisamente fazer do mundo o que deve ser"[139] a partir da razão. É aí onde se conforma o dever ser fraterno. Aqui é onde se verifica que "o pressuposto do saber prático não é o objeto dado, mas um objeto que

---

[137] Duguit, afirma Reale, se recusa a admitir a idéia durkheimiana de uma consciência coletiva superior às consciências individuais. No seu entender, não existem na sociedade senão indivíduos de carne e osso, e nenhuma explicação deve ser buscada, que não assente sobre este dado. Duguit tomou a solidariedade como fato e encontrou nela a explicação de todos os fenômenos de convivência, distinguindo solidariedade mecânica e solidariedade orgânica, sempre porquanto os homens são insuficientes para suas atividades e são obrigados a ordená-las de forma solidária. A solidariedade se põe por zelo à sobrevivência do homem e como fenômeno demonstra o estado de vigilância da sociedade, pelo que, quando determinado indivíduo pratica um ato que prejudica aos demais provoca uma reação e esta reação social se manifesta em leis morais, leis econômicas e leis jurídicas. Neste passo, Duguit apresenta um critério de distinção entre moral, economia e direito, baseando-se, exclusivamente, na intensidade da reação contra os violadores do princípio da solidariedade. (REALE, Miguel. *Filosofia do direito*, p. 390-391.)

[138] SANTOS, Boaventura de Sousa. *Pela mão de Alice: o social e o político na pós-modernidade*, apud SOUSA JÚNIOR, José Geraldo de. *Ética, cidadania e direitos humanos*: a experiência constituinte no Brasil. Disponível em www.cjf.gov.br/revista/numero1/josegera.htm

[139] SALGADO, Joaquim Carlos. *A idéia de justiça em Hegel*, p. 214.

deve ser, segundo a 'representação' do bem. O impulso ou busca infinita da verdade no saber teórico aparece então como impulso ou busca infinita da realização do bem"[140].

Quando Hegel escreve que Deus se revelará na história, inscreve a subjetividade do homem enquanto imagem e semelhança de Deus na realização do mundo tal como deveria ser por meio do trabalho da vontade para a efetivação da idéia de humanidade. Deus é o Ser Humano por excelência. O homem em si é apenas o homem. Mas por meio de ser humano vai desenvolver sua subjetividade para saber de si mesmo, objetivamente. De toda forma, não se trata da unilateralidade da subjetividade da Idéia de humanidade nem a unilateralidade do mundo objetivo medido nela, mas a idéia de fraternidade como atividade de ser humano, a atividade prática de ser humano no sentido de sua realização, de modo que, depurado o homem enquanto ser humano, Deus se possa revelar porquanto se se identifique ao que soçobra realizado.

De todo modo, a partir de Hegel não é possível tomar a realidade da experiência como realidade absoluta, dado que resta revelado que a racionalidade absoluta da realidade da experiência é fonte de erro, não podendo ser concebida a partir do ser idêntico a si mesmo, excluído seu oposto, e onde a limitação, a negação, o mal não podem, de modo algum, gerar naturalmente valores positivos de bem verdadeiro. Em Hegel, a racionalidade da realidade da experiência deve ser concebida mediante o vir-a-ser, onde um elemento gera o seu oposto, e a negação e o mal são condições de positividade e de bem.

Nessa medida, é preciso que a lógica racionalize o elemento potencial e negativo da experiência, ou seja, tudo o que há no mundo de racional e de irracional. Assim, tomando de Hegel a intitulada *dialética dos opostos*, cuja característica fundamental é a negação, em que a positividade se realiza por meio da negatividade, do ritmo de *tese, antítese* e *síntese, é possível verificar que ela* resolve e compõe em si mesma o elemento positivo da tese e da antítese. Assim, o homem enquanto elemento da realidade, estabelecendo-se a si mesmo como ser humano (tese) e não esgotando o Absoluto de que é um momento, demanda o seu oposto, a desumanidade (antítese), que nega e a qual integra, em uma realidade mais rica, a humanidade propriamente dita (síntese), para daqui começar

---

[140] SALGADO, Joaquim Carlos. *A idéia de justiça em Hegel*, p. 215.

de novo o processo dialético. A lógica hegeliana difere da antiga[141] não somente pela negação do princípio de identidade e de contradição, mas, também, porque a lógica agora é considerada como a própria lei do ser[142]. Quer dizer, coincide com a ontologia, em que o próprio objeto já não é mais o ser, mas o devir absoluto quando o ser humano se põe como o devir do homem. Assim posto, sendo a experiência realidade absoluta como também vir-a-ser, a história se valoriza na filosofia; o conceito *concreto*, isto é, o particular conexo historicamente com o todo, toma o lugar do conceito *abstrato,* que representa o elemento universal e comum dos particulares[143].

A lógica hegeliana intenta que a realidade seja o desenvolvimento dialético do *logos* divino, no qual o espírito humano adquire plena consciência de si mesmo, visto que a realidade é o vir-a-ser dialético da Idéia, a autoconsciência racional de Deus. No desenvolvimento lógico da Idéia segue demonstrada a necessidade racional da história humana, segundo a conhecida tríade da tese, antítese e síntese. Com efeito, a realidade deve transformar-se, rigorosamente, na racionalidade em um sistema coerente de pensamento idealista e imanentista.

Assim sendo, a história dialetizada torna-se a história empírica, potencializada, segundo a lógica hegeliana, em uma possível assimilação do devir empírico do desenvolvimento lógico – ainda que entendido dialeticamente, dinamicamente. Na história dialética, enquanto ser humano, o homem vai adquirindo consciência de si mesmo, isto é, da sua divindade. Se Hegel identifica Deus com a história, Deus não é o que é, mas o devir da história, quando se revelará. Nesse sentido, espera que o Espírito, de início estranho a si mesmo, "alienado" no Universo, surja

---

[141] A lógica tradicional afirma que o ser é idêntico a si mesmo e exclui o seu oposto (princípio de identidade e de contradição); ao passo que a lógica hegeliana sustenta que a realidade é essencialmente mudança, devir, passagem de um elemento ao seu oposto.

[142] A lógica tradicional afirma que o conceito é universal *abstrato*, enquanto apreende o ser imutável, realmente, ainda que não totalmente; ao passo que a lógica hegeliana sustenta que o conceito é universal *concreto*, isto é, conexão histórica do particular com a totalidade do real, onde tudo é essencialmente conexo com tudo.

[143] A lógica tradicional distingue substancialmente a filosofia, cujo objeto é o universal e o imutável, da história, cujo objeto é o particular e o mutável; ao passo que a lógica hegeliana assimila a filosofia com a história, enquanto o ser é vir-a-ser. (HEGEL, G. W. F. *O idealismo lógico.* Disponível em http://www.mundodosfilosofos.com.br/hegel.htm).

cada vez mais manifestamente como ordem, como liberdade, como consciência. Esse progresso do Espírito se concluirá por meio da história dos homens. De início, o homem tem de si uma consciência confusa, puramente subjetiva, a sensação imediata. Depois, ele consegue encarnar-se, objetivar-se sob a forma de civilizações, de instituições organizadas. Tal é o espírito objetivo que se realiza naquilo que Hegel chama de "o mundo da cultura".

Ora, tomemos que

> Direito é processo, dentro do processo histórico: não é uma coisa feita, perfeita e acabada; é aquele vir-a-ser que se enriquece nos movimentos de libertação das classes e grupos ascendentes e que definha nas explorações e opressões que o contradizem, mas de cujas próprias contradições brotarão as novas conquistas [...].[144]

É, também, "aquilo que ele é, enquanto vai sendo[145], nas transformações incessantes do seu conteúdo e forma de manifestação concreta dentro do mundo histórico e social" – os direitos humanos exsurgem como síntese jurídica. Para Lyra Filho, o processo social, a história, é um processo de libertação constante e nesse processo histórico o aspecto jurídico representa a articulação dos princípios básicos da justiça social atualizada, segundo padrões de reorganização da liberdade que se desenvolvem nas lutas sociais do homem.

Nessa perspectiva, temos de Roberto Lyra Filho que

> justiça é Justiça Social, antes de tudo: é atualização dos princípios condutores, emergindo nas lutas sociais, para levar à criação duma sociedade, em que cessem a exploração e opressão do homem pelo homem; e o Direito não é mais, nem menos, do que a expressão daqueles princípios supremos, enquanto modelo avançado de legítima organização social da liberdade. Direito é processo, dentro do

---

[144] LYRA FILHO, Roberto apud SOUSA JÚNIOR, José Geraldo de. *Ética, cidadania e direitos humanos*: a experiência constituinte no Brasil. Disponível em www.cjf.gov.br/revista/numero1/josegera.htm

[145] João Baptista Villela aponta de Oliver Wendel Holmes que *The life of law has not been logic: it has been experience* e *In order to know what it [the law] is, we must know what it has been, and what it tends to become*. (Em busca dos valores transculturais do direito. *Revista Brasileira de Estudos Políticos*, p. 32.)

processo histórico: não é uma coisa feita, perfeita e acabada; é aquele vira-ser que se enriquece nos movimentos de libertação das classes e grupos ascendentes e que definha nas explorações e opressões que o contradizem, mas de cujas próprias contradições brotarão as novas conquistas. À injustiça, que um sistema institua e procure garantir, opõe-se o desmentido da Justiça Social conscientizada; às normas, em que aquele sistema verta os interesses de classes e grupos dominadores, opõem-se outras normas e instituições jurídicas, oriundas de classes e grupos dominados, e também vigem, e se propagam, e tentam substituir os padrões dominantes de convivência, impostos pelo controle social ilegítimo; isto é, tentam generalizar-se, rompendo os diques da opressão estrutural. As duas elaborações entrecruzam-se, atritam-se, acomodam-se momentaneamente e afinal chegam a novos momentos de ruptura, integrando e movimentando a dialética do Direito. Uma ordenação se nega para que outra a substitua no itinerário libertador. O Direito, em resumo, se apresenta como positivação da liberdade conscientizada e conquistada nas lutas sociais e formula os princípios supremos da Justiça Social que nelas se desvenda.[146]

Segundo as normas da lógica clássica, a identificação da Razão com o Devir histórico é absolutamente paradoxal. De fato, a lógica clássica considera que uma proposição fica demonstrada quando é reduzida, identificada a uma proposição já admitida. A lógica vai do idêntico ao idêntico. A história, ao contrário, é o domínio do mutável. O acontecimento de hoje é diferente do de ontem. Ele se contradiz. Aplicar a razão à história, por conseguinte, seria mostrar que a mudança é aparente, que no fundo tudo permanece idêntico. Aplicar a razão à história seria negar a história, recusar o tempo. Ora, contrariando tudo isso, o racionalismo de Hegel coloca o devir, a história, em primeiro plano. É possível porque Hegel concebe um processo racional original – o processo dialético – no qual a contradição não mais é o que deve ser evitado a qualquer preço, mas, ao contrário, se transforma no próprio motor do pensamento, ao mesmo tempo em que é o motor da história, já que esta última não é senão o pensamento que se realiza.

---

[146] LYRA FILHO, Roberto apud SOUSA JÚNIOR, José Geraldo de. *Ética, cidadania e direitos humanos*: a experiência constituinte no Brasil. Disponível em www.cjf.gov.br/revista/numero1/josegera.htm.

Ponha-se que o que se deve realizar é o bem, e a vontade trabalha para produzi-lo[147]. E diga-se, "a vontade visa precisamente fazer do mundo o que deve ser"[148], ou seja, a partir do mundo como ele é adequar a realidade à razão.

Ora, dizer que o ser humano deve ser humano é reconhecer a necessidade de que a própria subjetividade não seja apenas passiva, mas na ação determine-se, de modo que a idéia de humanidade passe para o plano do saber prático. Ao buscar-se, o homem de si se resvala no outro para ser humano e sê-lo passa a ser seu fim interior, ou seja, seu fim enquanto homem. Ser fraterno é a forma de o homem realizar-se, de modo que como ser humano se efetive.

Poderíamos dizer que, efetivamente, verdade do homem como ser humano é posta pela razão, mas cuja contradição composta a partir de sua efetivação faz-nos pô-lo na condição do dever ser, de modo que o conhecimento de si em si mesmo como ser humano faça com que o conceito se efetive de modo que ele seja como deve ser.

A identidade do ser humano e do dever ser humano se dá quando necessidade e liberdade se identificam. Quando o ser humano eliminar as contradições que se lhe põem, terá conhecido de si a unidade inicial. Quando o homem se põe como ser humano, encontra tanto sua identidade imediata como mediata no momento da diferença. A verdade da idéia em si e imediata, como homem, e da idéia para si, no momento da sua diferenciação, o ser humano, o saber de si em teoria e prática. Para conhecer-se é preciso que o homem perpasse pelo outro, de modo que sendo humano distenda sua essência para que no outro se reflita e perceba a identidade da diferenciação, do singular e do universal: o eu e os outros na confecção da humanidade como conteúdo verdadeiro de cada um.

A idéia de humanidade dá-se a partir da universalidade de homens. Assim posto, deve ser pensada a partir da mediação dos homens, que são os que se põem de imediato. Mas, mediatizados uns por intermédio dos outros, dada a experiência de ser humano, vêem-se pela consciência da universalização pelo próprio pensamento no conhecimento de si. Desse modo, do momento de ser homem como imediato, se exterioriza sendo humano para retornar a si como conceito. Assim, sabendo-se ser humano, o dever ser é instrumento ao serviço da razão, de modo que ser humano enquanto o saber teórico do homem de si se impõe ao procedimento para

---

[147] SALGADO, Joaquim Carlos. *A idéia de justiça em Hegel*, p. 215.
[148] SALGADO, Joaquim Carlos. *A idéia de justiça em Hegel*, p. 215.

aproximar o homem de sua essência. O homem como ser humano justifica-se e encontra sentido para sua natureza, sua história e sua ordem ética por meio de suas instituições e normas.

Quando o homem se realiza como ser humano, realiza a liberdade, porquanto enquanto homem apenas utiliza a razão para fazer sobrepujar necessidades. O homem sendo é ser humano em relação ao outro e é nessa realização que se dá, na ação de ser, a validade de sua existência. Na consciência de ser o que é fomenta o dever ser de modo que a razão justifique a humanidade para além da totalidade natural do animal social. Ora, a idéia de humanidade não é pura abstração, mas a efetivação do ser humano no processo histórico, subjetividade que se objetiva, porquanto sujeito de uma ação de ser humano, no processamento da identidade entre interioridade e exterioridade[149].

Temos que, individualmente, o homem não está em condição de alcançar, no seu isolamento, os fins do Espírito[150], de realizar a plena consciência e a liberdade do espírito subjetivo, pelo que surge e se afirma a fase do *espírito objetivo*, isto é, a sociedade. No espírito objetivo, nas concretizações da sociedade, Hegel distingue três graus dialéticos: o *direito* que reconhece a personalidade em cada homem, mas pode regular apenas a conduta externa dos homens; a *moralidade* que subordina interiormente o espírito humano à lei do dever; a *eticidade* ou moralidade social que atribui uma finalidade concreta à ação moral, e se determina hierarquicamente na *família,* na *sociedade civil*, no estado.

O que explica o homem enquanto ser, definitivamente, é o humano nele, dado que necessário e, portanto, como necessário, é o universal. E essa necessidade se dá na superação da imediatidade dele enquanto homem e da diferença entre exterioridade e interioridade, vez que plúrimo experimentando-se a si mesmo na realidade.

Assim sendo, pensar o homem como ser humano é pensá-lo como totalidade que se realiza, como unidade do particular e do universal, o

---

[149] SALGADO, Joaquim Carlos. *A idéia de justiça em Hegel*, p. 221.

[150] Hegel utiliza esse termo para expressar que a razão não é, apenas, uma faculdade subjetiva, mas que se acha presente no objeto, encontrando-se presente no mundo da cultura. O Espírito é a unidade da autoconsciência e do mundo. O Espírito é caracterizado pela unidade entre o sujeito e o objeto, entre o sujeito e o mundo. Alain Finkielkraut, expõe o pensar como fenômeno cultural: *Le domaine où se déroule l'áctivité spirituelle et créatrice de l'homme. Ma culture: l'espirit du peuple auquel j'appartiens et qui impregne à la fois ma pensée la plus haute e les geste le plus simples de mon existence quotidienne.* (*La défaite de la pensée*, p. 14.)

universal concreto. Dessa forma, o homem sendo se realiza no outro, torna-se *no outro* porquanto se fraterniza, pelo que vai além de se tornar *o outro* pelo processo de alienação, quando retorna a si absolutamente livre, dado que o outro não é algo imposto, mas determinação de si dado a si mesmo, que de si necessita para realizar-se também. Destarte, em si o ser humano não é, mas, mediatizado pela negação de si enquanto homem (imediato), afirma-se como ser humano sendo por intermédio do outro. É aqui que a verdade do Espírito subjetivo é demonstrada no Espírito objetivo, quando se dá a mediação da essência humana, que nega toda reflexão porquanto se a faça sobre o homem, e ser humano perfaz a verdade do ente na manifestação interior de sua determinação. Quando o homem se mediatiza no outro pela ação de ser humano, ele reflete a própria essência e demonstra sua verdade interna. Refletindo sua essência, reflete-se a si mesmo, pelo que se volta a si sendo o que já não é e descobre que é o que não é (a verdade do ser é o não ser) e se achega ao devir quando a verdade posta pela sua essência o conceitua ser humano.

Ser ou não ser: eis a questão. A partir da identificação da relação essencial entre ser e não ser, pode-se conhecer o verdadeiro significado da indagação de Hamlet: "Ser ou não ser: eis a questão!" Nesse momento, o príncipe da Dinamarca está se interrogando sobre a decisão de matar ou não o próprio tio, que supunha ter assassinado seu pai, o rei, para casar-se com a rainha, sua mãe, e, assim, assumir o trono. Ainda que a questão se ponha na dimensão do *facere* – o que fazer com o punhal –, parece-nos que Shakespeare a eleva a dimensão mais sublime do ser. Faz o príncipe da Dinamarca indagar-se pela ação, o fazer à medida que conforma a ação de ser humano, colocando a questão mais que na dimensão moral do *agere*, do agir interior e, depois, na dimensão do dever ser. Aqui *to be or not to be*, isto é, na conclusão de seu ato, temos que será *to be*, ou seja, o qualificará ser humano ou será *not to be* – não ser humano –, mas homem cuja essência restará frustrada, em face de sua incapacidade de realização. Com isso, nas palavras do príncipe: "Ser ou não ser, eis a questão! Que é mais nobre para o espírito: sofrer os dardos e setas de um ultrajante fardo, ou tomar armas contra um mar de calamidades para pôr-lhes fim, resistindo?" Nesse cenário shakespeariano, tem-se evidenciada a relação do ser e do não ser, em face da questão que o homem a si mesmo se põe para, refletindo-se a si já não sendo o mesmo, poder escolher em ser outro, pelo que em face da razão perscruta a humanidade em si para a realização da fraternidade.

O espírito se revela a si mesmo no seu conceito aqui; o homem que conhece a si mesmo como ser humano quando, entre o real e o racional, se opera o movimento e na mediação recíproca entre homens por intermédio de ser humano se revela a fraternidade, na conceituação do não ser. Como a essência é a negação conceituada[151], ser humano é o não ser homem, embora mostrem-se idênticos como unidade[152], na passagem do ser no conceito.

Quando se diz da natureza humana do homem, entendemos aqui que claro o contraponto que se supera no momento da cultura, exatamente na ação do homem sobre o homem, a ação de ser humano, da razão sobre a natureza por intermédio da mediação. Por meio da razão, o homem se conhece a si mesmo no seu todo como ser humano. Em face dessa compreensão de si, pode alcançar a liberdade e construir um mundo melhor, mais humano e, portanto, mais próximo do modelo divino que mantém alienado e irrealizável. Desse modo, é possível inferir que por meio da fraternidade a cultura organizacional (o modo como as coisas são feitas nos grupos, organizações e instituições) ostentará maior horizontalidade (os entendimentos entre as pessoas sobre as quais são exercidos o poder e a autoridade) e menor a verticalidade (o poder autoritário, exercido de cima para baixo). Pode-se dizer que Deus é o Ser Humano original e será mantido fora do mundo, enquanto essa condição pertencer apenas a Ele, como se imagem e semelhança colocassem homem e Deus em pólos mutuamente excludentes, enquanto aqui a dualidade não existe, porquanto o homem é ser humano a partir da ação de ser, e a questão, então, não é o ser, mas o não ser.

A evolução da sociedade humana não é conseqüência da evolução do homem enquanto ser natural, mas em face da cultura, portanto, da ação que empreende para tanto. Não é à toa que Salgado aponta que o homem surge como tal e como razão faz sua própria "natureza" – a cultura. Aqui se dá a confecção do atributo natureza humana do homem[153].

---

[151] Cf. SALGADO, Joaquim Carlos. *A idéia de justiça em Hegel*, p. 225.

[152] Salgado diz que "a essência é um meio-termo como movimento, mas não um terceiro termo fixo do silogismo que, aliás, se forma apenas de estações não-fixas do pensamento. A doutrina da Essência, por isso, não é só o lugar de elaboração da mediação; é o 'gigantesco meio-termo do silogismo que articula um no outro, o Ser e o Conceito'". (JÁRCZYK; LABARRIÈRE. *Le silogisme du povoir*. Paris: Aubier, p. 14, *apud* SALGADO, Joaquim Carlos. *A idéia de justiça em Hegel*, p. 225.)

[153] Cf. SALGADO, Joaquim Carlos. *A idéia de justiça em Hegel*, p. 226.

O homem, por si só, é simplesmente existente na natureza e da inflexão do pensamento em si tem consciência de si como ser imediato. Assim, Hegel, na seqüência de Aristóteles, considera o mundo da cultura como uma segunda natureza do homem, quando se pode inferir que se trata da apercepção da natureza humana que se dá a partir da mediação com o outro, fosse esse mundo opor-se ao mundo natural, do "homem como lobo do homem", então, animal e não ser humano. A fraternidade, desse modo, é o fim último do mundo da cultura, quando o homem sabendo de si que deve ser humano busca por essa realização na história, que nada mais é que "o desdobramento da cultura"[154].

Ora, tomemos que "o Espírito é a consciência de si mesmo, enquanto conhece, quer dizer, 'eu conheço meu objeto na medida em que eu me conheço e conheço minha determinação na medida em que o que sou se torna objeto para mim'"[155] Assim, a mediação é própria ao homem que se quer ser humano e nessa medida faz com que, por meio da reciprocidade, o outro, também, se aperceba dele. É nessa consciência do outro como igual na medida do autoconhecimento e do conhecimento de si é que se conforma o saber de si mesmo, cujo conteúdo é "o próprio elemento espiritual"[156]. Perfeita a igualdade, temos por isso que "o Espírito permanece no seu próprio elemento (*bei sich*), ou seja, ele é livre"[157]. É evidente aqui que a liberdade se conforma a partir do outro encontrado como "seu próprio elemento" porque idêntico a si, haja vista que a mediação proporcionou a consciência da igualdade. O homem já não é apenas livre em si, mas para si tem a consciência da liberdade por meio da liberdade do outro, na realização da fraternidade, na ação de ser humano a partir do outro que, sendo, deve ser humano também. Exatamente por ter a consciência de que é livre e igual é que o homem tem o direito de fazer com que todos os outros homens sejam impelidos a ingressar numa ordem jurídica que os fraterniza.

Nesse passo, tomemos o homem a partir da sociedade do Estado e digamos dele que transcende a sociedade familiar como ainda a sociedade civil. O Estado vai além da constituição de tais sociedades não porque seja um instrumento mais perfeito para a realização dos fins materiais e

---

[154] Para tal definição de cultura, cf. SALGADO, Joaquim Carlos. *A idéia de justiça em Hegel*, p. 227.
[155] HEGEL, G. W. F. *Introduction à la philosophie de l'histoire*, p. 75.
[156] SALGADO, Joaquim Carlos. *A idéia de justiça em Hegel*, p. 227.
[157] SALGADO, Joaquim Carlos. *A idéia de justiça em Hegel*, p. 227.

espirituais da pessoa, mas porque, em face da ótica hegeliana, tem ele mesmo uma realidade metafísica, um valor ético superior ao valor particular e privado das sociedades precedentes, apresentando uma superior objetivação do Espírito. Por isso, segundo a metafísica monista-imanentista de Hegel, da qual deriva uma concepção ético-humanista do Estado, ele pode ser denominado *espírito vivente, razão encarnada, deus terreno.* Por esse motivo, é por meio do Estado que a sociedade de homens se conforma como sociedade humana, porquanto ser humano deve ser humano, de modo que a fraternidade seja compreendida quando se faz coincidir o "ser" com o "dever ser", como acontece de fato no sistema hegeliano, graças à dialética dos opostos, em que o ser e o não ser são nivelados, homem e ser humano, haja vista que igualmente necessários para a realização da idéia de humanidade.

Como no sistema hegeliano a vida do Espírito culmina efetivamente no Estado, temos dialeticamente, acima do Espírito objetivo, o Espírito absoluto, no qual, por meio de uma última hierarquia ternária de graus (arte, religião, filosofia), o Espírito realizaria finalmente a consciência plena da sua infinidade, da sua natureza divina, em uma plena adequação consigo mesmo.

Ora, na *arte,* o espírito tem intuição, em face de um objeto sensível, da sua essência absoluta; quer dizer, o belo é a idéia concretizada sensivelmente. Assim, no momento estético, o infinito é visto como finito. Na *religião*, contrariamente, efetua-se a unidade do finito e do infinito, imanente no primeiro; mas em forma sentimental, imaginativa, mítica, em face da encarnação do Verbo, ou seja, da humanação de Deus, quando o homem entende da sua natureza divina, o ser humano propriamente dito, diremos aqui.

Assim, é por meio da fraternidade que o homem termina por conquistar sua liberdade e compreende, afinal, sua igualdade em relação aos outros homens.

Quando se diz que a verdade do ser é o não ser, o homem aparece como que em oposição ao ser humano, opondo de si para si, natureza e cultura. De todo modo, é primeiro o homem que se pensa, e isso dada a liberdade do Espírito em si. Mas, em si, o Espírito não se basta livre. Não se quer escravo consciente da própria liberdade. É necessário que o outro tenha a consciência dessa liberdade. Assim posto, quando o homem se torna distinto do ser humano, não encontra sua unidade, perscrutando a si em si apenas e tantos assim sejam. É por meio da razão na conformação da fraternidade que o homem se realiza idealmente como ser humano. Pela perfeição da liberdade, o homem busca na história, "vale dizer, a sua liberdade é ação, movimento, 'negação constante de tudo' o que a contesta"[158]. A ação, o movimento de ser livre, é a ação de ser humano, o não ser a partir do outro para ser verdadeiramente livre, a negação de ser, o que não permite que se seja.

Salgado aponta que o

> Espírito assim se produz na história, no seu próprio elemento espiritual, e produzindo-se a partir de si mesmo para chegar a 'perfazer a sua liberdade' é o começo e o fim de si mesmo, é o absoluto: convergência do saber da razão e do agir da vontade.

O que se tem a partir daqui é que a fraternidade se dá a partir da mediação com o outro com quem se fraterniza pela ação de ser humano em que a igualação de posturas perfaz a liberdade como tal porque a partir de si e infinitamente até a si, novamente, torna-se o homem começo e fim de si mesmo, indivíduo e coletividade, a razão e a ação na conclusão pela humanidade por meio do esforço da cultura na história, a conformação do ser em dever ser humano.

O homem, dado que da *natureza*, passa da fase *em si* à fase *fora de si*; quando se dá à ação de ser humano representando como que antítese à tese, que é precisamente a idéia de humanidade. Na natureza, esgotada sua possibilidade, a idéia de humanidade, concretizada a partir do ser humano que volta para si a partir do outro, toma consciência de si no *espírito*, que é precisamente a idéia *por si:* a grande síntese dos opostos (cultura e natureza).

5. RECONHE-SER-SE HUMANO

5.1 Razão de Ordem

Neste capítulo, tratamos da necessidade de reconhe-Ser-se humano.

Para tanto, começamos por sistematizar a indagação em função da qual analisaremos a questão do reconhecimento, para podermos avançar para o cerne do tema: a dialética da fraternidade exposta na seção 5.

---

[158] SALGADO, Joaquim Carlos. *A idéia de justiça em Hegel*, p. 227.

Assim, entendemos de fazer a destrinça do reconhecimento para conectá-la à fraternidade, cumprindo salientar uma sua diferenciação qualitativa: o reconhecimento do outro, o reconhecimento de si no outro e o reconhecimento de si a partir do outro, expostas, respectivamente, nas seções 2, 3 e 4.

5.2 O Reconhecimento do Outro

Há desinteresse quando ao ser humano se identifica o homem e poderia afirmar-se que são sinônimos, da mesma forma que o desumano dá ao homem contornos outros que não do ser que se diz, deturpando-se a essência daquilo que é. Ora, no

> centro de nossa concepção axiológica situa-se a idéia de homem como ente que *é* e *deve ser*, tendo consciência dessa dignidade. É dessa autoconsciência que nasce a idéia de pessoa, segundo a qual não se é homem pelo mero fato de existir, mas pelo significado ou sentido da existência[159].

Poder-se-ia questionar, então, por que não dizer inumano em face das atrocidades que pratica, mas aí não estaríamos dizendo do homem. Portar-se desumanamente é apenas um momento da unidade homem, que não se contradiz a si mesmo porque a contraposição é necessária para o trabalho da própria edificação, na proporção que se diz ser humano e não "é humano". Poder-se-ia dizer que é redundante falar que o homem é ser humano, como cabe dizer-se que é ser racional. Na primeira proposição temos que há colisão de substantivo e substantivo, como se nada se dissesse do sujeito e permanece a lacuna já que o que o homem é, o ser humano também seria. Mas, se quem é deve ser por que não se dar ao infinitivo a conclusão predicativa necessária à ligação? Há uma expressão complexa para referir-se a um ser, embora seres sejam tantos outros sem uma necessária alusão predicativa ao que os distingue dos demais. Mas é essa expressão que indica exatamente que se põe um ser e sua essência, algo que se reflete em si mesmo e nesta medida constitui-se sujeito. Um

---

[159] REALE, Miguel. *Filosofia do direito*, v. I, p. 192.

ser com seu predicado que é único e que sabe de si, de antemão, o que é e que não podendo ser dito de outra maneira, só pode ser ele mesmo.

Certamente, saber do homem ser humano é ter consciência do que é e da dimensão do vir-a-ser. O desumano nele é o limite do que se diz do homem que deixou de ser aquilo que é ou que está sendo aquilo que não é.

A satisfação que o homem encontra em saber de si que humano está no "sentimento da essência"[160] embora saiba que conceitualmente não o resume. O homem é o que sua razão diz de si, o que o homem é "para si", e isso é o que temos de efetivo dele, ser humano, e se "a razão é agir conforme a um fim" e se a natureza é um agir conforme a um fim[161], o que impulsiona o homem é o ser para si: sua "força motriz, tomada abstratamente, é o ser-para-si ou a negatividade pura"[162]. Dizer do homem que ser humano é saber do "vir-a-ser" a ser desenvolvido por aquele que é aquilo que vem sendo. Por isso, o vir-a-ser humano é a efetividade do ser que vem sendo homem. O homem não pode dizer que se reconhece humano. Dizer-se ser humano é reconhecer-se, dizer sobre aquele que é denominando-o sujeito para nele constituir a substância verdadeira e representar a consciência-de-si.

Então, é na fraternidade enquanto humanidade que o homem revela de si que ser humano à medida que ela exige a presença do outro. Humano adjetiva o ser homem diante do outro que humano se revela àquele e ao que se põe adiante e desse modo, assim e sucessivamente, até o limite da humanidade que se esgota em si mesma, fraternalmente. Como já apontamos, somos pelo entendimento de que o homem só é humano na presença de outro homem. Ora, já escrevera Kojèv que "não [se] pode ser verdadeiramente humano, senão vivendo em sociedade"[163].

O homem existe em si como existem todas as coisas. Como animal racional, capaz de pensar-se como pensar sobre a universalidade realiza o universal e a si nele para si. Assim, a singularidade do homem é realizar-se e a tudo em si e para si, indivíduo e membro de uma comunidade de homens, portanto, único e comum. O homem é para si diferente dos demais, singularíssimo, mas sabe que se repete enquanto membro da

---

[160] HEGEL, G. W. F. *A fenomenologia do espírito*, p. 29.
[161] Hegel apõe as duas definições. (Cf. *A fenomenologia do espírito*, p. 37.)
[162] HEGEL, G. W. F. *A fenomenologia do espírito*, p.37.
[163] KOJÈV, Alexandre. *Introduction à la lecture de Hegel*: leçons sur la phenomenologie de l'éspirit, p. 507.

comunidade noutro homem, e assim sucessivamente. Na consciência de si ultrapassa a condição de objeto da universalidade e toma para si a condição de sujeito, que se assoma a outros sujeitos, e nessa medida os identifica consigo pela sua irrepetitividade em si e para si, ou seja, há na conformação social o reconhecimento[164] do outro. Como releva Salgado,

> Como ser-para-si, o homem é também ser-para-um, isto é, ser para ele como individualidade. É indivíduo (sujeito) ou existência que realiza o momento dialético do universal e do particular. É como individualidade, nesse sentido de realização do infinito, que o homem conhece e pretende ser. Para sê-lo como tal é necessário o reconhecimento do outro, sem o que seria simples *Dasein* ou ser para um outro. No reconhecimento, ele sabe ser único e ao mesmo tempo igual. Nessa dialética do ser único e ao mesmo tempo igual está a possibilidade de uma sociedade de seres iguais, mas livres, individualizados, sujeitos. Pelo reconhecimento como indivíduo revela-se a socialidade do homem[165].

---

[164] O verbo reconhecer, do latim *recognoscere*, aqui pode ser entendido como "conhecer de novo (quem se tinha conhecido em outro tempo)" e aí, porque transitivo direto, o "em si" se põe "para si", ou seja, o homem se conhece em si, mas se conhece de novo quando se apresenta para si por intermédio do outro. De toda forma, reconhecer poderia ser lido como "admitir como certo", o que há em mim singularmente, há igualmente em si que o individualiza e isto reconheço. Como poderíamos ter dele a leitura do perfilhar, como fosse irmanar num refluxo de alienação necessária ao Pai que permite o entendimento da igualdade. Ainda, há o cabimento de lê-lo como "certificar-se de; constatar; verificar": é em mim que constato o que em si se repete. Também, pode-se ter a compreensão do "confessar, aceitar": confesso bem como aceito que em si o que se põe para mim nos iguala embora sejamos diferentes. Parece-nos que este perscrutar constante de si que se põe para si no outro admite o entendimento do "examinar a situação de; observar, explorar" e na constatação de que a singularidade se repete uma a uma até a conformação da universalidade, a interpretação de que própria a leitura do verbo reconhecer como "declarar(-se), afirmar, proclamar, confessar-se" bem como "dar a conhecer, caracterizar, identificar". E porque não dizer que próprio torná-lo transobjetivo para dizer que o homem "assegura ao outro" a partir da consciência de si que para si eles são únicos e universais. E finalmente, que cabe a interpretação do "admitir como verdadeiro; conhecer": em si, primeiro e depois para si, o homem reconhece-se no outro. A única leitura desnecessária seria a de "mostrar-se agradecido por". (Para tais definições, cf. FERREIRA, Aurélio Buarque de Holanda. *Novo dicionário da língua portuguesa*. Rio de Janeiro: Nova Fronteira, 1996.)
[165] Cf. SALGADO, Joaquim Carlos. *A idéia de justiça em Hegel*, p. 247.

O reconhecimento do outro se dá por meio da razão. Primeiro na consciência que experiencia a si mesma e que para saber-se para si se identifica no outro, de modo que concebe a igualdade de tantos eus como o eu em si, o que se denomina eu coletivo[166], coletivamente individualizado na conformação da universalidade. Ora, a consciência de que em si há outro que se põe para si à medida que consciente se reconhece em mim e por sermos iguais me reconhece em mim como para mim sabe que sou ele, aí se corporifica a fraternidade. Irmanar na proporção que tornar irmão define-se como igualar, emparelhar[167].

5.3 O Reconhecimento de Si no Outro

À medida que consciente de si o homem se exterioriza na proporção que para si se sabe igual ao outro, a ação que engendra é a de ser. Ser humano à medida que a fraternidade se revela na igualdade que irmana os homens. Por isso, ser humano torna-se ação do ente homem e ser e ente se distinguem em verbo e substantivo. Ser exige conhecer: reconhecer. O reconhecimento é um retorno do eu que conhece a si mesmo no outro como a ação do que se conhece em si e se põe para si por intermédio do outro. Esse outro não é coisa[168], mas sujeito (outro eu), também, de uma ação de autoconhecimento e reconhecimento, cujo movimento de exteriorização-interiorização transforma o homem em ser humano. Quem não reconhece o outro não se conhece. Quem não se conhece não sabe o que é. Não se sabe ser. Não é. Noutras palavras, não se sabe ser humano, embora homem. Não é humano.

> Só podemos falar de um Outro que é minha diferença absoluta se ele for ao mesmo tempo idêntico a mim; sendo então idêntico e outro, ele é infinitamente outro, porque subsistente em-si e para-si, como eu sou[169].

---

[166] SALGADO, Joaquim Carlos. *A idéia de justiça em Hegel*, p. 248.
[167] Cf. FERREIRA, Aurélio Buarque de Holanda. *Novo dicionário da língua portuguesa*.
[168] "O não-eu não pode ser um outro qualquer – coisa ou animal –, mas um alter ego, uma consciência-de-si dotada de alteridade". (SANTOS, José Henrique. *Trabalho e riqueza na fenomenologia do espírito de Hegel*, p. 20.)
[169] SANTOS, José Henrique. *Trabalho e riqueza na fenomenologia do espírito de Hegel*, p. 20.

Ligando o atributo ao sujeito, mas empregado sem sujeito: ser humano. Exatamente porque não é um sujeito apenas, mas sujeitos que se sujeitam a si mesmos e um ao outro e só assim são, individualmente coletivos. A certeza de si mesmo só é obtida do outro. "A consciência-de-si é em-si e para-si enquanto é em-si e para-si para uma outra consciência-de-si; ou seja, ela só é na medida em que é um ser reconhecido"[170]. A consciência de si e do outro conforma um sujeito infinito, de modo que cada um é idêntico à totalidade, de modo que cada um é o modo que o outro tem para ser. Assim, ser humano é a ação recíproca que se estabelece entre sujeitos que são, primeiro em si mesmos, depois fora de si quando as consciências se experimentam e se reconhecem na alteridade. Não há como ser humano sem o outro. Por isso não há como dizer sou humano se não o digo em relação ao outro. Por isso, o reconhecimento como ação que se dá como necessária para ser. Então, humano não é apenas estado ou qualidade do ser que é, mas, antes, ação, o resultado das consciências de si se reconhecendo reciprocamente.

Nesse diapasão, a idéia de fraternidade é tanto lógica quanto fenomenológica, haja vista que tanto se alicerça sobre o que o homem pensa de si mesmo como *conhe-sendo* a si mesmo quando se vai auto-revelando como ser humano na dinâmica do tempo que perfaz a História. Como bem anota Salgado, não há precedência da lógica sobre a história bem como da história sobre a lógica quando tudo constitui processo (idéia) para que o Espírito se revele[171], de modo que a fenomenologia se constitui o liame entre lógica e história, quando o homem deixa de ser simplesmente sujeito-objeto, mas como ser humano se revela na totalidade de si mesmo: sujeito da ação de ser quem é.

É na fraternidade que o ser humano se projeta na exterioridade e se reintegra como Espírito, uma vez que, ao se exteriorizar o ser humano, é e, sendo, nessa práxis se desdobra, enquanto homem pela mediação da natureza vê o outro como outro de si e sendo livre sabe que o outro também é livre. É na fraternidade que o homem sabe da igualdade e da liberdade, na conciliação com sua própria natureza se pensando nela.

Quando ele diz de si que ser humano, o que se tem é uma ação de ser, um agir que caracteriza a humanidade dele e o determina assim no mundo, e determinando-o dá-lhe a condição de se *conhe-ser*. Esse *conhe-*

---

[170] HEGEL, G. W. F. *Phänomenologie des Geistes*, p. 141.
[171] SALGADO, Joaquim Carlos. *A idéia de justiça em Hegel*, p. 232.

ser demanda dele, também, uma ação sob o comando da vontade livre que quer saber daquele em si que, interiormente, põe-se apenas como objeto. O sujeito livre é aquele que antes do mais tem vontade de agir, de se *conhe-ser*. Por isso, a liberdade é a substância da vontade, livre em si mesma já que não há nela o estabelecimento de regras para o sujeito. Mas quando o sujeito se reconhece como ser humano racionalmente quer legislar de modo a cuidar de si desse modo, seja a liberdade que perscruta a humanidade como fim. Ser humano para o homem é um postulado da razão, bem como na razão prática é um fato. Não é despiciendo que se defina o homem como ser humano de pronto. De toda forma, tomemos que para Hegel a liberdade não é uma idéia da razão prática separada da razão teórica[172].

Assim posto, tomemos a idéia de ser humano. Quando o homem se pensa como tal, pensa como ser e que para tanto é preciso agir, o dever ser que se dirige a um resultado, a um fim que é o ser. O *conhe-ser* direcionado ao dever ser como resultado da ação de ser. Assim, o pensar na acepção hegeliana toma a dimensão do intelecto e da vontade ao mesmo tempo. O ser humano deve ser humano de modo que conforme a totalidade do seu *conhe-ser*. O sujeito que é e como subjetividade age e a partir dessa ação se determina. Nessa consciência sabe como deve ser e nessa objetividade determina a si. Aqui, a unidade da teoria e da prática é uma decorrência da idéia de fraternidade, na superação da diferença entre os dois modos de manifestação da razão. Por isso, temos que a fraternidade tem seu conteúdo prático na ação de ser humano que se exterioriza na forma do direito, o dever ser. E o homem quer ser humano. Aí reside a liberdade de sua vontade de assim constituir-se. A fraternidade está atrelada à idéia de liberdade. A primeira forma de o homem ser humano está no pensar-se assim, quando o pensamento por si só já demonstra a vontade de sê-lo tomando-o como objeto do pensar. A partir dessa vontade livre de se pensar como ser humano, o dever ser demonstra o comportamento teórico do ser que, ao se pensar como deve ser, já é, uma vez que pensar já demonstra ação do ser que é ativo.

A idéia de fraternidade converge o Espírito subjetivo que se conhece racionalmente como ser humano e o Espírito objetivo que por meio do agir da vontade se concebe humano. Por intermédio da ação de ser humano, o homem aglutina vontade e razão, a vontade racional de ser na

---

[172] Para tanto, SALGADO, Joaquim Carlos. *A idéia de justiça em Hegel*, p. 238.

expansão do que é. E isso porque, como em Hegel, razão e vontade não são duas faculdades distintas, mas constituem, ambas, atividades do pensar, uma teórica e uma prática, quando a vontade é simples modo da razão, a atividade do pensar, o lugar da liberdade, quando o homem se descobre em si mesmo para depois pôr-se a si no mundo da exterioridade como outro idêntico a si, uma vez que com ele se identifica porque se conhece e se concebe nessa identidade. Quando o homem sai de si e se dirige ao outro, o que se tem é o pensamento tornado ação a partir de sua vontade. Pela ação de ser humano, a vontade vê-se representada no outro que, também, quer.

A idéia de fraternidade é a vontade de liberdade do homem na expressão de sua essência a partir da ação de ser humano. A liberdade de todos no plano universal conforma a idéia de uma humanidade livre. Mas a idéia de humanidade conforma a do ser humano que deve ser antes de poder ser. A liberdade decorre da humanidade. É preciso ser humano para, então, ser livre. Se sabe ser livre o homem que é, o ser humano em si só efetiva essa liberdade quando se põe para si por intermédio do outro no exercício de sua humanidade. E é a ação de ser humano que realiza a humanidade e esta deflui da história, não de cada um, mas universal. Enquanto em si, a liberdade inata do homem permanece nele e não se realiza ou se realiza apenas no interior do sujeito que em si é apenas homem. Desse modo, o homem tem a liberdade, mas não é livre porque sua liberdade não se efetiva. Apenas no momento em que o homem se torna humano pela ação de ser em relação ao outro, aquilo que traz em si como essência, é que ele realiza sua liberdade.

Assim posto, perguntemos agora como a fraternidade acontece para o Direito, e em lhe assambarcando o Direito conformará a idéia de fraternidade na composição da idéia de justiça social.

Ora, o universal está na natureza em si. Por meio do pensamento, o homem se conhece como indivíduo, particular e em si se sabe o ente que é. De toda forma, para realizar o universal para si enquanto singularidade que se revela e apor-se como um "representante do gênero humano"[173], tanto idêntico como diferente, exige dele que mais que se pense para a consciência de si, se pense em relação ao outro para a consciência daquele estranho a si, mas que é ele mesmo, bem como é sua

---

[173] KOJÈVE, Alexandre. *Introduction à la lecture de Hegel*: leçons sur la phénomenologie de l'espirit, p. 510.

própria individualidade consciente. Quando se diz que é para si que o indivíduo em si se eleva à condição de sujeito, temos, necessariamente, que há o reconhecimento do outro por meio da ação que se impõe ao sujeito, o outro que se põe como sujeito, também, da ação de reconhecimento, quando há a superação da individualidade isolada em si.

A dialética do ser humano no mundo demanda a ação que o torna para além do ente em si, homem, o ser humano enquanto é e se põe para si na reflexão do próprio eu que o enleva da condição de simplesmente existir (*Dasein*) para o ser para si (*Fürsichsein*)[174], que nessa inflexão demanda a ação de ser humano que lhe exige sujeito dessa ação.

Em si o homem não se distingue de outro homem. Quando se põe como ser para si, realiza sua existência particular e universal. Essa realização é individual, e é nessa medida que o homem se conhece e pretende ser a partir do reconhecimento do outro. O ser para si que deixa de ser, simplesmente, ser para um outro para se tornar tanto único como igual, de modo que a sociedade se conforme com fulcro na igualdade e na liberdade, mas cuja socialidade ainda exige dele a ação de ser humano, haja vista a demanda pelo sujeito fraterno.

Através da história, o indivíduo se vai concebendo racionalmente como ser livre e, pelo reconhecimento do outro, se identifica igual, de modo que a fraternidade decorra dessa mesma racionalidade. Ora, vejamos "a história, tomada nos seus momentos de conteúdo racional ou mais significativos, concatenados num movimento lógico, que indica uma ascensão para o saber do homem, de si mesmo, da sua verdade histórica (o saber absoluto)"[175]. Então, é através da história que vamos respondendo por quem somos na conclusão de uma fenomenologia do espírito a que nos ensina Hegel, de modo que a dialética nos vai proporcionando, pela experiência da consciência, a concepção racional do *eu coletivo*, que não o nós, mas cada um tornado uma fraternidade de homens, livres e iguais. A consciência de si, daquele que é e sendo diz de si que humano. O eu, sujeito da ação de ser humano que reconhece o outro para revelar-se para si por meio da cultura que se desenvolve no tempo. É pela razão que o homem livre e igual em si e para si conforma a fraternidade de modo que a liberdade e a igualdade se ponham concretamente a partir das relações sociais. O eu coletivo quer a liberdade do indivíduo a partir do outro.

---

[174] SALGADO, Joaquim Carlos. *A idéia de justiça em Hegel*, p. 247.
[175] SALGADO, Joaquim Carlos. *A idéia de justiça em Hegel*, p. 248.

Cada um tornado todos de modo que todos queiram a liberdade de cada um. Se o homem é livre em si e de si se sabe livre, para si não se pode reconhecer nem ao outro igual a si como escravo, haja vista que a civilização se encaminha para uma "sociedade política de consenso na esfera do reconhecimento universal"[176]. A organização política da liberdade se dará na concepção racional da fraternidade.

O homem em si se conhece a si mesmo e em si encontra certezas subjetivas que se concluem como verdades a partir do outro porque neste se revela o que se põe de objetivo para si como verdade. E o que há de verdade sobre o homem, antes do mais, é que se diz ser humano, e esse é o aspecto universal primevo, abstrato no nível do entendimento.

Ora, segundo Hegel, para o entendimento, a realidade interior das coisas não pode ser conhecida em si mesma, de modo que podemos conhecer apenas o que aparece à consciência. Assim, para o conhecimento desse interior postula-se, então, um mundo invertido[177], em oposição ao mundo investigado, como que num jogo de forças. E, na identificação dos opostos, o que se torna objeto do entendimento é a própria infinitude que nos mostra "que por trás da assim chamada cortina, que deve cobrir o interior, nada há para ver; a não ser que nós entremos lá dentro – tanto para ver, como para que haja algo ali atrás que possa ser visto"[178]. Assim posto, a consciência se descobre no interior do objeto e encontra sua verdade como consciência de si. Ora, afirmar que "as coisas não existem, que o que há são relações"[179], é concluir porque o entendimento hipostasia qualquer relação, ou seja, dessa forma considerado que se possa tomar o ser humano falsamente como realidade; atribuindo abusivamente realidade absoluta ao que sabemos de nós, relativamente. O ser humano não existe sem o sujeito que é a partir de uma ação de ser em relação ao outro para que se dê o conhecimento daquele.

---

[176] VAZ, Henrique Cláudio de Lima. *Senhor e escravo*: uma parábola da filosofia ocidental, v. 8, n. 21, p. 10.

[177] Para tanto, GADAMER, Hans-Georg. Hegel y el mundo invertido. In: _____. *La dialéctica de Hegel*: cinco ensayos hermenéuticos.

[178] HEGEL, G. W. F. *Fenomenologia do espírito*, § 165.

[179] GUIMARÃES, Suzano de Aquino. Desejo e liberdade: a dialética do reconhecimento como um segundo nascimento. *Revista Eletrônica de Estudos Hegelianos*: revista semestral da Sociedade Hegel Brasileira, p. 1. Disponível em: www.hegelbrasil.org/rev03v.htm.

Por meio da experiência com o mundo exterior (certeza sensível, percepção e entendimento) visando conhecer o mundo interior dos objetos, a consciência acaba sendo conduzida a descobrir-se como objeto de si mesma. Ora, o mundo objetivo é distinto da consciência de si, mas há, de toda forma, uma unidade intrínseca com esse ser outro. E, em lugar da oposição entre certeza e verdade, temos, a partir do outro igual a si, a *verdade da certeza de si mesmo*; ou, numa metáfora hegeliana, chegamos à *pátria nativa da verdade*.

A condição necessária para que haja consciência de si é admitir que a consciência de si dá-se em si e para si e envolve sempre um outro. Ora, conhecer o outro, é tomar consciência dele. Mas, tomando consciência dele, passo a ter consciência de mim. E somente conheço a mim mesmo, condição *sine qua non,* no outro; conheço o outro somente como diferente, fora de mim. "O outro é sagrado". E é o outro que pode me reconhecer. Quanto mais diferente for o outro, mais me afirmo. Ou, numa linguagem heraclitiana, *o oposto é que é bom.* Ou ainda, dito de modo mais próximo ao falar poético, *somente sou se junto for*[180].

Assim sendo, sempre que acontecer de o objeto do conhecimento ser uma outra consciência de si é necessário reconhecer que esta também é um essente (*Sosein*) e, portanto, um ser humano, também. E nos parece que esse é o lugar e momento onde e quando conheço a mim mesmo de modo mais significativo. Numa palavra: somente há conhecimento se houver reconhecimento.

Segundo Hegel,

> se o embrião é de fato homem em si, contudo não o é para si. Somente como razão cultivada e desenvolvida – que se fez a si mesma o que é em si – é homem para si; só essa é sua efetividade. Porém esse resultado por sua vez é imediatez simples, pois é liberdade consciente-de-si que em si repousa, e que não deixou de lado a oposição e ali a abandonou, mas se reconciliou com ela[181].

---

[180] GUIMARÃES, Suzano Aquino. Desejo e liberdade: a dialética do reconhecimento como um segundo nascimento. *Revista Eletrônica de Estudos Hegelianos:* revista semestral da Sociedade Hegel Brasileira, n. 1, p. 3.

[181] HEGEL, G. W. F. *Fenomenologia do espírito*, § 21.

De acordo com J. Hyppolite,

a consciência-de-si, que é desejo, só chega à sua verdade ao encontrar outra consciência-de-si, vivente como ela. Os três momentos – o das duas consciências-de-si postas no elemento da exterioridade e o desse mesmo elemento, o ser-aí da vida – dão lugar a uma dialética que conduz da luta pelo reconhecimento até a oposição entre o senhor e o escravo, e daí à liberdade[182].

A consciência de si é um retorno a si mesmo a partir do seu outro. E o que a impele é o desejo. A tradição interpreta o desejo como um impulso instintivo que se situa na esfera das funções propriamente vitais. Mas, para Hegel, o desejo (necessidade ontológica) é o impulso do eu para si, é a tensão da consciência para a universalidade total e efetiva, ou seja, para o espírito. O que a consciência de si deseja é o seu próprio desejo. Diante do outro, a consciência de si deseja o desejo do outro e quer ser reconhecida como em si e para si pelo outro. A consciência de si que deseja chega a sua verdade somente no encontro com outra consciência de si. Seu destino é ser desejo de outro desejo. A consciência de si somente pode encontrar-se na alteridade quando essa alteridade possui autonomia. Assim, desejar um desejo é sempre desejar substituir-se ao valor que é objeto do desejo. E desejar o desejo do outro é querer que o valor que a consciência de si representa seja sempre o valor desejado pelo outro. Numa palavra: o desejo humano é o desejo de reconhecimento. Então, podemos dizer que o desejo, antes do mais, é de ser reconhecido como ser humano, como aquele que é, e, sendo, é sujeito, e não objeto.

Portanto, a questão da alteridade resolve-se na *dialética do reconhecimento*. E isso porque "o sujeito humano se constitui tão-somente no horizonte do mundo humano e a dialética do desejo deve encontrar sua verdade na dialética do reconhecimento"[183].

5.4 O Reconhecimento de Si a Partir do Outro

De toda maneira, nada é capaz de satisfazer a ânsia do desejo enquanto o objeto não for outra consciência-de-si que faça sobre a própria

---

[182] HYPPOLITE, J. *Gênese e estrutura da fenomenologia do espírito*, p. 171.
[183] VAZ, Henrique Cláudio de Lima. Senhor e escravo: uma parábola da filosofia ocidental. *In*: TOLEDO, C.; MOREIRA, L. (Org.). *Ética e direito*, p. 195.

consciência uma única e mesma ação do sujeito. Encontramos, desse modo, uma das mais significativas e belas passagens do texto hegeliano: a dialética do senhor e do escravo[184].

Segundo D. Rosenfield, Hegel nos mostra que o enfrentamento entre consciências-de-si é uma experiência fundadora da liberdade, e que em si mesmas estas não são nada, uma vez que somente podem ser pela relação que estabelecem.

Vale ressaltar que o senhor e o escravo não estão nessa posição por qualquer determinação social, como se o seu nascimento os tivesse destinado a tal posição, mas que se trata de uma determinação recíproca posta pelo próprio combate. E que o reconhecimento é tributário de uma experiência limite, a da morte [...].[185]

O primeiro encontro de duas consciências-de-si é uma *luta de vida ou morte*. O impasse estabelecido é o de que se reconheço o outro, então, perco minha condição de afirmação. E se não reconheço o outro enquanto livre capaz de me reconhecer, também permaneço sem me afirmar. Então, que ser é este que não é? – perguntemo-nos. O sujeito hegeliano somente

---

[184] Dois homens lutam entre si, sendo um deles pleno de coragem, arriscando sua vida no combate, pelo que se demonstra livre, superior à sua própria vida, quando vence o outro, que não arrisca sua vida. De toda forma, o vencedor não mata o vencido, conservando-o escravo, o *servus*, aquele que, etmologicamente, foi conservado. Assim feito, fica o senhor a gozar os prazeres da vida enquanto ao escravo cabem os argúrios da lida. O senhor não conhece mais os rigores do mundo material, uma vez que interpôs um escravo entre ele e o mundo. O senhor, em face do reconhecimento de sua superioridade no olhar submisso de seu escravo, é livre, ao passo que este se vê despojado dos frutos de seu trabalho, numa situação de submissão absoluta. Mas, ao fim e ao cabo, essa situação vai se transformar dialeticamente porque a posição do senhor abriga uma contradição interna: o senhor só o é em função da existência do escravo, que condiciona a sua. O senhor só o é porque é reconhecido como tal pela consciência do escravo e também porque vive do trabalho desse escravo, pelo que, nesse sentido, é uma espécie de escravo de seu escravo. De toda maneira, este escravo vai processar sua própria fórmula de liberdade quando aprende a se afastar de todos os eventos exteriores, a libertar-se de tudo o que o oprime, desenvolvendo uma consciência pessoal, aprendendo a vencer a natureza ao utilizar as leis da matéria, eis quando recupera a liberdade, entendida esta aqui como domínio da natureza, por intermédio de seu trabalho. Por uma conversão dialética exemplar, o trabalho servil devolve-lhe a liberdade. Desse modo, o escravo, transformado pelas provações e pelo próprio trabalho, ensina ao seu senhor a liberdade como domínio de si mesmo, sendo com isso a liberdade estóica apresentada a Hegel como a reconciliação entre o domínio e a servidão.

[185] ROSENFIELD, D. *Hegel*, p. 51.

se manifesta quando se expressa (e isso nos remete às meditações cartesianas do *cogito* que somente existe no ato de sua enunciação) e somente se expressa quando reconhece o outro. Ora, observamos aqui que o outro, na concepção hegeliana, deve ser independente. Há, portanto, um respeito incondicional à diferença.

Mas, se na luta do reconhecimento a conduta de todos fosse a mesma, ou somente um sobreviveria, ou ambos morreriam. É indispensável que após a luta todos permaneçam vivos para que um possa renunciar em favor do outro (reconhecimento unilateral): um reconhecendo o outro como senhor e também se reconhecendo e sendo reconhecido como escravo. Livre é somente aquele que se torna livre. E escravo é aquele que, pelo *temor da morte*, preferiu a vida à liberdade. O temor ao Senhor Absoluto (a morte) fez de um escravo e do outro, senhor. Este é para-si; aquele para-outro (para o senhor o qual considera sua verdade). "No medo absoluto do escravo ante a morte, ele dissolveu-se intimamente, e tudo o que era fixo vacilou"[186].

Contudo, impedido de reconhecer o outro que o reconhece, o senhor se encontra naquela *situação existencial quase insuportável*: somente pode ser senhor à medida que é reconhecido, mas, recusando-se a reconhecer o escravo, nega ao mesmo tempo o sujeito que poderia reconhecê-lo. O senhor, pelo desejo, consome o que o escravo produz e somente chega à certeza de si mesmo por meio de uma consciência dependente. O senhor não pode nem quer negar-se como senhor. Sua verdade é a consciência escrava. E o escravo não quer ser escravo, mas quis "sobreviver". Este, à medida que trabalha, se forma (*bildung*). Sua formação e o medo da morte permitem à consciência escrava retornar ao seu si-mesmo, enriquecida; não como era anteriormente (puro eu), e sim como consciência que tem a outra suprassumida. Dito de outro modo, é pela angústia que se toma consciência da precariedade e da historicidade no que se refere ao homem.

Nesse diapasão, o trabalho, expõe-nos Hegel, se usarmos uma linguagem psicanalítica, é o "desejo recalcado"[187]. Por isso, forma e educa.

---

[186] ROSENFIELD, D. *Hegel*, p. 56.

[187] Freud designa o desejo como *wunsch* e *lust*. No primeiro sentido, é voto, aspiração, desejo, e no segundo, prazer, vontade. Mas este conceito de desejo em Freud não corresponde ao como a palavra desejo é definida no dicionário. O *wunsch* é o desejo recalcado inconsciente que comporta um saber não sabido, não se confundindo com necessidade. No plano da necessidade – fome, sede, etc. – esta pode ser conduzida

Nega a natureza e produz a cultura. O que a consciência experimenta é um "reencontrar-se por meio de si mesma". Ao formar o ser-para-si, torna-se o seu próprio ser-para-ele e alcança, desse modo, a consciência de que ele mesmo é em si e para si.

5.5 A Dialética da Fraternidade

Mas essa é a liberdade de um mundo ainda marcado pela divisão entre senhor e escravo (a categoria última da dialética do senhor e do escravo é o reconhecimento). É uma liberdade ainda não efetiva. A dialética da liberdade é a da sociabilidade. E a gênese do homem coincide com a gênese de sua sociabilidade. A metafísica moderna da subjetividade não vê que esta somente se constitui enquanto movimento de saída de si mesmo e retorno pela mediação da alteridade. E toda individualidade é suprassumida e conquista sua humanidade na comunhão das liberdades.

Somente na reciprocidade encontra-se o reconhecimento autêntico; mas o reconhecimento de uma consciência-de-si por outra já é o

---

a respostas que não se restringem necessariamente à necessidade quando se trata do desejo. Esse "desejo" que Freud nomeia é enigmático. A necessidade pode se satisfazer num objeto adequado, o desejo é de outro registro. Ele se realiza nos sonhos e nas fantasias, que são signos de percepção pelos quais uma experiência de prazer ou desprazer tem sido memorizada no aparelho psíquico sob a forma dos traços mnémicos. Quando se procura o objeto na realidade, a procura é a partir desses traços mnémicos, objeto que remete a algo perdido desde o início e que deixa uma inscrição. Isto determina a dimensão do impossível para a psicanálise; um impossível lógico. Podemos entender assim a definição que Freud dá na Interpretação dos sonhos: "desejo é o impulso de recuperar a perda da primeira experiência de satisfação". Esta primeira experiência de satisfação é de ordem mítica, indicando esse lugar de perda como fundamento, ou como causa, da fala no homem, marcando assim a relação deste ser vivo homem, com a estrutura da linguagem. O desejo comporta um lugar de perda que determina um campo de tensão. Nesse sentido não é adaptativo, não é simplesmente homeostático, por isso não corresponde só ao princípio do prazer. Seu correlato é uma ruptura desse princípio que se chama na psicanálise, pulsão. Freud a nomeia pulsão de morte, como além do principio do prazer. Isto é diferente da morte biológica. Desejo e pulsão são as duas vertentes do sujeito que determinam sua realidade psíquica como diferente da homeostase orgânica. Produz-se uma fragmentação que, paradoxalmente, sustenta a função da vida. "A vida é o conjunto de forças onde se significa a morte, que será para a vida, o seu carril". (FREUD, Sigmund. *O intangível em psicanálise e arquitetura*. Disponível em www.vitruvius.com.br.)

início de um processo universal de reconhecimento [...] o ponto a considerar é que o suprassumir o ser-outro, não é a eliminação da alteridade, mas a negação do outro como uma ameaça à singularidade da consciência-de-si. Mais ainda, implica, igualmente, o considerar do outro como ser diferente na identidade recíproca, e também o elevar do reconhecimento do outro ao reconhecimento de todo o Outro; em resumo, suprassumir a contraposição na universalidade do reconhecer recíproco[188].

Não há unidade sem antagonismos [...] a identidade do eu será tanto maior quanto maior o reconhecimento do outro como outro-de-si--mesmo na não-identidade absoluta [...] preservando as diferenças no eu e no outro, é que se pode conceber a unidade do eu com o outro [...] o outro que, na sua alteridade, jamais me completa, mas que sempre revela, na minha incompletude, a necessidade essencial de sua presença.[189]

Como a liberdade não é algo dado, mas algo que se constrói a cada instante, ao libertar-se da natureza elevando-se ao reino do espírito, todos acabam por entrar no jogo das relações (**é tudo guerra, a minha festa**) que constitui a dimensão simbólica da existência. Contudo, não se está somente condenado à liberdade, mas a nascer duas vezes: primeiro como *physis* e segundo como *logos*. E somente a partir desse segundo nascimento nos tornamos (ou podemos vir-a-ser!) o que somos: transcendência das determinações da natureza e liberdade pela criação do mundo. A mesma liberdade conquistada por Prometeu por meio da palavra. Aliás, para Lacan, é porque fala que o sujeito se pergunta "Quem sou eu?" e se engaja na busca do ser. Assim, Lacan designa o ser humano como *falasser*, porque o ser é um efeito da linguagem.[190]

---

[188] MORAES, Alfredo de Oliveira. *A metafísica do conceito*: o problema do conhecimento de Deus na *Enciclopédia das Ciências Filosóficas* de Hegel, p. 89.

[189] Cf. RABINOVICH, Diana. *A angústia e o desejo do outro*. Rio de Janeiro: Cia de Freud, 2005.

[190] GUIMARÃES, Suzano de Aquino. Desejo e liberdade: a dialética do reconhecimento como um segundo nascimento. *Revista Eletrônica de Estudos Hegelianos*: revista semestral da Sociedade Hegel Brasileira, p. 9. Disponível em www.hegelbrasil.org/rev01e.htm

A liberdade é tarefa, é libertação. Ou aquela outra da sentença de Píndaro que nos humaniza: *torna-te aquilo que és*.[191]

Quando se apontou, aqui, que a reciprocidade é momento do conceito de fraternidade e se o quer equivalente ao de humanidade como oferta do universal à consciência, e não na forma abstrata, mas concreta, temos que o ser humano e o homem põem-se numa dialética em que um só se realiza por meio do outro, de modo a determinarem-se ambos, unicamente. Ao conhecer-se como ser humano, o homem conhece para além de em si e por meio da ação conhece o que mesmo é, sendo. É aí que aparece o desejo e a pulsão da consciência em si em direção ao outro, para conhecê-lo. O universal do ser humano só é concreto no plano do para si, de modo que o homem possa dizer com certeza sobre quem é: ser humano, tomado em si e para si, de modo que a dialética da vida do Espírito ou da história, justifique sua existência.

Quando Hegel aponta que "a consciência de si só encontra sua satisfação numa outra consciência de si" (*Das Selbstbewusstsein erreicht seine Befriedigung nur in einem anderem Selbstbewusstsein*); quer dizer com isso que a satisfação entre os homens só se dá no momento da fraternidade, quando a consciência de si se põe para si por intermédio do outro reconhecido como consciência de si, também, de modo que consciente de si que livre reconhece o outro como livre e, portanto, igual. Eu e outro tornados nós, que se fraternizam porque livres e iguais no processo do reconhecimento mútuo.

O fato é que ser humano demanda ação de modo que o que há em si se ponha para si, quando o homem se nega homem enquanto animal e suas inquietudes para elevar-se ao plano da humanidade. No processo de reconhecimento, na relação das consciências umas para com as outras, a ação de ser impõe-se dialeticamente. Assim posto, o não-desumano é a negação tornada criação, de modo que o homem possa "criar em si e no mundo um novo ser"[192]. A fraternidade exige, pois, a ação de ser, racional, que nega a própria realidade do homem em si para tornar-se ser humano, tornando-se aquilo que é na história.

Quando Hegel aponta que Deus se vai revelar na história, toma-a como processo de transformação do homem para melhor, um progresso

---

[191] MORAES, Alfredo de Oliveira. *A metafísica do conceito*: o problema do conhecimento de Deus na *Enciclopédia das Ciências Filosóficas* de Hegel, p. 92.

[192] SALGADO, Joaquim Carlos. O aparecimento do estado na fenomenologia do espírito de Hegel. *Revista da Faculdade de Direito da UFMG*, p. 179.

que se dá a partir da idéia de liberdade e pela ação do homem livre, que não nasce ser humano, mas se torna humano pela ação de ser, porquanto reconhece o outro como livre e igual. A ação de ser toma a natureza humana do homem e assim fá-lo num processo racional de autocriação. Assim posto, tanto o "homem como lobo do homem" como o homem bom são, em face da natureza, o mesmo homem, mas cuja razão em si concebe como deve ser para si e se o torna humano, sem deixar de ser homem, mas assim só como que nascido da natureza. Enquanto ser humano, a ação de ser demanda o outro e, portanto, o *logos*, o homem que se fraterniza. A fraternidade é um dever ser decorrente da razão que vem a ser a de todos, que se reconhecem livres e iguais. A fraternidade é, pois, criada por, meio da razão, este "princípio da negatividade dialética"[193], que não elimina o homem como dado na natureza, mas o eleva ao plano do que não existia, quando se pode dizer que o homem e o ser humano enquanto entes biológicos são os mesmos, mas pela sofisticação do dever ser vêm a ser a sua própria criação, por meio da ação de ser de cada um quando humano só encontra sentido na dimensão do outro, e Deus se revela na história por intermédio desse homem, criatura e criador de si.

A fraternidade revela o "eu que é um nós"[194] por seu caráter social quando a essência do homem, aquilo que realmente é, vem a ser do ser humano que deve ser porquanto o direito cumpre seu papel educador para a liberdade e a igualdade. E isso é revelado na dialética do senhor e do escravo. E falemos dela agora no processo histórico de reconhecimento que conclusivamente enquanto dever ser expurga a escravidão[195].

---

[193] SALGADO, Joaquim Carlos. *A idéia de justiça em Hegel*, p. 254.

[194] Belíssima a explicação de Mariah Brochado quanto a essa expressão tão famosa do vocabulário hegeliano: "o indivíduo, quando se coloca junto com o outro, expresso na palavra 'nós', indica que ele se funde no outro como uma única espiritualidade compartilhada. Quando digo nós, aponto para uma comunhão que não distingue nem o eu e nem o outro, não sou diferente, somos iguais, apesar de não idênticos. Somos iguais porque idênticos num plano fundamental, que é a percepção da espiritualidade do outro, e inidênticos ou diferentes no que não é fundamental nessa comunhão, mas condição de possibilidade dela, porque só se reconhece algo diferente de si, a individualidade ímpar que possibilita que ele venha ao meu encontro e vice-versa". (*Direito e ética*: a eticidade do fenômeno jurídico, p.115.)

[195] Aqui Louk Hulsman e Jacqueline Berant de Celis (*Penas perdidas*: o sistema penal em questão, p. 55-92) desenvolvem razões complexas para abalizar sua posição abolicionista em relação ao sistema penal que conhecemos. Observe-se que nominam o próprio posicionamento por abolicionista e no capítulo intitulado "Qual liberdade?",

O fato é que enquanto ser humano, a ação exige um sujeito, e, portanto, o homem não pode ser tomado como coisa quando se tiver falando em reconhecimento como parâmetro para a fraternidade, a igualdade e a liberdade. Ora, quando se fala em duas consciências de si que se destoam porque uma é independente e a outra dependente, esta por ter renunciado seu para si postando-se agora como consciência para o outro, tendo sua vida e trabalho efetivados em prol do senhor como coisas dele, a outra, dependente em sua independência, uma vez que depende do trabalho do escravo e das coisas por ele produzidas, não estamos falando em reconhecimento. A consciência de si como escravo é que mantém a independência do senhor, de toda forma dependente desta consciência de si escrava, que não merece daquele o reconhecimento, quando não se tem, então e verdadeiramente, a afirmação da liberdade.

Tomemos Kojèv, que afirma:

> Se a negatividade é a liberdade que se realiza como ação negadora do dado e se ela é a própria humanidade do Homem, a Negatividade

---

descrevem no subtítulo 31º, "Solidariedades": "Os movimentos que tentam devolver ao detento sua dignidade humana, através da 'humanização' das prisões, geralmente se baseiam num sentimento de solidariedade pela sorte daqueles que foram levados ao cárcere. Mas é incrível como tais movimentos praticamente não obtém qualquer avanço. Perdem-se energias consideráveis na areia movediça da instituição penitenciária. Já vi pessoas que efetivamente lutavam por verdadeiras reformas dispender enormes esforços para conseguir resultados absolutamente irrisórios, como, por exemplo, que, ao fim de um ano, os detentos pudessem ver televisão por um quarto de hora. Não basta tentar modificar a situação dos detentos, para que alguma coisa realmente mude. A concentração das tentativas de mudança nesta última fase do processo penal se revela, na prática, inoperante. Pretender transformar a prisão – e somente a prisão – significa trabalhar no interior de uma posição imutável, sem qualquer perspectiva de progresso. É preciso se situar mais acima, lá no começo do processo, onde são selecionadas as pessoas que vão se tornar detentas. Além disso, deveriam existir outras solidariedades, que de nenhuma forma são incompatíveis entre si. A meu ver, trata-se de viver quatro classes de solidariedade: a solidariedade com os condenados; a solidariedade com as pessoas vitimizadas; a solidariedade com o conjunto de pessoas que vivem numa sociedade e que precisam se libertar de suas falsas crenças e dos erros que cometem ao relacionar levianamente seus problemas na sociedade com a existência do sistema penal; e, finalmente, a solidariedade com as pessoas que asseguram o funcionamento do sistema penal e que, se pudessem deixar de trabalhar pela sobrevivência de tal máquina, sentiriam o prazer de se libertar. Os que perceberem e quiserem assumir estas quatro formas de solidariedade não se contentarão com um simples posicionamento de reforma das prisões – e nem mesmo com a abolição pura e simples da pena de prisão. Para estes, onde me incluo, trata-se de derrubar todo o sistema."

e o Homem não podem 'aparecer' pela primeira vez na natureza senão como um ser que nega ou 'suprime' a sua natureza animal inata: o homem não cria a sua humanidade, senão negando-se como animal. Eis por que a primeira aparição da negatividade é descrita na PhG (Cap. IV) como uma luta de morte pelo Reconhecimento, ou mais precisamente como Risco de vida (*Wagen des Lebens*) que essa Luta implica[196].

Ora, o reconhecimento é um momento do processo de fraternização, haja vista que se dá quando não há risco de vida, quando esta não está em jogo e ambas as consciências de si se põem para si como livres e iguais. O homem criado por si mesmo é o ser humano, o dever ser que culmina no que vem a ser, sendo aquilo que é em sua essência, fruto da "aventura dialética da consciência de si"[197]. Salgado expõe muito bem que a confirmação da humanidade do homem está em ser reconhecido como ser livre mais que como ser vivo, o que estaria apenas no plano dos animais, onde aí reside o sentido da espiritualidade, onde homem realiza e manifesta o que tem de propriamente humano. Mas o fato é que a relação do senhor e do escravo decorre, primeiro, do autoconhecimento para culminar no reconhecimento como ser livre e igual, em si e para si, e daí como ser humano na fraternidade entre entes que, porque livres e iguais, são fraternos. "A consciência de si é em si e para si na medida em que e porque é em si e para si para uma outra; quer dizer, ela só é tal enquanto algo reconhecido"[198].

Há necessidade de que a consciência de si se ponha para outra, mas agora como para si porque a liberdade só acontece entre consciências de si que se reconhecem como livres. Ora, a fraternidade, seja a dialética necessária, só se dá entre consciências de si que se põem para si humanamente na proporção que reconhecem a ação mútua de ser humano.

As consciências de si em si desejantes não podem tomar o outro para satisfação desse desejo, mas entendendo que a satisfação mútua entre entes autônomos e livres está na ação de ser de modo que ambos se realizem humanamente e vejam a própria essência no outro. Por meio da ação de ser humano, os entes livres e iguais põem para si a própria essência e nesta mediação constroem uma humanidade.

---

[196] KOJÈVE, Alexandre. *Introduction à la lecture de Hegel*, p. 496.
[197] SALGADO, Joaquim Carlos. *A idéia de justiça em Hegel*, p. 258.
[198] HEGEL, G. W. F. *Phänomenologie des Geistes*, p. 145.

Da luta de vida e morte, num primeiro plano, temos a desigualdade entre o senhor e o escravo e em face dela, pela ação do trabalho, vem a se consagrar a igualdade das consciências de si, num segundo plano, quando o homem se descobre como seu próprio objeto e na consciência de si e para si como ser livre.

Hegel aponta a vida como "a ação do outro e a ação de si mesma", quando a ação do outro nega a vida e cada qual objetiva a morte do outro, quando o que temos é a conservação final numa luta de vida e morte. Mas a liberdade que será revelada a partir do reconhecimento é uma verdade que demanda a pessoa como consciência de si autônoma, senão o que se tem é uma "igualdade de pessoas abstratas[199].

Assim posto, a fraternidade demonstra à consciência de si posta para si por intermédio do outro livre e igual, a sua verdade, o ser humano, essência da consciência realizada. Cerrada em si como consciência do senhorio ou reduzido à coisa enquanto escravo não há seres que são para si e, portanto, não se pode falar que humanos. Então, primeiramente, como a consciência de si escrava torna pelo trabalho o senhor dependente, por meio dele se transforma em consciência de si independente, e é essa ação de trabalho que irá transformar a consciência servil que reconhece o outro que a não reconhece.

Neste ponto temos que da ação de luta não decorre o reconhecimento, bem como da ação de trabalho apenas o reconhecimento parcial. Assim sendo, digamos que é na ação de ser humano que se dá o reconhecimento como negação das consciências isoladas para se chegar à razão. E o objeto dessa relação é a fraternidade. Nesse mundo fraterno, o homem cria o ser humano e se o transforma nele. Ao pensar-se como sua própria obra, o homem pensa a si mesmo e se torna para si ser humano[200]. O reconhecimento da liberdade é um problema da igualdade na fenomenologia hegeliana. Da luta do reconhecimento exsurge a convivência entre os homens e o advento "de uma sociedade fundada sobre o livre

---

[199] HEGEL, G. W. F. *Phänomenologie des Geistes*, p. 149.

[200] O espírito toma consciência sobre si mesmo, como autoconsciência espiritual por meio de suas obras: *"Os valores, em última análise obrigam, porque representam o homem mesmo, como autoconsciência espiritual;* e constituem-se na História e pela história porque esta é, no fundo, o reencontro do espírito consigo mesmo, do espírito que se realiza na experiência das gerações, nas vicissitudes do que chamamos 'ciclos culturais', ou civilizações". (REALE, Miguel. *Filosofia do direito*, p.187).

consenso"[201], quando se põe "a existência política como esfera do consenso plenamente racional"[202] e o Estado como consciência de si universal[203].

Liberdade e igualdade são os elementos que, dialeticamente, formam a idéia de fraternidade, ou seja, o homem com ser para si fraterno que se constitui pela ação de ser humano.

Lima Vaz faz o apontamento de que a infelicidade surge da consciência que reconhece no absoluto transcendente tudo e na sua essência, nada[204]. Ela se reconhece sendo nada, mas, de toda forma, sendo consciência de seu nada, está o começo da consciência de ser tudo. Assim, descobre que tudo demanda trabalho dela, seja o próprio ato de reconhecimento de Deus pela ação de graças. E esse ato é, antes de tudo, o de ser humano quando há a formação de um nós a partir do outro que se lhe põe para si. A fraternidade revolve o ser humano na inter-relação das consciências postas para si por meio da razão para pensar o homem no plano universal e tomá-lo como obra de toda consciência para si por meio do outro numa humanidade.

O trabalho humano humaniza o mundo natural transformando-o à sua cultura, no nível da razão, embora esteja o escravo esvaziado da própria essência humana porquanto a tenha alienado seja sua consciência infeliz, tomando Deus como o Ser verdadeiramente Humano, que não ele, esteja privado da humanidade em face do não reconhecimento. O senhor, confortavelmente hospedado no "mundo humanizado", também se não pode dizer que ser humano, privado que esteja da ação que o demanda para tanto, uma vez que não reconhece o outro como igual a si.

Em face da cultura, as consciências individuais se conhecem como consciências de si e se põem como consciências para serem conhecidas. Nessa cadeia de inter-relacionamento se processa a coletivização das obras porque impregnadas da razão coletiva tomando-se que a obra se realiza por um indivíduo não para ele apenas, mas para todos os demais.

---

[201] VAZ, Henrique Cláudio de Lima. Senhor e escravo: uma parábola da filosofia ocidental. *Síntese*, p. 25.

[202] VAZ, Henrique Cláudio de Lima. Senhor e escravo: uma parábola da filosofia ocidental. *Síntese*, p. 26.

[203] SALGADO, Joaquim Carlos. *A idéia de justiça em Hegel*, p. 267.

[204] Para essa interpretação sobre a consciência infeliz e sua passagem para a razão de Lima Vaz em comentário inédito à *Fenomenologia do espírito*, cf. SALGADO, Joaquim Carlos. *A idéia de justiça em Hegel*, p. 271.

Como bem aponta Salgado, há a transmutação do *cogito* para o *cogitamus*, e, diga-se, aqui não se está falando da vontade geral de ente coletivo, mas do pensar de cada um que é o pensar de todos de modo que o existir de uma consciência individual confirme a existência dos demais e o mundo se conceba como "mundo em que uma cadeia de inter-relações das consciências de si se processa"[205]. A realização do Espírito presente para nós, como bem nos põe Hegel, já que em si, porquanto "se a consciência de si é o seu próprio objeto, ela é tanto o eu como o objeto"[206], o que subsiste é a questão de quem somos na proporção que "para a consciência continuar a processar-se é a experiência do que o Espírito é." E continua: "Essa substância absoluta que na completa liberdade e independência de sua oposição, vale dizer, das diferentes consciências de si que são para si, é delas unidade: Eu que é Nós, Nós que é Eu"[207].

A razão é "a consciência de si universal, mas em potência apenas, não em ato"[208]. O ser humano é a ação que a razão pleiteia para que o homem realize a essência em si e para si, e a certeza de sua realidade como ser humano se eleve à verdade.

Ora, por meio da ação de ser humano o "Absoluto é o sujeito", e o homem toma consciência de si na sua universalidade, e não como indivíduo apenas[209]. O reconhecimento se concretiza com fulcro numa igualdade concreta. O reconhecimento universal Hegel atribui ao momento do Estado, que não se supera pela moral e pela religião[210], e onde ocorre a maior realização do Espírito no mundo objetivo, que se dá através da história como razão objetivada. A história se põe como onde se processa o Estado como a forma mais racional da expressão objetiva do Espírito.

---

[205] SALGADO, Joaquim Carlos. *A idéia de justiça em Hegel*, p. 273.
[206] SALGADO, Joaquim Carlos. *A idéia de justiça em Hegel*, p. 274.
[207] HEGEL, G. W. F. *Phänomelogie des Geistes*, p. 145.
[208] SALGADO, Joaquim Carlos. *A idéia de justiça em Hegel*, p. 274.
[209] Como descreve Salgado, o idealismo hegeliano desenvolve um conceito de Espírito que envolve três aspectos: um político, um histórico e um filosófico. Primeiro, o Espírito é um nós, uma consciência de si universal, cujo momento de efetividade é o Estado; ademais, o Espírito é história, pela qual a sua essência é um tornar-se o que é; e afinal, o Espírito é o saber deste tornar-se universal e do processo pela qual ele se torna saber de si mesmo: é sujeito universal. (*A idéia de justiça em Hegel*, p. 274.)
[210] Anote-se aqui que religião e moralidade se põem como saber que o Espírito tem na sua individualidade livre.

Razão de Ordem – Capítulos 6, 7, 8 e 9

Efetuada, nos capítulos anteriores, a elaboração teórica sobre o ser humano e o reconhecimento do homem como tal de modo a procedermos à dialética da fraternidade, cumpre agora tomarmos, respectivamente, o Estado, o indivíduo e o cidadão como sujeitos da ação de ser humano, apostos nos capítulos 6, 7 e 8.

A respeito da ação de ser humano propriamente dita, temo-la delineada no capítulo 9.

6. O ESTADO COMO SUJEITO DA AÇÃO DE SER HUMANO

6.1 Razão de Ordem

Preliminarmente neste capítulo 6, tomando o Estado como sujeito da ação de ser humano, adotamos uma seção 2, de forma a anotar as perspectivas da fraternidade estatal – a realização da família como fim do Estado.

Seqüencialmente, na seção 3, examinamos a fraternidade como unidade da consciência de si com o mundo.

Seguidamente, debruçamo-nos especificamente sobre a fraternidade como essência do Estado como família, conectando a fórmula hegeliana de que "o racional é real e o real é racional" – o vir-a-ser humano do homem que é, a que intitula a seção 4.

Perpetrados nesse caminho, na seção 5, passamos à exposição da fraternidade como racionalidade na ordem social.

A seguir, passamos à seção 6, onde expomos a fraternidade como organização política da liberdade.

Finalizando o capítulo 6, discutimos, na seção 7, a fraternidade como vontade universalizada de todos.

6.2 A Fraternidade Estatal – A Realização da Família como Fim do Estado

Como releva Salgado, Hegel inicia sua reflexão sobre a história como razão objetivada com base na partir da organização política a partir da *polis* e não o faz incidentalmente, uma vez que é a cultura ocidental que tornou possível a forma de conhecer a realidade, sem o apelo às representações religiosas. Assim, Hegel toma a história a partir do nascimento da civilização ocidental, quando se conforma, numa continuidade temporal, uma unidade do espírito para a conformação de uma civilização planetária. A partir do mundo ético antigo, o Espírito se põe a conhecer-se a si mesmo como objeto na história e nela conhece a individualidade livre ou sujeito que só se efetiva como universalidade no Estado como "comunidade constituída da totalidade de sujeitos livres, que afirmam a sua independência na dependência do todo"[211].

Anote-se que Hegel compreende que o fim a que se propõe a história é "a organização harmoniosa da cidade humana"[212] nos moldes da vida ética da cidade antiga.

O Estado exsurge, então, na história do Ocidente conformando-se a partir da *polis* para que, na fragmentação do império romano, a eticidade, pela alienação, viesse a suster a subjetividade.

O estado natural sem liberdade é superado pelo Estado como totalidade ética em face da libertação do homem de sua vontade natural e mediata, possibilitando a realização da razão. É por meio do Estado que a eticidade se realiza e de que modo – perguntemos – quando Hegel afirma que

> à medida que é a verdade imediata, o indivíduo que é um mundo. Ele tem de progredir até a consciência do que é imediatamente, superar a bela vida ética e, por meio de uma série de figuras, alcançar o saber de si mesmo. Estas, porém, diferenciam-se das anteriores por serem espíritos reais, verdadeiras realidades efetivas e, em vez de figuras apenas da consciência, figuras de um mundo[213].

Conceitualmente, tende-se a tomar a fraternidade sob um influxo familiar, e isso é natural, dada a consciência individual do cidadão, da substância ética, por meio da família. E isso porque "a família realiza a integração de seus membros nos fins do Estado e o faz pelo culto, pela religião" em face de uma "unidade de fins e uma harmonia interna na substância ética pela qual Estado e família não se opõem"[214].

---

[211] SALGADO, Joaquim Carlos. *A idéia de justiça em Hegel*, p. 277.
[212] HYPPOLITE, J. *Gênese e estrutura da fenomenologia do espírito*, p. 320.
[213] HEGEL, G. W. F. *Phänomelogie des Geistes*, p. 326.
[214] SALGADO, Joaquim Carlos. *A idéia de justiça em Hegel*, p. 279.

Ao indivíduo interessa o todo como ao todo, o indivíduo. No entanto, temos a apontar que é exatamente quando acontece a separação dentro da substância ética ao que cabe à lei humana do Estado e à lei divina que cumpre à família atentar, que a fraternidade se arreda numa diferenciação da essência ética, dividindo o mundo nas suas matérias, quando o ser humano cinde na sua própria substância e depois da totalidade, como consciência de si, homem.

Família e Estado, que antes perfaziam a vida ética da cidade, harmoniosamente, passam a requerer para si a verdade da totalidade da substância ética. Quando Hegel toma a Antígona, de Sófocles, para representar esse conflito que se dá exatamente em torno de Polinices, irmão de Antígona, entre ela e Creonte, toma-a como um modelo do choque existente entre os interesses do Estado representado pelo rei e as leis não escritas, a *dikê*, a ordem natural e os direitos familiares invocados pela princesa tebana: "Ele não tem direito a impedir meus deveres sagrados (Antígona,10)".

Ora, e a circunstância é exatamente em torno do irmão de Antígona. Comprometida a fraternidade óbvia, embora ambas as ações estejam continentes da substância ética, cada uma nega validade à lei contrária porque nenhuma é em si e para si, segundo Hegel.

Assim posto, temos que quando o Estado se esforça para unir a substância ética por meio da guerra, submetendo a família à ordem da comunidade, termina por esfacelar a integridade do mundo ético. A família era a base da existência do Estado neste mundo. Desse modo, a "consciência de si que se rebelou contra a lei é agora um eu ao lado de uma pluralidade de consciências de si isoladas, cujo único ponto de igualdade e união é o direito abstrato e cuja única unidade política é a pessoa do imperador"[215].

Não se podendo configurar a fraternidade, "o eu concentra em si toda essência que pertencera à comunidade e se afirma essência em si e para si", tornando-se pessoa de direito, "reconhecido como uma universalidade formal, como igual perante a lei", mas cujo reconhecimento é sem conteúdo. A igualdade, então, é apenas "igualdade perante a lei e possibilidade de acesso a todos os direitos, é em última instância igualdade de direito de acesso à propriedade, mas não igualdade do direito de propriedade"[216].

---

[215] SALGADO, Joaquim Carlos. *A idéia de justiça em Hegel*, p. 281.
[216] Cf. as citações deste parágrafo em SALGADO, Joaquim Carlos. *A idéia de justiça em Hegel*, p. 281-282.

Afastada a fraternidade, a igualdade "não permite nenhuma vinculação orgânica dos indivíduos" e "a igualdade universal se desfaz", e o "território da propriedade é o território da desigualdade"[217]. Quando cada indivíduo passa a reivindicar para si toda substância ética, essa pluralidade reivindicante vai alienar esta substância, a essência ética no Estado de direito.

Nesse momento, o Estado soberano se confunde com a figura do imperador e todos os demais se põem como pessoas abstratas, ocas de essência.

Na encarnação do que lhe foi alienado e único enquanto pessoa concreta e essencial, sem iguais a ele, o imperador é "a imensa consciência de si que se conhece como deus real"[218]. O Estado é, então, a personificação da individualidade do imperador e os indivíduos, meros súditos e sujeitos de direito privado, não compondo a vida política.

A personalidade é interpretada enquanto capacidade de direitos, especialmente do direito de propriedade, com a pessoa valendo pelo que tem, sem qualquer direito político, e a justiça se conformando apenas como tratamento igual perante a lei e a virtude, submissão à ordem estatal.

Nesses parâmetros, temos a igualdade no âmbito do direito privado e a desigualdade no do direito público, compondo ambos um mundo do direito contraditório. O direito romano, ainda que reconhecendo o homem como pessoa, afastou-o de sua essência na consciência de si e frustrou sua individualidade.

Ora, vimos que quando Descartes encontra no pensamento a justificação da existência (penso, logo existo), põe-na como decorrente da essência e revela a presença do "eu" enquanto sujeito da ação de pensar. Mas, pensar-se em si sobre si para descobrir-se era dar-se ao vício do solipsismo. Era preciso que a *res cogitans* caminhasse a *res extensa*, possível à razão.

A Ilustração aparece, neste momento, como crítica do entendimento se opondo à religião enquanto culto da divindade pelas coisas sensíveis e consciência da alienação do espírito fora de si mesmo, incitando o surgimento de outra forma de exterioridade dos sentidos que é o romantismo[219].

---

[217] Cf. as citações deste parágrafo em SALGADO, Joaquim Carlos. *A idéia de justiça em Hegel*, p. 282, onde o autor aponta, para esta última, HYPPOLITE. *Gênese et struture*, p. 320.

[218] HEGEL, G. W. F. *Phänomelogie des Geistes,* p. 358.

[219] O Romantismo se deu como um movimento de oposição ao Classicismo e à Ilustração. O movimento romântico recusa a cosmovisão racionalista e a estética neoclás-

Para os românticos, a natureza se põe como um todo vivente, e não um sistema mecânico governado pelas leis da causalidade. É o primeiro estágio do Espírito e a matéria, uma realidade viva. Como expressão do absoluto, a natureza não pode ser esgotada pelo conhecimento, e como a história é processo divino, a razão põe-se abaixo da arte e o indivíduo é real na proporção que faz parte do todo social.

Assim, de um lado se põe o Romantismo e sua expressão da individualidade por intermédio das emoções, das paixões e da sensibilidade e de outro, a Ilustração que aspirava, antes, ao universal como totalidade mecanicista. E diz-se de um lado e outro porque totalidade e particular não se integram no vislumbre de um universal debilitado. De repente, tinha-se em voga o sentimento, em detrimento da fé e da razão clássica, e a história e a vida assumindo o lugar da lógica cartesiana de pensar os fatos sob critérios de coordenadas matemáticas apenas como fatos que resultam da ação.

Para Hegel, as coisas possuem o seu ser em relação com as outras coisas. Quando consideradas isoladamente, as coisas nada mais são do que idéias abstratas. Assim posto, qualquer compreensão do mundo tem de relevar a unidade contextual das coisas, o seu contexto histórico. Desse modo, apenas quando consideramos as coisas em seu relacionamento com todas as outras é que adquirimos idéias concretas e um verdadeiro conhecimento do mundo.

Entre as coordenadas racionalistas e românticas, apôs-se Rosseau que, tomando a concepção romântica de pureza do homem no estado de natureza, questionou a origem da desigualdade na sociedade, uma vez que em face dela teve a sua bondade desintegrada e precisa descobrir como restaurá-la[220]. E a sobrepesar, a punjança da liberdade que se opõe

---

sica a ela ligada. Para precisarmos as linhas do choque que assim se produziu, convém dizer sobre o conceito de Classicismo que o termo vem de *classis*, "frota" em latim, e refere-se aos *classicis*, aos ricos que pagavam impostos pela frota. Um escritor *classicus* era, pois, um homem que escrevia para esta categoria mais afortunada e mais elevada na sociedade. Tal foi o sentido inicial, como aparece em Áulio Gélio, fonte da primeira menção que se tem da palavra: ela significa, aí, um autor de obras para as camadas superiores. Depois, o vocábulo sofreu várias transformações, passando a designar um valor, estético, ético, mas principalmente didático.

[220] Rosseau, em sua obra o *Discurso sobre a origem da desigualdade entre os homens*, considerou a civilização e os seus costumes como a causa da corrupção do homem que é "naturalmente bom". (Cf. BOBBIO, Norberto. *O positivismo jurídico*: lições de filosofia do direito, p. 65.)

às leis e à razão na expectativa de conciliação. Rosseau constrói essa conciliação por meio da educação do homem como ser livre, de tal maneira que a sociedade se veja organizada de tal maneira que a lei limitadora da liberdade se ponha, antes, como garantidora dessa mesma liberdade, uma vez que por ela própria tenha sido criada.

O Romantismo influencia Hegel à medida que lhe impõe o conflito entre a religião do povo advinda da "sensibilidade espiritual" e a religião abstrata da realidade do povo, normativa e institucionalizada. Diante disso, busca o Espírito (*Geist*) no plano da filosofia, e não no da religião, no conceito, e não nas formas representativas do sentimento e da fé. Assim, nem do sentimento nem do entendimento decorre o Espírito como forma do conceito que, no direito, concilia a liberdade subjetiva e a lei: a liberdade objetivada na lei e a liberdade subjetiva, no sujeito de direito.

Tem-se, então, por meio da razão, a forma para se impor uma ordem racional à ordem social. Ora, no Romantismo, o sobrepeso é do sentimento que *por si* só é cego e entende a sociedade como um "organismo espiritual", enquanto a razão põe-se como o pensar o sentido da totalidade da natureza e da história. Neste ponto, o sujeito individual se põe como o centro de reflexão, a razão do sujeito individual, o *cogito* do indivíduo.

Assim posto, emerge da razão o intento de afastar a fé como narrativa do conhecimento e a vontade divina como fonte do poder político, para tomar o homem como fonte desse poder. Neste ponto, o Estado, à medida que representa o universal, não é como que uma unidade orgânica, mas concebido de modo que o cidadão seja tanto parte como sujeito autônomo.

O Estado ético de Hegel exsurge da Revolução Francesa, uma vez que esta declarava que todo homem é igual e livre. O estado de direito adveio do movimento da razão desse período a partir da consciência dos direitos fundamentais do homem, como iguais e livres; do reconhecimento universal desses direitos, a partir da vontade do povo; e como forma de realização desses direitos.

Ora, para Hegel, a vontade geral tem de ser entendida como "vontade racional, de vontade em si e para si", estando na vontade livre o conceito do próprio homem sobre si porque "liberdade é o próprio pensar" e o conhecimento de si, o *conhecimento da realidade interiorizada*[221].

De toda forma, Hegel demonstra a contradição no Estado entre a consciência nobre e a consciência vil, a primeira representando o verda-

---

[221] Para essa expressão, cf. SALGADO, Joaquim Carlos. *A idéia de justiça em Hegel*, p. 301.

deiro Estado, com a mesma unidade da família, em que os indivíduos o servem acima de seus interesses particulares; a segunda, representando o interesse imediato, que usa a própria comunidade política para a satisfação pessoal, impondo-lhe a decadência e fomentando o aparecimento de uma classe estéril e corrompida cuidando dos próprios interesses.

Quando da Revolução, o que se tinha era um Estado conformado apenas como uma quantidade de indivíduos cuidando de seus interesses particulares, sob a chancela de um déspota, "ungido por Deus", que distribuía a riqueza aos nobres em detrimento do bem do Estado. A Ilustração desbanca, então, este mundo da fé no mundo real da riqueza. Nesse momento, a liberdade, até então alienada, retorna ao homem, e um mundo diferente é preciso construir a partir da idéia do justo, sobre as escoras da igualdade e da liberdade.

Hegel entende a Revolução Francesa como "o momento histórico da realização da liberdade, objetiva e subjetiva, bem como do direito nela fundado, pois uma constituição foi elaborada segundo o conceito de direito; nela tudo encontrando seu fundamento"[222]. O Estado, a partir da teoria política de Hegel, se põe como "sistema convencional de realização da liberdade"[223].

Diluído o mundo da fé na decadência do homem de Estado que o representava (déspota), a liberdade e a igualdade alienadas retornaram ao homem, mas a idéia de fraternidade permaneceu além.

A vontade geral reconhecia as consciências de si individuais como universais, o Espírito se revelava como liberdade absoluta. Era preciso que a razão realizasse a liberdade do indivíduo, porque tanto fomentava a consciência de si como do outro que igual não está além.

6.3 A Fraternidade como Unidade da Consciência de Si com o Mundo

A fraternidade, para ser realizada, exige a supressão do transcendente abstrato que conforma a idéia de Ser Humano. É preciso que a razão realize a unidade da consciência com o mundo. A consciência de si como ser humano que se dá a partir da ação de ser para si por intermédio do

---

[222] SALGADO, Joaquim Carlos. *A idéia de justiça em Hegel*, p. 307.
[223] SALGADO, Joaquim Carlos. *A idéia de justiça em Hegel*, p. 307.

outro, igual e livre. À medida que o homem "feito imagem e semelhança" de um Ser Humano se realiza como unidade não alienada de si, realiza-se como sujeito racional, universal por isso mesmo, ainda que concebido por Deus que o fez mesmo racional.

Ora, se a razão é "princípio de ação"[224] para além de demandar o conhecimento da realidade objetiva, é premente que a fraternidade caminhe da alienação para que o homem se pensando como ser humano queira ser humano de modo que no plano da vontade se lhe faça existente como tal. E a vontade, se diga, é tanto livre quanto se faça independente dos impulsos sensíveis, ou seja, seja ação da pura razão prática. Assim, a ação de ser humano demanda uma vontade livre de ser. A vontade de ser a si é o fundamento da obrigação de ser humano, de modo a torná-la lei jurídica.

A Revolução, quando interpõe a idéia de fraternidade, o faz ao lado da igualdade e da liberdade e a partir da idéia de vontade livre, assentando sobre ela todos os direitos, cujo

> reconhecimento é reivindicado universalmente, simplesmente porque o homem é homem, independentemente das diferenças de raça, religião, posição, etc., suportes da edificação da ordem jurídica injusta (desigual) que a Revolução desfez[225].

Mas "direito de liberdade e de igualdade complementam-se como direitos básicos, com que se *realiza a humanidade dos indivíduos*"[226]. Assim, se "esses muitos são seres humanos" e sua determinação principal é a mesma, sendo a liberdade, tendo em vista que há uma conexão íntima entre liberdade e igualdade, maior conexão há entre elas e a humanidade deles.

Fora da fraternidade, a igualdade e a liberdade são produzidas por uma vontade geral que não se generaliza e seu entendimento permanece abstrato. A vontade é dos indivíduos, mas é vontade universal e absoluta se humana, dando fundamento ao direito, que exsurge das vontades individuais quando o Estado, por não ser humano não se constitui por si só "unidade substancial em si e para si".

---

[224] SALGADO, Joaquim Carlos. *A idéia de justiça em Hegel*, p. 309
[225] SALGADO, Joaquim Carlos. *A idéia de justiça em Hegel*, p. 310.
[226] SALGADO, Joaquim Carlos. *A idéia de justiça em Hegel*, p. 310, grifo nosso.

A organização racional da vida na história do homem por meio do direito para a realização da liberdade só se dará na fraternidade. As leis organizam a liberdade do povo por meio da ordem jurídico-constitucional. Mas o povo, cuja história realiza a liberdade é sujeito plúrimo de seres cuja igualdade se dá não apenas diante da lei, mas pelo fato de serem homens que para si devem ser humanos se em si a essência é manifesta. Há, então, um duplo sentido da fraternidade, qual seja, o direito de ser humano (fraternidade do sujeito da ação de ser) e o dever ser humano, que impõe a observância à lei, seja esta a lei da racionalidade que perscruta a realização da humanidade no seu "*maximum* ético", a fraternidade real, sejam os direitos humanos, com o Estado preservando e executando as leis, nunca alteradas pelo arbítrio de qualquer indivíduo, mas, antes, submetendo a todos sem distinção, porque iguais e livres.

A fraternidade abstrata não ultrapassa os limites da alienação. Mas mantê-la no além é o mesmo que não reconhecer o homem como ser humano. Ora, as consciências de si absolutas sequer são livres, porque excluem outras individualidades livres, e o terror é a vivência que se impõe. Mas para a liberdade é preciso o reconhecimento da consciência de si por intermédio do outro, à medida que ele se põe para si como livre porque o outro, igual, é livre também.

A liberdade subjetiva absoluta pertence ao homem, exclusivamente, à medida que ele se põe excluído da ordem jurídica. Para a ação de ser humano impõe-se o reconhecimento do outro como livre e igual na ordem objetiva. A liberdade absoluta não pertence ao ser humano, uma vez que este demanda a ação de ser humano a partir do reconhecimento do outro como igual à medida que por meio dele se põe para si. A vontade geral para a qual é transferida a vontade individual, livre e unilateral, ostenta a humanidade como essência universal de homens que são humanos e, nessa medida, querem realizar a humanidade. Não realizá-la é comprometer o Espírito, e não simplesmente cada consciência de si.

John Gray escreveu:

> Quase todas as filosofias, a maior parte das religiões e muito da ciência testemunham uma preocupação desesperada, infatigável, com a salvação da humanidade. Se nos afastarmos do solipsismo, ficaremos menos preocupados com o destino do animal humano. Saúde e sanidade não residem num introvertido amor pelas coisas humanas, mas em nos voltarmos para o que Robinson Jeffers, em seu poema 'Meditation on Saviors', chama 'a linha costeira oposta à humanidade'.

O *homo rapiens* é apenas uma entre as muitas e muitas espécies, e não obviamente merecedora de ser preservada. Mais tarde ou mais cedo, estará extinta. Quando tiver partido, a Terra se recuperará. Muito depois de terem desaparecido os últimos traços do animal humano, muitas das espécies que ele está empenhado em destruir ainda continuarão aqui, junto com outras que irão despontar. A Terra esquecerá a humanidade. O jogo da vida seguirá[227].

Hegel fala do Estado com a mesma unidade da família, com o indivíduo servindo-o acima de seus interesses particulares. Isso é o mesmo que dizer da imanência da fraternidade, natural na família unida, no Estado, que a consciência vil compromete à medida que utiliza a comunidade política para a satisfação de seus interesses particulares. Toda sociedade tem esses componentes voltados para si e, assim sendo, é preciso a unidade do Estado para que a fraternidade se realize: Estado como "comunidade constituída da totalidade de sujeitos livres, que afirmam sua independência na dependência do todo"[228].

6.4 A Fraternidade como Essência do Estado como Família

A essência do Estado como "família" é a fraternidade, na qual os indivíduos não se aglomeram para lutar pela riqueza, mas na ação de ser humano, a revelar a própria essência.

Gray é apocalíptico, mas é mesmo preciso que a comunidade de homens experimente a dilaceração no Espírito, para que, diante dessa eliminação abstrata, a extinção – que extermina o ser que não foi, o homem consciente de si de que isolado é apenas homem, estabeleça uma ordem, em que seja humano afirmando sua presença na ação de ser ao reconhecer o outro que é, a subjetividade própria dos sujeitos que são, numa forma racional e fraterna de convivência. Se a ordem ideal tem de ser uma ordem de liberdade e reconhecimento, é uma ordem fraterna.

Quando a razão se conforma como consciência de si que é um nós a partir da Ilustração[229], resta formatada o universal que é, pelo que,

---

[227] GRAY, John. *Cachorros de palha*: reflexões sobre humanos e outros animais, p. 166.

[228] Sobre os elementos do Estado hegeliano, cf. SALGADO, Joaquim Carlos. *A idéia de justiça em Hegel*, p. 317-320.

[229] Cf. SALGADO, Joaquim Carlos. *A idéia de justiça em Hegel*, p. 314.

expressando esse universal no conhecimento de si mesma em sendo nós, deve expressar a fraternidade. A história universal se constituiu no desenvolvimento do conceito de liberdade e com a Revolução Francesa se firmou a consciência da individualidade livre.

A razão privelegiada na Ilustração é a consciência de si, que é um nós, advinda da idéia de fraternidade que demanda o conhecimento do universal que somos. Em face da Revolução, a consciência que se sabe tanto um nós como um eu, passa a requerer a realização da liberdade de todos, dado o reconhecimento concreto diante do Estado contemporâneo, e a ordem passa a ser uma organização constitucional dos direitos do homem.

Direitos do homem, tanto a liberdade individual se impõe para a convivência social embasando a nova ordem (liberdade objetiva). Mas a consciência de si que é um nós demanda a realização do princípio da fraternidade, com a qual a ordem deve compor-se. A fraternidade envolve tanto o indivíduo no reconhecimento de si como ser humano, como ao outro, na demanda daquela ação de ser. Daí seu aspecto ético e político.

Salgado demonstra que o mundo ético grego estruturava-se na dialética do social e do individual, pela ação recíproca, intentando a formação tanto do indivíduo quanto da sociedade:

> Indivíduo como membro da pólis, da pólis como conjunto harmonioso que possibilita a formação do indivíduo. Paidéia é, assim, o elemento em que indivíduo e sociedade se articulam na unidade do produzido pela participação do indivíduo na pólis e interiorizado pelo processo de formação e educação para a pólis.

E conclui:

> Esse duplo relacionamento da pólis e do indivíduo faz com que o éthos, uma vez recebida a ação do indivíduo, assuma a forma do *nomos*, momento de plena configuração objetiva e racional do éthos.[230]

Paidéia[231] entre os gregos, *humanitas* entre os latinos, significando a educação do homem como tal, a distingui-lo de todos os outros animais, de modo a torná-lo aquilo que é e deve ser, a cultura como busca e a

---

[230] SALGADO, Joaquim Carlos. *A idéia de justiça em Hegel*, p. 318.
[231] Salgado aponta a paidéia grega como exemplo de consciência cultural. Explica que o "ideal de formação alcançava o homem integralmente: o bios e o logos. Aquele,

realização que o homem faz de si, isto é, da verdadeira natureza humana. E tal realização se daria mediante o conhecimento de si mesmo e de seu mundo e na vida em comunidade, na pólis. Mas

> a natureza humana de que se fala não é um dado, um fato, uma realidade empírica ou matemática já existente, independentemente do esforço de realização que é a cultura. Só existe como fim ou termo do processo de formação cultural; é, em outros termos, uma realidade superior às coisas ou aos fatos, é uma idéia no sentido platônico, um ideal, uma forma que os homens devem procurar realizar e encarnar em si mesmos[232].

---

pelo preparo a que o corpo era submetido; o logos, por plena espiritualidade, quer no sentido do ethos, a formação ética, quer a formação poiética de fazer, inclusive o estético, quer no sentido da epistème, a formação teorética para a ciência, unindo corpo, vontade e intelecto". (*A idéia de justiça no mundo contemporâneo*, p. 21.)

[232] ABBAGNANO, Nicola. *Dicionário de filosofia*, p. 225. Aponte-se aqui o *Primeiro Congresso Mundial de Transdisciplinaridade* (Convento da Arrábida, Portugal), acontecido entre 2 e 6 de novembro de 1994, organizado pela Unesco, pelo Centro Internacional de Pesquisa e Estudos Transdisciplinares (CIRET), Paris, e pela Universidade de Lisboa, que envolveu os participantes num diálogo entre o que está entre, através e além das disciplinas e sobre os três pilares da metodologia transdisciplinar: Complexidade – Níveis de Realidade – Lógica do Terceiro Incluído e que como resultado apresentou elaborada a seguinte "Carta da Transdisciplinaridade" assinada pelos presentes, neste teor: "**Preâmbulo:** Considerando que a proliferação atual das disciplinas acadêmicas e não-acadêmicas conduz a um crescimento exponencial do saber, o que torna impossível uma visão global pelo ser humano; considerando que só uma inteligência que dê conta da dimensão planetária dos conflitos atuais poderá fazer face à complexidade do nosso mundo e ao desafio contemporâneo de autodestruição material e espiritual da nossa espécie; considerando que a vida está fortemente ameaçada por uma tecnociência triunfante, que só obedece à lógica assustadora da eficácia pela eficácia; considerando que a rotura contemporânea entre um saber cada vez mais cumulativo e um ser interior cada vez mais empobrecido conduz à escalada dum novo obscurantismo, cujas conseqüências no plano individual e social são incalculáveis, considerando que o crescimento dos saberes, sem precedente na história, acentua a desigualdade entre os que os possuem e os que deles estão privados, gerando assim desigualdades crescentes no interior dos povos e entre as nações do nosso planeta; *considerando simultaneamente que todos os desafios enunciados têm a sua contrapartida de esperança e que o crescimento extraordinário do saber pode conduzir, a longo prazo, a uma mutação comparável à passagem dos homídeos à espécie humana* (grifo nosso); considerando o que precede, os participantes do Primeiro Congresso Mundial de Transdisciplinaridade (Convento da Arrábida, Portugal, 2-6 de Novembro de 1994) adotam a presente Carta compreendida como

um conjunto de princípios fundamentais da comunidade dos espíritos transdisciplinares, constituindo um contrato moral que todo o signatário desta Carta faz consigo próprio, livre de qualquer constrangimento jurídico e institucional. **Artigo 1º:** Qualquer tentativa de reduzir o ser humano a uma definição e de o dispersar em estruturas formais, sejam elas quais forem, é incompatível com a visão transdisciplinar. **Artigo 2º:** O reconhecimento da existência de diferentes níveis de realidade, regidos por diferentes lógicas, é inerente à atitude transdisciplinar. Qualquer tentativa de reduzir a realidade a um único nível regido por uma única lógica não se situa no campo da Transdisciplinaridade. **Artigo 3º:** A Transdisciplinaridade é complementar da aproximação disciplinar; ela faz emergir da confrontação das disciplinas novos dados que as articulam entre si e que nos dão uma nova visão da natureza e da realidade. A Transdisciplinaridade não procura a dominação de várias disciplinas, mas a abertura de todas as disciplinas ao que as atravessa e as ultrapassa. **Artigo 4º:** O elemento essencial da Transdisciplinaridade reside na unificação semântica e operativa das acepções através e para além das disciplinas. Ela pressupõe uma racionalidade aberta, por um novo olhar sobre a relatividade das noções de «definição» e de «objetividade». O formalismo excessivo, a rigidez das definições e a absolutização da objetividade comportando a exclusão do sujeito conduzem à deterioração. **Artigo 5º:** A visão transdisciplinar é deliberadamente aberta na medida em que ela ultrapassa o domínio das ciências exatas pelo seu diálogo e a sua reconciliação não somente com as ciências humanas, mas também com a arte, a literatura, a poesia e a experiência interior. **Artigo 6º:** Em relação à interdisciplinaridade e à multidisciplinaridade, a transdisciplinaridade é multirreferencial e multidimensional. Tendo em conta a concepção do tempo e da história, a transdisciplinaridade não exclui a existência dum horizonte transhistórico. **Artigo 7º:** A Transdisciplinaridade não constitui nem uma nova religião, nem uma nova filosofia, nem uma nova metafísica, nem uma ciência das ciências. **Artigo 8º:** A dignidade do ser humano é também de ordem cósmica e planetária. O aparecimento do ser humano na Terra é uma das etapas da história do Universo. O reconhecimento da Terra como pátria é um dos imperativos da Transdisciplinaridade. Qualquer ser humano tem direito a uma nacionalidade, mas, sob o título de habitante da Terra, ele é simultaneamente um ser transnacional. O reconhecimento pelo direito internacional desta dupla pertença – a uma nação e á Terra – constitui um dos aspectos da investigação transdisciplinar. **Artigo 9º:** A transdisciplinaridade conduz a uma atitude aberta em relação aos mitos e às religiões, por aqueles que os respeitam num espírito transdisciplinar. **Artigo 10:** Não há um local cultural privilegiado donde seja possível julgar as outras culturas. A atitude transdisciplinar é ela própria transcultural. **Artigo 11:** Uma educação autêntica não pode privilegiar a abstração no conhecimento. Ela deve ensinar a contextualizar, concretizar e globalizar. A educação transdisciplinar revaloriza o papel da intuição, do imaginário, da sensibilidade e do corpo na transmissão dos conhecimentos. **Artigo 12:** A elaboração duma economia transdisciplinar fundamenta-se no postulado de que a economia deve estar ao serviço do ser humano e não o inverso. **Artigo 13:** A ética transdisciplinar recusa toda a atitude que rejeita o diálogo e a discussão, de qualquer origem – de ordem ideológica, científica, religiosa, econômica,

Tomada a cultura – ou melhor, a Paidéia – como elemento de articulação entre indivíduo e sociedade, de modo que a pólis e o indivíduo mantenham um duplo relacionamento, temos que é aí que o *éthos*, recebendo a ação, assuma a forma do *nomos*, conformando-se objetiva e racionalmente. Ora, essa ação do homem sobre o *éthos* de modo a adequá-lo objetiva e racionalmente não é uma ação qualquer, mas a ação de ser humano, motivo pelo qual a lei deve expressar a forma objetiva da humanidade, primeiro virtude da *phrónesis* ou *prudentia* segundo um princípio de *logos*, como na lei grega e romana, mas, sobretudo, como forma consciente de regulação para a realização do justo.

De repente, o homem se vê desde a idéia cartesiana do *cogito* perpassando pela Revolução Francesa diante de si e de sua própria subjetividade como pessoa de direito, sujeito moral e cidadão do Estado e da ordem objetiva, mas com uma questão pungente que diz respeito à própria realização da justiça pela lei, esta como a forma da *recta ratio* e o conteúdo do *éthos* (*mores*).

O Estado, em Hegel, é a totalidade ética, quando se postam tanto a singularidade do sujeito como a política como referência natural da ética. A história para Hegel aponta para um progresso ético da humanidade, de seu aprimoramento ético, quando a razão aparece não como uma regra de como deve ser o direito, mas "elemento do próprio ser do direito"[233], que diz como ele é e tem de ser, "elemento em que se processa, se desenvolve e se mostra a liberdade". E aqui a razão não do homem em si, diga-se, mas do ser que para si é humano em relação ao outro pela ação de ser. Elemento do ser que é e sendo humano deve ser humano.

---

política, filosófica. O saber partilhado deve conduzir a uma compreensão partilhada, fundada sobre o respeito absoluto das alteridades unidas por uma vida comum numa única e mesma Terra. **Artigo 14:** Rigor, abertura e tolerância são as características fundamentais da atitude e da visão transdisciplinares. O rigor na argumentação que entra em conta com todos os dados é o guardião relativamente aos possíveis desvios. A abertura comporta a aceitação do desconhecido, do inesperado e do imprevisível. A tolerância é o reconhecimento do direito às idéias, comportamentos e verdades contrárias às nossas. **Artigo final:** A presente Carta da Transdisciplinaridade é adotada pelos participantes do Primeiro Congresso Mundial de transdisciplinaridade, sem apelo a qualquer outra autoridade que não seja a da sua própria atividade. Segundo os procedimentos que serão definidos de acordo com os espíritos transdisciplinares de todos os países, a Carta está aberta à assinatura de qualquer ser humano interessado pelas medidas progressivas de ordem nacional, internacional e transnacional pela aplicação destes artigos na vida".

[233] SALGADO, Joaquim Carlos. *A idéia de justiça em Hegel*, p. 325.

Assim, o direito é a forma pela qual a fraternidade deve se acentuar quanto mais se manifesta a racionalidade na ordem social. "O direito positivo é a forma de manifestar-se a essência do direito, a razão (liberdade)"[234], elemento do próprio ser do direito cuja essência é humana, pelo que o direito positivo tanto será mais evoluído quanto mais torne possível manifestar-se a fraternidade na sociedade. "O direito deve ser criado a partir da razão"[235] quando o conceito de direito submete todos os privilégios.

Quando Hegel nos põe que o real é racional, mas nem tudo o que existe é real, temos que é por meio da razão que o ser humano se revelará do homem que existe na sua irrealidade de ser, que não é quando lhe falta a ação que o conclua. Assim, se para Hegel o direito decorre de um desenvolvimento racional da sociedade, por óbvio se realizando da razão e esta é elemento do ser que é e sendo tem de ser humano, e essa ação necessariamente se dá a partir de mudanças políticas e sociais, o direito é a forma pela qual a fraternidade manifesta a racionalidade na ordem social. A vontade, como razão prática que age, é do sujeito, da ação de ser humano, cuja ação, humana, resvala-o (fraterno), consciente de si (livre) para si por intermédio do outro (igual). Neste momento, parece despiciendo verificar que

> o que o conceito ensina, mostra a história com a mesma necessidade: somente na maturidade da realidade o ideal aparece diante do real e reconstrói o mesmo mundo, concebido na sua substância como um reino intelectual [*intellektuelles Reiches*]. Quando a filosofia pinta seu cinzento no cinzento, já amadureceu uma forma de vida que, com cinzento no cinzento, não pode rejuvenescer-se, mas tão--só se deixar conhecer. Somente ao cair do crepúsculo da noite, alça seu vôo a coruja de Minerva[236].

---

[234] SALGADO, Joaquim Carlos. *A idéia de justiça em Hegel*, p. 326.

[235] SALGADO (*A idéia de justiça em Hegel*, p. 326) cita Hegel (*Vorlesungen über die Rechtsphilosophie*, v. VI, p. 924) e manda conferir Schöneburg [Rechtsnormen: historischdialektisch begründet? *In:* HENRICH, Dieter (Hrsg). *Kant oder Hegel?* Stuttgart: Klett-Cotta, 1983.]

[236] HEGEL, G. W. F. *Grundlinien der Philosophie des Rechts*, p. 28. Entre os dias 20 e 22 de abril de 2001, os presidentes e primeiros-ministros do hemisfério americano se reuniram em Quebec, Canadá, para a *Terceira Cúpula das Américas*. O encontro se organizou sobre três âmbitos temáticos: "Fortalecimento da democracia", "Criação de prosperidade" e "*Realização do potencial humano*". No que pertinente à "realização do

potencial humano" tomaram-na diante de um problema do capitalismo atual: o risco de instabilidade social devido à extrema pobreza e desigualdade, assim formulado: "Estamos sentados em barris de pólvora, cuja pecha é a desigualdade social [...] As necessidades básicas não atendidas não só atentam contra a idéia de fortalecer o potencial humano, mas são uma ameaça real para todos". Os presidentes do Banco Mundial e do FMI, James Wolfensohn e Horst Köhler inferiram que: *We live in one world, and poverty is a threat to global security and welfare.* Ora, essa ameaça obriga a se sonhar um mundo capitalista sem pobreza. (Slogan do Banco Mundial: "Nosso sonho, um mundo sem pobreza"). Ao exporem a expressão **realização do potencial humano** propuseram uma ação, tomando que o humano aqui assambarca tanto "capital", "recursos", "desenvolvimento", etc. Previu-se uma "taxa de retorno" de investimentos em "capital" e "recursos" humanos, para determinar ("exclusivamente por considerações econômicas", como reza o Estatuto do Banco Mundial) a conveniência de investir no "humano" ou no "material" segundo sua respectiva rentabilidade. Nestes parâmetros o "humano" pôs-se subordinado ao econômico. A contraposição entre "desenvolvimento humano", tomado com processo de ampliação das opções dos povos e "pobreza humana", como denegação das opções e oportunidades mais fundamentais, com a "privação absoluta da capacidade mínima" para se "funcionar como ser humano", pôs-se pela integração do "econômico" com outros aspectos (sociais, políticos, etc.) na demarcação mais *ampla* do "humano". A subordinação do "econômico" ao "humano" se fez à guarida de identificar o humano com a "liberdade de opção", presumivelmente mensurável através dos "indicadores" do "índice de pobreza humana" que permite comparar o "desenvolvimento humano" de países e regiões. Ora, "potencial" indica que algo está em *potência*, não em ato, realidade do vir-a-ser, da passagem da potência ao ato. A doutrina da potência e do ato, fundamental na metafísica aristotélica, explica que potência significa possibilidade, capacidade de ser, não-ser atual; e ato significa realidade, perfeição, ser efetivo. Todo ser, que não seja o Ser perfeitíssimo, é portanto uma síntese, um *sínolo* de potência e de ato, em diversas proporções, conforme o grau de perfeição, de realidade dos vários seres. Um ser desenvolve-se, aperfeiçoa-se, passando da potência ao ato; esta passagem da potência ao ato é atualização de uma possibilidade, de uma potencialidade anterior. Assim posto, podemos dizer que o homem é a potência e o ser humano, o ato, seja mesmo o ato de ser humano que o conclui sínolo. Este vir-a-ser, passagem da potência ao ato, perfaz o ser humano como potência realizada.

De outro modo, o potencial humano, como não seria diferente, é entendido pelas entidades financeiras multinacionais. Por um lado, entendido "potencial" como esforço de precisão da variável econômica "recursos humanos" de um país ou região; por outro lado, entendendo "potencial" como intento de dar *conteúdo a*o "humano", aludindo-se a capacidades e forças interiores das pessoas. Desde a *World Bank Annual Review of Evaluation Results*, correspondente a 1989, que induz para todo o mundo, a partir dos casos "economicamente exitantes" do Paquistão, Senegal, Sri Lanka e Tanzânia, que investimento no potencial humano [...] é o investimento mais importante para o aperfeiçoamento e sustentabilidade do desenvolvimento nacional a longo prazo, até a declaração de Wolfenshon e Köhler, que dizem que o propósito de suas instituições é "ajudar a todos os países membros a desenvolver seu potencial humano e seus recursos produtivos, para assim construir os fundamentos para um crescimento econômico sustentável", se desenvolve um significado de "potencial humano" que designa um tipo preciso de investimentos (principalmente em educação básica) para o desenvolvimento econômico nacional, ao que se atribui "taxa de retorno" elevada. O "potencial humano" tem exclusivamente valor econômico. E é um recurso dos países ou regiões, não uma *potência* dos homens. Como capacidade(s) e forças(s) interior(es) das pessoas põe-se em função da finalidade da plena realização humana das pessoas e não mediatizada por objetivos econômicos de países ou regiões. Aqui duas vertentes são verificadas segundo se considere: a) um "potencial humano" único ou homogêneo, ou b) "potencialidades humanas" variadas ou heterogêneas. Abraham Maslow (1908-1970) desenvolveu uma "teoria sobre o desenvolvimento do potencial humano", baseada no fato de que o ser humano "possui os recursos internos para crescer e progredir". "Realizar" esse potencial é remover obstáculos que o travam, mas, também, fazê-lo crescer e "fortalecer as capacidades *positivas* da personalidade". O *potencial* não é *fixo* senão ampliável; e não é *homogêneo*, pois inclui capacidades diversas, e até contrapostas. O uso habitual do conceito inclui, ambiguamente, ambas significações. Por exemplo, a reunião do Hemisfério em Windsor, Canadá, preparatória da Cúpula de Presidentes em 2001, ao referir-se ao "potencial humano" fala de "promover a criação de condições nas quais todos os cidadãos do Hemisfério podem realizar plenamente seu potencial". Mas, ao dizer que "em uma economia mundial baseada no conhecimento é essencial que as pessoas possuam as atitudes necessárias para competir", entende essa realização *unilateralmente* e volta a subordiná-la ao econômico. Segue ligada a esse sentido ainda quando procura romper a dependência financeira com o Banco Mundial ao buscar "a maneira de gerar os recursos que requer o investimento em educação". A troca, quando se disse que "a igualdade de acesso à ciencia é [...] uma necessidade para desenvolver o pleno potencial intelectual das comunidades em todo o mundo" se visualiza o "acesso à ciência" como *um* dos modos (não o único) de desenvolver o *potencial intelectual* (não único potencial humano), que se entende como algo valioso para as comunidades e algo relativo às pessoas (pois se trata de um "requerimento ético"). E quando se diz que "o grande desafio do próximo século é o desenvolvimento de uma educação de qualidade para todos, que promova as melhores potencialidades humanas", se está plantando a questão de um modo qualitativamente diversificado e assumindo seu conflito imanente, ao falar no plural de "potencialidades humanas" e ao referir-se a algumas delas como "*melhores*". Como bem aponta Mauricio Langon, o fato é que a "realização do potencial humano" aparece como um incentivo para a ação, de modo a possibilitar a plena realização da humanidade de cada pessoa. Se intenta a subordinação da potência da ciência e da técnica, da economia e da política a fins de *humanização* sem exclusões. De toda forma, como aponta, os conteúdos desta "cesta" social e ética não são *autônomos*. Seguem estando subordinados a valorações financeiras e a decisões políticas por sua vez determinadas pelo econômico. As ambigüidades implícitas na "realização do potencial

6.5 "O Racional e Real e o Real é Racional" – O Vir-a-Ser Humano do Homem Que é

Ora, tendo proposto Hegel uma filosofia da inteligibilidade total, da imanência absoluta, a razão não é apenas, como em Kant, o entendimento humano, o conjunto dos princípios e das regras segundo as quais pensamos o mundo, sendo antes a realidade profunda das coisas, a essência do próprio Ser. Ela se põe não só um modo de pensar as coisas, mas o próprio modo de ser das coisas. Por isso, *"o racional é real e o real é racional"*. Assim posto, o mundo que manifesta a Idéia não é uma natureza semelhante a si mesma em todos os tempos, pelo que se tem que as estruturas sociais, assim como os pensamentos dos homens, podem ser modificadas, subvertidas no decurso da história. *"A história universal nada mais é do que a manifestação da razão"*[237].

A história se põe para ele como um progresso. O vir-a-ser humano do homem que é não é senão a história do Espírito universal que se desenvolve e se realiza por etapas sucessivas para atingir, no final, a plena posse, a plena consciência de si mesmo como tal. *"O absoluto, só no final será o que ele é na realidade"*. Ao identificar Deus com a história, temo-Lo não como o que é, mas o que se realizará na história,

---

humano", ínsito no campo conceitual bancomundialista, o fazem um poderoso instrumento ideológico, apto a produzir textos como o seguinte: *The (World) Bank's history, its mission, and, most of all, its people have created an institution that, at the end of every day, makes a real difference. Women are giving birth to healthy babies, children can go to school, parents have economic opportunity, and communities are rebuilding from war to peace. This short booklet, undertaken in commemoration of the Universal Declaration, illustrates the Bank's contribution to a broad spectrum of human rights. Whether they are called economic and social, or civil and political, Bank programs help unlock human potential – the most fundamental human right of all.* (The World Bank Group. Development and human rights). (Cf. LANGON, Mauricio. *Realización del potencial humano*. Disponível em: http://www.mondialisations.org.)

[237] Salgado explica que "se a razão é o elemento diretor da história a informar o éthos através do tempo, o direito produzido nessa história é o revelar-se dessa razão, portanto da liberdade. O direito positivo é, nesse sentido, o modo pelo qual o justo aparece, o modo pelo qual a essência do direito se mostra mais perfeita num determinado momento histórico, modo de aparecer do direito, que é a razão na história. O direito, entretanto, sendo a forma de expressão da liberdade numa determinada época, não é uma norma isolada, que pode ser até injusta ou irracional. É o conjunto de normas jurídicas ordenadas a formar a estrutura do Estado, na forma mais expressiva da razão: o sistema, cujos passos são a lei, o código e a constituição". (*A idéia de justiça em Hegel*, p. 325.)

quando a história, para Hegel, descreve uma odisséia do Espírito Universal, uma teodisséia por assim dizer. A história do planeta começa sobre pedras, a que se somam vegetais e, seguidamente, animais. Deles, seres cada vez mais complexos, cada vez mais organizados, cada vez mais autônomos se desenvolvem. O Espírito "alienado" vem surgindo como ordem, como liberdade e consciência, para se concluir através da história dos homens. O progresso do Espírito se vem verificando a cada civilização. O Espírito humano, de início uma consciência confusa, um espírito puramente subjetivo, sensação imediata, encarna-se, objetivamente, sob a forma de civilizações, de instituições organizadas. O Espírito objetivo de que fala Hegel realiza "o mundo da cultura". Ademais, o Espírito se descobre na consciência artística e na consciência religiosa para, finalmente, apreender-se na Filosofia como Saber Absoluto, haja vista a filosofia ser o saber de todos os saberes: a sabedoria suprema que, no final, totaliza todas as obras da cultura. Quando Hegel espera a realização de Deus na história, o que temos é a realização do Ser Humano em sua totalidade. A razão como "elemento do próprio ser do direito" diz como ele é e tem de ser, processando, desenvolvendo e revelando a liberdade. A razão não do homem em si, mas do ser que para si é humano em relação ao outro pela ação de ser. Elemento do ser que é e sendo humano deve ser humano, pelo que é por meio da razão que o ser humano se revelará do homem. O sujeito da ação de ser humano, fraterno, consciente de si (livre) para si por intermédio do outro (igual) tem Deus, até então, alienado, identificado à imagem e semelhança de si, por meio da razão, no outro com o qual consigo cada um se identificará, de modo que a igualdade revelada tomará a impropriedade das guerras santas.

Hegel identifica a Razão com o Devir histórico, concebendo-a por meio de um processo racional original – dialético – onde a contradição impulsiona o pensamento, quando a história não é senão o pensamento que se realiza. Repudiando o princípio da contradição de Aristóteles e de Leibnitz, pelo qual uma coisa não pode ser e, ao mesmo tempo, não ser, Hegel põe a contradição no próprio núcleo do pensamento e das coisas, simultaneamente, pelo que pensa por meio de contradições superadas, da *tese* à *antítese* e, daí, à *síntese*. Uma proposição (tese) não pode ser posta sem que a ela se oponha outra (antítese) a negá-la, para ao fim transformá-la em outra que não ela mesma ("alienada"). A primeira proposição, então, restará finalmente transformada e enriquecida numa nova fórmula, que as medeia (síntese).

Deus e homem se põem como tese e antítese, encontrando no ser humano a mediação, síntese. Essa idéia espera revelar a fraternidade no mundo objetivo, de modo a fazê-la constituir o valor central da idéia de justiça, na qual estão presentes, necessariamente, os princípios da liberdade e da igualdade. Perpassando pelo espírito objetivo, encontrar-se-á, marcada na moralidade, a fraternidade como solidariedade[238]; depois, relevada a eticidade, a fraternidade como reciprocidade[239], para se por, seguidamente, a fraternidade como a racionalidade na ordem social, a humanidade. O Estado de Hegel, como totalidade ética a partir da singularidade do sujeito, no ser humano se conforma, quando a política se torna referência natural da ética, seja a tradição aristotélica, de modo que o Espírito consiga a afirmação de si em face da consciência de si, a partir do outro que se lhe põe para si, racionalmente, livre e igual, de modo que o sujeito, em qualquer conjugação que se pretenda (eu, tu, ele, nós, vós, eles), no exercício da ação de ser humano realize a humanidade.

Ora, o direito é tanto posto por Kant como por Hegel como o modo de realizar-se a liberdade, e esta tanto mais se realiza quanto a humanidade progride, portanto, quanto mais o homem realiza a própria humanidade, mais se torna livre se pondo para si por meio da ação de ser humano em relação ao outro igual, igualdade só aferida em liberdade, realizada pelo direito na confecção da humanidade e assim elipticamente, seja a imanência do aprimoramento ético em face do elemento histórico e temporal.

---

[238] Sob diversos títulos – economia solidária, economia social, socioeconomia solidária, humanoeconomia, economia popular, economia de proximidade, etc. – têm emergido práticas de relações econômicas e sociais que, de imediato, propiciam a sobrevivência e a melhora da qualidade de vida de milhões de pessoas em diferentes partes do mundo. Mas seu horizonte vai mais além. São práticas fundadas em relações de colaboração solidária, inspiradas por valores culturais que colocam o ser humano como sujeito e finalidade da atividade econômica, em vez da acumulação privada de riqueza em geral e de capital em particular. As experiências, que se alimentam de fontes tão diversas como as práticas de reciprocidade dos povos indígenas de diversos continentes e os princípios do cooperativismo gerado em Rochdale, Inglaterra, em meados do século XIX, aperfeiçoados e recriados nos diferentes contextos socioculturais, ganharam múltiplas formas e maneiras de expressar-se. Apesar dessa diversidade de origem e de dinâmica cultural, a valorização social do trabalho humano, a satisfação plena das necessidades de todos como eixo da criatividade tecnológica e da atividade econômica, o reconhecimento do lugar fundamental da mulher e do feminino numa economia fundada na solidariedade, a busca de uma relação de intercâmbio respeitoso com a natureza e os valores da cooperação e da solidariedade parecem ser pontos de convergência.

[239] A reciprocidade se põe como princípio regulador que assegura a coesão dos homens na sociedade, aludindo necessariamente a uma troca, que antes é baseada mais numa proporção do que numa literal igualdade.

A fraternidade assim posta é movimento, pelo que exige a dialética para ser pensada.

O entendimento de que o real é racional, "mas nem tudo o que existe é real" releva o direito positivo como a racionalidade do real e o sistema de normas como a forma de realização da razão. Mas o direito existente não é o direito no seu conceito, decorrendo este do desenvolvimento "racional da sociedade", ou seja, da "realização da razão" através da história da sociedade[240].

Tomemos agora que o "Espírito é a verdade da natureza, pois nele se realiza a absoluta negatividade da Idéia, na qual o conceito é tanto o sujeito quanto o objeto"[241] e cuja "essência é a liberdade" quando "o homem na história é desde o início ser livre em si, nela se revelando para si ao avançar 'em direção ao seu fim, que consiste em fazer-se o espírito a si mesmo e tornar-se para ele mesmo o que já é em si mesmo'"[242].

O ser humano é a verdade da natureza que se põe quando o homem diz assim de si, em si sendo livre tanto quanto igual para si, mas cuja liberdade e igualdade tanto se revelam quanto se aproxima do que seja, já em si mesmo, ser humano. A fraternidade alcança em cada um sua existência por meio da educação[243], bem como da cultura de toda sociedade, quando o Espírito universal alcança sua efetiva plenitude na conclusão da humanidade, por meio da razão, quando "o nós que, 'pela sua atividade, se liberta para ser a objetividade'".[244]

Em primeira monta, temos que a Idéia que se realiza como vontade racional é a liberdade – a consistência do direito, essência do saber do homem. Ora, a liberdade decorre da vontade racional e se o homem sabe que sua essência é humana para além de ser livre e "o saber da idéia é o saber desse saber do homem"[245] se distende para encontrar na fraternidade o saber da idéia como o saber do homem que se sabe, quando da

---

[240] Para tanto, SALGADO, Joaquim Carlos. *A idéia de justiça em Hegel*, p. 327.
[241] SALGADO, Joaquim Carlos. *A idéia de justiça em Hegel*, p. 330.
[242] SALGADO, Joaquim Carlos. *A idéia de justiça em Hegel*, p. 330.
[243] Relevemos de Salgado que a "invenção da educação está, pois, ligada à inconformidade do homem ser como é, e à necessidade de ser como entende que deve ser; através de um projeto de formação, vale dizer, à estrutura eleutérica do seu ser; cuja epifania se dá no drama da história, e se efetiva no sujeito universal de direitos pela experiência da consciência jurídica." (*A idéia de justiça no mundo contemporâneo*, p. 21.)
[244] SALGADO, Joaquim Carlos. *A idéia de justiça em Hegel*, p. 331.
[245] SALGADO, Joaquim Carlos. *A idéia de justiça em Hegel*, p. 331.

formação histórica decorre não apenas o homem livre que sabe ser universalmente livre, mas que sabe universalmente que é ser humano, seja a conformação da humanidade.

Se a idéia advinda do cristianismo que, segundo Hegel, revelou o indivíduo livre seja a sua imagem e semelhança com a absoluta liberdade que é Deus e foi necessário que a filosofia tomasse a representação religiosa para elevá-la ao plano do conceito de modo que o direito se tornasse a medida do finito para que a liberdade fosse concluída objetivamente, é, também, no Estado que o divino vai se revelar no mundo como expressão da fraternidade.

Ora, o direito, para Hegel, é produto da razão, mas não diz respeito à razão prática, empírica, na projeção do dever ser para a adequação da realidade. O que se quer é o real que é racional e, portanto, ordenado e universal, pelo que tudo que se oponha à ordem e ao universal seja irracional, mais porque se opõe à liberdade. O irracional obstaculiza o desenvolvimento da razão e da liberdade na história, ainda que a irracionalidade aqui mereça ser depurada porquanto se fosse irracionalidade pura não poderia ser pensada, e sendo é, antes do mais, racional astuto.

O Estado é o momento em que a liberdade subjetiva e a liberdade objetiva sejam os direitos da pessoa seja a vontade universal livre, respectivamente, são considerados como um todo, na sua efetividade. O reconhecimento do outro se conforma, então, perante o Estado quando a lei objetiva reconhece a liberdade subjetiva, no momento em que se confrontam iguais titulares de direitos. Liberdade e igualdade realizam-se por meio do direito, quando, em face do reconhecimento do outro diante de um, se afinam a vontade particular e a vontade universal. Assim posto, direito e dever são dois momentos da realização do direito como um todo, a que compõe direito-dever, tomada a dialética hegeliana que conforma o direito subjetivo não como direito isolado, mas como dever do próprio titular de direito, convivendo o direito com sua negação, o seu dever[246].

---

[246] Como bem analisa Mariah Brochado, a dicotomia mantida pela Doutrina clássica entre direito natural e direito positivo não encontra mais guarida na moderna compreensão do direito, após a experiência ocidental da declaração dos direitos humanos, em essência, direitos naturais positivados. Como previne Tércio Sampaio Ferraz Júnior, tal dicotomia encontra-se 'enfraquecida' operacionalmente, ou seja, no plano decisional, não porque a proposta positivista tenha suplantado o valor intrínseco do direito, mas porque nos quadros da ordem jurídica contemporânea não há razão para se pensar nos velhos

Salgado elucida a questão:

Afirmar, pois, um direito subjetivo é negá-lo no sentido de que só é direito de alguém na medida em que é dever correspondente ao direito do outro. Esta é a diferença, que se faz presente (*Dasein*), da liberdade e do livre-arbítrio. Enquanto o arbítrio é a faculdade de um sujeito isolado, podendo conflitar com o arbítrio do outro e com a própria universalidade objetiva da liberdade – a lei –, a liberdade universal e concreta é essa relação infinita consigo mesma, ou essa infinita negatividade pela qual a liberdade imediata de um indivíduo é negada pela liberdade do outro de modo a superar-se essa contradição na liberdade concreta de todos, na unidade do direito e do dever[247].

Ocorre que a fraternidade insufla o reconhecimento do outro.

Por meio do pensamento, o homem se conhece como indivíduo, particular e em si se sabe o ente que é. De toda forma, para realizar o universal para si enquanto singularidade que se revela e apor-se como ser humano, tanto idêntico como diferente, exige dele que mais que se pense para a consciência de si, se pense em relação ao outro para a consciência daquele estranho a si, mas que é ele mesmo, bem como é sua própria individualidade consciente. Quando se diz que é para si que o indivíduo em si se eleva à condição de sujeito, temos, necessariamente, que há o reconhecimento do outro por meio da ação que se impõe ao sujeito, o outro, que se põe como sujeito também, da ação de reconhecimento, quando há a superação da individualidade isolada em si.

---

direitos naturais, que encontraram seu lugar na Declaração Universal do Homem e do Cidadão, posteriormente absorvidos pelas constituições dos Estados de Direito.
[...].
O enfraquecimento da dicotomia ocorreu exatamente porque a cultura ocidental alcançou, enfim, a cumeada da experiência histórica de um Direito, a princípio de deveres, e tornado de direitos (subjetivos), após o período simbólico da Revolução e a respectiva Declaração Universal de Direitos. Tal feito, no entanto, encontra hoje entraves na sua efetivação. Uma das razões apontadas por Habermas é a ausência de uma consciência sobre a juridicidade desses valores positivados, que ainda são tomados no plano moral. Resta-nos promover a real juridicização desses valores, isto é, que eles sejam assumidos como verdadeiros direitos, enquanto tais, dotados de características que só pertencem à categoria ética direito, decorrendo delas a realização ética mais elevada da experiência humana (na forma de direitos humanos)". (*Direito e ética*: a eticidade do fenômeno jurídico, p. 117-118)

[247] SALGADO, Joaquim Carlos. *A idéia de justiça em Hegel*, p. 337.

Assim, como vimos, é por meio da ação de ser humano que o homem amalgama vontade e razão, a vontade racional de ser distendendo o que é. Hegel entende que razão e vontade não são duas faculdades distintas e, pelo contrário, constituem atividades do pensar, sendo uma teórica e outra prática, de modo que a vontade se dá como modo da razão, a atividade do pensar, o lugar da liberdade, no momento em que o homem se descobre em si mesmo para, seguidamente, pôr-se a si no mundo da exterioridade como outro idêntico a si, uma vez que com ele se identifica porque se lhe conhece e se concebe nessa identidade. No instante em que o homem sai de si e se dirige ao outro, o pensamento se torna ação a partir de sua vontade, e essa ação é a de ser humano, a vontade vê-se representada no outro que, também, quer. A idéia de fraternidade é a vontade de liberdade do homem na expressão de sua essência a partir da ação de ser humano. A liberdade de todos no plano universal conforma a idéia de uma humanidade livre. A liberdade decorre da humanidade. É preciso ser humano para, então, ser livre. Se sabe ser livre o homem que é, o ser humano em si só efetiva essa liberdade se se põe para si por meio do outro no exercício de sua humanidade. E é a ação de ser humano que realiza a humanidade no processo da história, não de cada um, mas universal. Enquanto em si a liberdade inata do homem permanece nele e não se realiza ou se realiza apenas no interior do sujeito que em si é apenas homem. Desse modo, o homem tem a liberdade, mas não é livre porque sua liberdade não se efetiva. Apenas no momento em que o homem se torna humano pela ação de ser em relação ao outro aquilo que traz em si como essência é que ele realiza sua liberdade.

Como expusemos, a dialética do ser humano no mundo demanda a ação que o torna para além do ente em si, homem, o ser humano enquanto é e se põe para si na reflexão do próprio eu que o enleva da condição de simplesmente existir (*Dasein*) para o ser para si (*Fürsichsein*)[248] que nesta inflexão demanda a ação de ser humano que lhe exige sujeito dessa ação.

Em si o homem não se distingue de outro homem. Quando se põe como ser para si, realiza sua existência particular e universal. Essa realização é individual, e é nessa medida que o homem se conhece e pretende ser a partir do reconhecimento do outro. O ser para si que deixa de ser,

---

[248] SALGADO, Joaquim Carlos. *A idéia de justiça em Hegel*, p. 247.

simplesmente, ser para um outro para se tornar tanto único como igual, de modo que a sociedade se conforme com fulcro na igualdade e na liberdade, mas cuja socialidade ainda exige dele a ação de ser humano, do sujeito fraterno.

6.6 A Fraternidade como Organização Política da Liberdade

O processo histórico revela que o indivíduo se vai concebendo racionalmente como ser livre e pelo reconhecimento do outro quando se identifica igual, de modo que a fraternidade decorra dessa mesma racionalidade. Então, é através da história que vamos respondendo por quem somos na conclusão de uma fenomenologia do espírito a que nos ensina Hegel, de modo que a dialética nos vai proporcionando, por meio da experiência da consciência, a concepção racional do *eu coletivo*, que não o nós, mas cada um tornada uma fraternidade de homens, livres e iguais. A consciência de si, daquele que é e, sendo, diz de si que humano. O eu, sujeito da ação de ser humano que reconhece o outro para revelar--se para si por meio da cultura que se desenvolve no tempo. É por meio da razão que o homem livre e igual em si e para si conforma a fraternidade de modo que a liberdade e a igualdade se ponham concretamente a partir das relações sociais. O eu coletivo quer a liberdade do indivíduo a partir do outro. Cada um tornado todos, de modo que todos queiram a liberdade de cada um. Se o homem é livre em si e de si se sabe livre, para si não se pode reconhecer nem ao outro igual a si como escravo, haja vista que a civilização se encaminha para uma "sociedade política de consenso na esfera do reconhecimento universal"[249]. Assim, pois, a organização política da liberdade se dará na concepção racional da fraternidade.

O ser humano, a pessoa fraterna pela qual nos reconhecemos uns aos outros, revela a nossa fraternidade; seja então como acontece, no plano do direito abstrato, a fraternidade, quando o outro respeitando a minha existência, o que ele respeita nela é a própria. O outro tem o dever, ou seja, está obrigado, porque eu sou um ser humano e porque ele o é também. A relação com o outro, nesse sentido, produz o dever de fraternidade, seja em se sendo ser humano, sujeito da ação de ser que se exerce em relação ao outro, porque ninguém é humano em relação às

---

[249] VAZ, Henrique Cláudio de Lima. Senhor e escravo: uma parábola da filosofia ocidental. *Síntese*, p. 10.

coisas. Por isso, a relação de reconhecimento da liberdade igual demanda o dever em relação a si mesmo. Se o outro não é coisa e, mais, é livre também, e ambos sujeitos da ação de ser humano, têm o dever de se considerarem desse modo, o ser fraterno, e não o homem livre apenas, mas o ser humano que sabe do outro tão livre quanto. O dever de reconhecimento da pessoa, enquanto titular que possa exercê-lo seja porque, também, reconhecidas suas faculdades ou poderes de ação, a que se atribuem direitos e obrigações, deve-se, entender, ainda, a ela atribuída a ação de ser humano, porque todo ser humano é pessoa humana[250].

É relevando mesmo a essência humana no próprio respaldo da essência livre a que se refere Hegel que mais pertine sua afirmação: "Só posso ter posse com o direito da pessoa; eu sou pessoa e esta é uma determinação essencial" e "eu tenho o dever de me considerar ser existente livre"[251] porque ser humano, reconhecendo também o outro como sujeito da ação de ser humano, o dever de fraternidade de todo sujeito de direitos.

Ora, Salgado releva que a

> forma racional mais elevada de expressão do direito é a lei. Por meio da lei o direito arbitrário perde a existência. Toda forma de

---

[250] Ora, o vocábulo pessoa, provavelmente de origem etrusca, do latim *persona*, significava "máscara, figura, personagem de teatro, papel representado por um ator", sendo que o primeiro registro como termo jurídico data de 1444, em inglês. Jung nominou como *persona*, a forma pela qual nos apresentamos ao mundo, sendo, portanto, o caráter que assumimos e através do qual nos relacionamos com os outros. A *persona* inclui nossos papéis sociais, o tipo de roupa que escolhemos para usar e nosso estilo de expressão pessoal. No que diz a sua origem etimológica, no latim equivalente à máscara, tal se refere às máscaras usadas pelos atores no drama grego para dar significado aos papéis que estavam representando. Como pessoa humana temos, pois, que é por intermédio mesmo do ser humano, sujeito da ação de ser, que o homem enquanto titular de direitos e obrigações se revela como tal. Façamos uma digressão científica para apontar que a psicanálise aponta que uma *persona* forte pode abafar o indivíduo tanto quanto aqueles que se identificam com sua persona tendem a se ver apenas nos termos superficiais de seus papéis sociais e de sua fachada. Jung chamou a *persona* de Arquétipo da Conformidade. Serve a *persona*, ainda, para proteger o Ego e a psique das diversas forças e atitudes sociais que nos invadem. A *persona* serve também como instrumento de comunicação. Nos dramas gregos, as máscaras dos atores, audaciosamente desenhadas, informavam a toda a platéia, ainda que de forma um pouco estereotipada, sobre os caracteres das atitudes do papel que cada ator estava representando. Sobre a definição vocabular, cf. http://pt.wikipedia.org/wiki/Pessoa, bem como www.psiqweb.med.br/persona/jung2.html.

[251] Citações em SALGADO, Joaquim Carlos. *A idéia de justiça em Hegel*, p. 338.

unilateralidade e privilégio desaparece com a lei, cuja característica não é ser norma para este ou aquele indivíduo, mas preceito geral (*commune praeceptum*).[252]

O direito exige a lei para sua efetividade, de modo que nela encontra a forma de seu reconhecimento universal, portanto, universalmente válido. Tomemos que para Hegel a essência do direito é a liberdade, sendo que a lei se põe como estruturação dessa liberdade. A disposição racional do direito se vai revelando, lógica e historicamente, até que a lei, a codificação e a constituição o sistematizam como expressão da liberdade.

Hegel, em seu *Filosofia do Direito*, encontra no aspecto filosófico o absoluto do direito quando a interpretação se põe como método de revelação, intencionando a racionalidade entre os escombros da irracionalidade que não maculam sua racionalidade, esteja esta alicerçada sobre sua essência, que salta da própria história[253], para a indagação da justiça do direito positivo aposto.

Quando Hegel afirma, na *Filosofia do direito* a superioridade da codificação do direito porquanto racional e em face de que mesmo por referir-se à liberdade, dele deve se oportunizar a compreensão por todos que hão de vivê-lo. Ao expressar que a liberdade é "o que há de mais digno e sagrado no homem", abre flanco à fraternidade na dimensão do ser humano, haja vista a sacralidade que remanesce da própria humanidade. Desse modo, a codificação pela liberdade é "um ato de justiça"[254] quando o direito positivo em Hegel é entendido como "expressão racional do direito que é a forma objetiva histórica do aparecer da liberdade"[255].

Assim, temos que em Hegel a lei se põe como

a forma para si do direito, plenamente conhecida, ou posta ao conhecimento de todos. Por isso é válida (*gültig*) e eficaz (*wirklich*), na medida em que realiza o conteúdo da liberdade em dois sentidos: *gewusst* e *gewolt*. Destarte, a lei é a vontade (o direito) que se quer e que se sabe, vontade da vontade e saber da vontade. Esse direito

---

[252] SALGADO, Joaquim Carlos. *A idéia de justiça em Hegel*, p. 338.
[253] Salgado expõe que "Interpretar o absoluto na história é o que faz a Filosofia do Direito, pois o direito é a história na sua racionalidade mais profunda, que realiza, pelo trabalho do conceito, a sua forma mais acabada no Estado livre pós-revolucionário". (SALGADO, Joaquim Carlos. *A idéia de justiça em Hegel*, p. 341.)
[254] SALGADO, Joaquim Carlos. *A idéia de justiça em Hegel*, p. 347.
[255] SALGADO, Joaquim Carlos. *A idéia de justiça em Hegel*, p. 348.

que se quer e que se sabe, a lei é posta pelo poder competente e vale (*gelten*), e o da aplicação, pela qual a lei deve ser seguida ou cumprida (*wirken*). Do lado da elaboração, a lei é refletida e conscientemente posta por um ato de vontade e, assim, elevada na forma do pensamento ou conceito, determinando-se como direito positivo (*durch den Gendanken für das Bewusstsein bestimmt das Recht ist durch diese Bestimmung positives Recht überhaupt*). Do lado do súdito, a lei é conhecida, consciente e voluntariamente cumprida. Não surge, nem se cumpre inconsciente e involuntariamente como no caso do costume. O cumprimento da lei dá-se sempre pela vontade do que a ela se submete, do mesmo modo que o não-cumprimento, pois conhecida. O conhecimento da lei e a vontade de cumpri-la (ou não), como a consciência e a vontade de usá-la, são necessários na lei, mas apenas contingentes no costume[256].

6.7 A Fraternidade como Vontade Universalizada de Todos

A justiça do direito intenciona a universalidade a despeito da unilateralidade, e essa universalidade reside na igualdade. Ora, o universal é oferecido pela lei como expressão da racionalidade que será tanto mais justa ou injusta de acordo com a racionalidade de seu conteúdo, sendo premente o acesso a seu conhecimento e compreensão porque essencial à vida dos indivíduos.

O fato é que a lei é vontade universal, e nisso reside o elemento de sua racionalidade ou justiça, embora se possa verificar que em face de contingências históricas possa o direito não estar submetido à razão, pelo que resta conformada a injustiça, ou seja, quando à razão não é dado realizar a liberdade.

Para realizar a liberdade, o direito exige a conformação da lei porque de necessidade objetiva que se revela na cultura e que define o dever e o direito do sujeito e desnuda uma realidade que expõe o que é e deve ser. Na sua existência, o direito e o dever podem ser negados, mas tal negação ao direito posto releva que sua própria negação já lhe vinha interiorizada pelo próprio direito, seja a sanção negando a negação do direito. De toda forma, a coação que se impõe tem seu fundamento na

---

[256] SALGADO, Joaquim Carlos. *A idéia de justiça em Hegel*, p. 348-349.

liberdade, e é isso que caracteriza sua eticidade. Não se trata de uma ameaça em afronta direta à vontade livre determinada a partir de si mesma, mas direito daquele que afronta a lei de se ver reinserido a partir dela na ordem social. A afronta à afronta à liberdade é ética, como bem aponta Hegel:

> O direito abstrato é um direito coercitivo, porque o ato injusto a ele contrário é uma violência contra a existência da minha liberdade numa relação exterior e porque, desse modo, a própria conservação dessa existência contra a violência é uma ação exterior e uma força que suprime aquela primeira[257].

A ética demonstra o caráter da universalidade da norma, porquanto negado o direito de alguém o que se tem é a negação do próprio direito, da liberdade como tal, quando a sanção vem socorrer a vontade universal diante daquela vontade particular criminosa, vontade subjetiva que nega o direito.

A lei jurídica expressa a vontade racional, é norma universal no momento do conceito. Entende Hegel que o direito positivo é a forma objetiva histórica do aparecimento da liberdade. A norma é produto da razão, bem como a liberdade. Portanto, não decorre da natureza porquanto seja obra da cultura, totalmente criado pelo homem para si mesmo, a partir das "relações humanas no plano da vontade e sua finalidade, o próprio homem como ser para si"[258]. Assim posto, como ser para si temos antes que o homem como ser imediato contrapõe-se à diferença posta pela essência porquanto tenha se mediatizado a partir de outro para saber-se ser humano na sua identidade final. Como vimos, temos que o homem enquanto ente é concebido na sua identidade imediata, da identidade na própria identidade. O ser humano é a identidade na diferença, haja vista a presença do outro conformar a própria essência. A primeira identidade consigo, homem; depois, a conformação da diferença a partir do outro homem, a que tudo decorre o ser humano enquanto identidade concreta: o ser humano como conceito. Assim, temos que o homem é um conceito que aparece como totalidade imediata e em si, mas como ser humano é necessário que a essência se revele por intermédio de outro homem e o ser humano explique o homem para si.

---

[257] HEGEL, G. W. F. *Grundlinien der Philosophie des Rechsts*, § 94.
[258] SALGADO, Joaquim Carlos. *A idéia de justiça em Hegel*, p. 358.

Ora, Salgado aponta muito bem que a finalidade do direito positivo "é o próprio homem como ser para si"[259]. Assim, a finalidade do direito positivo é o ser para si que é o próprio homem que se põe a si a partir do reconhecimento do outro, concebendo-se a partir da razão que pensa o próprio homem nas suas relações entre si no plano da vontade. Para si, o indivíduo em si se eleva à condição de sujeito, mediante o reconhecimento do outro, o outro que se põe como sujeito também, da ação de reconhecimento, na superação da individualidade isolada em si. Através da história, o indivíduo se vai concebendo racionalmente como ser livre e pelo reconhecimento do outro se se identifica igual, de modo que a fraternidade decorre dessa mesma racionalidade. O conceito de homem como ser humano se revela no momento em que se conforma o ser que se vem desenvolvendo num processo racional e histórico. Ser humano é a verdade do homem que constrói de si o próprio pensamento para si, pondo-se na sua diferença como negação da sua imediatidade óbvia para buscar suas próprias determinações. Como homem, o homem se pensa e se pensando por intermédio do outro se vê concebendo a própria essência. Assim, o primeiro passo do ser humano é pensar-se como tal. Não é pensar apenas. O animal racional encontra sua essência ao apor-se como objeto do próprio pensamento através do outro que se lhe mediatiza.

Sendo a lei jurídica "expressão conceptual do fenômeno social, não no nível natural ou empírico, mas da vontade racional, consciente, ou ideal"[260], demonstra uma sociedade cuja cultura é a própria natureza do homem, sendo que a justiça é sua criação. Assim, sendo racional a fraternidade à medida que ser humano deve ser humano na expressão da racionalidade descoberta, a ação de ser humano tornada lei objetiva e obrigatória, demonstra que a modificação do mundo real que se põe releva como pressuposto que essa ação está "necessariamente conforme com os valores desse mundo real"[261].

---

[259] SALGADO, Joaquim Carlos. *A idéia de justiça em Hegel*, p. 358.
[260] SALGADO, Joaquim Carlos. *A idéia de justiça em Hegel*, p. 358.
[261] HEGEL, G. W. F. *Grundlinien der Philosophie des Rechts*, § 132. Aponte-se que Durkheim tem que o valor provém da relação das coisas com os diferentes aspectos do ideal e o ideal não é uma fuga para um além misterioso, estando na natureza e é da natureza. (Cf. DURKHEIM, Émile. *Sociologie et philosophie*, p. 137.) Para ele, o obrigatório e o desejável, o dever e o valor, "não são mais que dois aspectos de uma única e mesma realidade, que é a realidade da consciência coletiva". (p. 49.) Miguel Reale alude que George Davy e C. Bouglé acentuam a tese durkheimiana do direito como "símbolo visível da solidariedade social". Ademais, diz Reale que a obra de Davy procurou

Tomando-se a dialética da necessidade e da liberdade exposta na Lógica, podemos inferir, a partir de Hegel, uma dialética do ser humano, visto que, assim posto, nele a realidade é ativa, tem em si mesma o princípio de sua atividade ou autodeterminação e sabe ser ele mesmo seu próprio princípio de atividade e determinação. De toda forma, essa atividade não poderia ser concebida como livre, enquanto essa liberdade não fosse para si e em si não fosse sabida. Assim, pela sua própria natureza humana não há como encontrar nela mesma o princípio da ação de ser, atividade e determinação, senão à medida que o homem, por intermédio da lei jurídica, se põe para si. Dessa maneira, para se falar em ser humano é necessária a consciência de si desse modo, uma auto-atividade livre que procede da consciência.

Feita conscientemente pelo homem e com fundamento no homem que intenta pôr-se para si, é a lei jurídica que realiza a unidade da necessidade e da liberdade, bem como a humanidade, quando o ser humano que é reconhece e se obriga universalmente por uma necessidade livre a ser. Ser humano num primeiro plano diz respeito à natureza do homem, mas não diz respeito à vontade de sê-lo para si, mas apenas no sentido de ser em si. A lei justa de que fala Hegel, materialmente justa, é racional, caracterizadora da vontade livre (liberdade), universalmente conhecida e válida (igualdade) e deve levar em consideração o homem para si na medida que se põe por intermédio dela como ser humano ao outro, dada a ação que conflui no *ethos* social (fraternidade).

É fato que a injustiça se conforma quando a justiça – como a limitação do arbitrário, na aplicação do universal ao particular, em face de uma decisão imparcial na jurisdição pública – tem um resultado que pode ser considerado injusto. Mas o justo, a justiça no sentido absoluto, da idéia do direito na esfera do infinito só se dá mesmo no Estado. A ordem política que reconhece a liberdade tem-na enquanto direito subjetivo, objetivada numa "'declaração universal', pela qual a liberdade se

---

"mostrar como na história da sociedade vão surgindo valores, que depois se impõem ao homem, com um caráter de objetividade e idealidade". Já a obra de Bouglé sobre a evolução sociológica dos valores "mostra-nos como determinadas posições espirituais de natureza estimativa não surgiram da consciência histórica repentinamente, mas marcam, ao contrário, o amadurecimento, digamos assim, de um processo multissecular." (REALE, Miguel. *Filosofia do direito*, p. 181.) As obras de Davy e Bouglé citadas, respectivamente, são: *Le droit, l'idealisme et l'experience*, 1922; *La foi jurée* (étude sociologique du problème du contrat), 1922 e *Leçons de sociologie sur l'évolution des valeurs*, 1922.

torna direito"²⁶². Ora, a fraternidade reconhecida pelo homem que se reconhece ser humano, também, perfaz uma declaração universal e se torna direito, seja tomarmos, por exemplo, a declaração universal dos direitos do homem. Ora, a própria declaração universal dos direitos do homem diz em seu art. I que todos os homens nascem livres e iguais em dignidade e direitos; que são dotados de razão e consciência e devem agir em relação uns aos outros com espírito de fraternidade. Perceba-se, aqui, que a declaração faz referência a um dever de ação que, portanto, diz respeito à ação de ser humano.

Assim posto, tanto a liberdade individual que só se realiza na forma do Estado, uma vez que nele se torna ordem universal por meio da constituição, como a fraternidade também, haja vista que a consciência do ser humano que é e deve ser é elevada ao plano da efetividade, da ação de ser, portanto, direito do sujeito que se positiva em face da vontade universalizada de todos.

7. O INDIVÍDUO COMO SUJEITO DA AÇÃO DE SER HUMANO

7.1 Razão de Ordem

Iniciamos o capítulo 7 procedendo a uma distinção necessária entre o cidadão, o indivíduo e o membro da família para, na seção subseqüente, tomar as associações dos indivíduos como fraternidades onde a fraternidade se conforma por óbvia.

A seguir, a seção 3 que, a enfrentar a sugestão hegeliana de que a sociedade civil põe-se como uma segunda família, entendemos nela a fraternidade possível.

Na seção 4, que se segue, tomamos as organizações não-governamentais sem fins lucrativos como síntese resultante de uma equação a cuja tese da sociedade civil como segunda família se opõe em antítese a questão da exclusão social.

Daí decorre a seção 5, onde apresentamos a fraternidade como fundamento universal para a liberdade individual.

---

²⁶² SALGADO, Joaquim Carlos. *A idéia de justiça em Hegel*, p. 363.

Na seção 6 tratamos do indivíduo universalizado na história do próprio homem, para que, na seção 7, finalizemos o capítulo dizendo da fraternidade e do Estado racional.

7.2 O Cidadão, o Indivíduo e o Membro da Família – Distinções Necessárias

O cidadão como no-lo apresenta Hegel é o cidadão na acepção grega, o membro da pólis, composto da substância ética, cujos interesses particulares não se sobrepõem aos interesses do Estado, embora, agora, a partir da idéia da subjetividade, encontra o Estado como o lugar onde, servindo-o, serve a si mesmo.

Assim, é no Estado que o ser humano se põe para si por intermédio do outro enquanto cidadão, pessoa humana, pois o sujeito da ação de ser humano[263].

É no Estado que a essência humana se revela e onde o vir-a-ser do homem que é se vai conformando ser humano. O Estado é onde o ser humano realiza a unidade da subjetividade, porquanto sujeito, da ação de ser. Oração coordenada e subordinada que relevam sujeito e ação e porque de ser humano retira a oração alienada para conformá-la ao mundo racional.

Ao homem não é bastante o animal racional, visto que sua racionalidade se dedica à satisfação de suas necessidades até o infinito. É quando a essência humana nele busca, por meio da racionalidade, a verdade sossobrada entre as contingências e determinismos da sociedade civil[264],

---

[263] Aponte-se aqui que o ser para si na sociedade civil é apenas o homem, o animal social, o ser em si que de si cuida e de seus interesses particulares como indivíduo cujos interesses opõem-se ao da comunidade, esta lhe aproveitando a produção socializada, indiretamente.

[264] Apontemos aqui que "na própria Ciência do Direito já há uma direção filosófica de orientação e defesa: se a regra de mercado deve ser mesmo a informalização, a flexibilidade e a livre concorrência, no plano da proteção humana, vigem princípios inflexíveis e não trasacionáveis. Pôr o eixo do equilíbrio em seu ponto exato, sem flexibilizar no núcleo duro e permitir a flexibilização de setores que devam ser flexibilizados, é a grande tarefa do jurista contemporâneo. Outra sabedoria que do jurista moderno se espera é a de não querer mudar a História, já que não se pode transformar, por força humana, a direção dos fatos como um todo. Cumpre então não se bater contra a tendência dos tempos, mas, dentro dela, estabelecer a nova função

que não é uma universalidade querida, encontrando apenas no Estado a forma de racionalidade completa para a conclusão do ser humano.

Na sociedade civil, o que se tem é um jogo de interesses e necessidades recíprocas, em que cada um busca a satisfação própria e conclui pela dependência de si aos outros, conformando-se, em face da dependência e da reciprocidade, quando

> o apetite subjetivo (*subjektive Selbstsucht*), transforma-se em uma contribuição à satisfação das necessidades de todos os outros. Há a mediação do particular pelo universal, movimento dialético que faz que cada um, ganhando, produzindo e fruindo para si, ganhe e produza ao mesmo tempo para a fruição dos outros[265].

Do sistema de necessidades decorre o trabalho e dele, a riqueza social da qual todos querem participar. Na sociedade civil, não existe um interesse convergente, e sua essência está no homem, no indivíduo, não no ser humano, uma vez que nela se põe para si não como igual ao outro, mas o outro distinto, como aquele capaz de satisfazer suas necessidades. Em face disso, o que se conforma é a desigualdade, e a lei vem socorrer à ordem, apenas, quando a "justiça é, então, pura e simplesmente o tratamento igualitário e universal da lei e a regra geral da justiça comutativa nas relações de troca"[266].

É na apropriação da fórmula de Adam Smith[267] – de que o egoísmo privado vai ao encontro da satisfação do progresso coletivo – que Hegel

---

protetiva dos que carecem de proteção, colocar novos marcos de justiça, canalizar os fatores econômicos num sentido que permita a solidariedade social." (ÁLVARES, Antônio. *Pequeno tratado da nova competência trabalhista*, p. 255.) O Prof. Antônio Álvares, em pé de página, ainda infere que, "em vez de maldizer o mundo pós-moderno, que não deixará de existir por conta das lamúrias dos desgostosos, é preciso encontrar nele um lugar para o trabalhador, da mesma forma que o ordenamento jurídico do trabalho encontrou para o trabalhador arruinado pela Revolução Industrial. Se o mundo pós--moderno é rico apesar de injusto, cumpre-nos torná-lo justo, apesar de rico. Distribuir é uma arte tão difícil como acumular. Enfrentar a dificuldade é o desafio que se põe para todos nós".

[265] Para esta citação de Hegel, cf. SALGADO, Joaquim. *A idéia de justiça em Hegel*, p. 367.

[266] SALGADO, Joaquim Carlos. *A idéia de justiça em Hegel*, p. 368.

[267] Smith formula o projeto de expor a cadeia invisível que liga as ações humanas e conduz a sociedade ao melhor dos mundos. Neste sentido, o plano divino é não apenas uma norma ética para a qual tendem as sociedades, mas também um padrão analítico em relação ao qual o estágio evolutivo de cada sociedade pode ser avaliado. A

reencontra um caminho para definir a dimensão da sociedade civil. Ao se constituir em campo de batalha de todos contra todos, a sociedade civil, de outra feita, se torna o campo da afirmação da própria interdependência entre os indivíduos, pelas necessidades que coletivamente temos de sustentar e realizar por essa mesma interdependência[268]. Contudo, resta descrever que o indivíduo é, também, nesse momento da análise hegeliana, parte constitutiva de uma classe social determinada, quais sejam: a classe substancial ou imediata, constituída pela agricultura, por aqueles que trabalham diretamente com os produtos naturais do solo; a classe reflexiva ou formal, que é responsável por sua subsistência a partir do próprio trabalho e da reflexão: é a classe industrial que constitui o núcleo central da sociedade civil, a classe intermediária, segundo Hegel, a classe das mediações; por fim, a classe universal, que se ocupa "dos interesses gerais da situação social"[269] e que formará a burocracia estatal cujo interesse pessoal deverá estar a serviço da coletividade.

Para Hegel, a diferença entre os indivíduos está assentada na diferença de habilidades tida como natural e que fazem, por sua vez, a diferença na desigualdade da quantidade dos patrimônios. Postas essas diferenças e a definição sobre as classes sociais, Hegel situa ainda um elemento decisivo para a transição entre a sociedade e o Estado, as corporações, como a primeira mediação rumo à universalidade da realização dos interesses que situam a disputa interna da sociedade civil, tomada como campo de batalha entre os indivíduos em sua busca pela satisfação de seus interesses particulares. As corporações constituem a expressão da

---

representação de um "sistema de liberdade natural" está referida à concepção mais geral de Smith sobre a natureza do processo civilizatório. Ela consiste em afirmar que a liberdade para que cada indivíduo busque seu interesse próprio não se contrapõe ao bem comum ou ao desenvolvimento da civilização. Assim posto, Smith tenta conciliar o desenvolvimento do comércio com as virtudes cívicas e rompe com a visão predominante em sua época sobre uma oposição incontornável entre o impulso aquisitivo, próprio das economias mercantis, e os valores morais. Uma mão invisível concilia a busca do interesse individual com a manutenção da ordem e coesão social. (TRIBE, Keith. Natural liberty and *laissez faire*: how Adam Smith became a free trade ideologue. *In*: COPLEY, Stephen; SUTHERLAND, Kathryn (Ed.). *Adam Smith's wealth of nations*: new interdisciplinary essays, p. 25-28.)

[268] Desta forma, a exclusão social põe-se como ruptura do sistema de interdependência. Ora, de outra feita, adensada as margens porquanto os excluídos se distendem para além da marginalidade, o fluxo da sociedade civil se compromete com tal assoreamento.

[269] HEGEL, G. W. F. *Filosofia do direito*, § 205.

complexificação dos diferentes jogos de interesse existentes dentro de uma sociedade internamente em luta pela afirmação de suas necessidades e sua reprodução, resultado da crescente divisão de trabalho instaurada dentro da sociedade civil:

> O que caracteriza a sociedade civil é sua multiplicação constante em novas particularidades. Nela ocorre uma divisão de trabalho de forma cada vez mais complexa, em diferentes ramos. As corporações são organizações ou determinações surgidas a partir dessa divisão de trabalho e do que há de comum nas diferentes atividades particulares. De acordo com suas habilidades específicas, o indivíduo chega a ser membro da organização, que, segundo Hegel, visa a defender os interesses comuns[270].

Por isso, elas são, "acima de tudo, um instrumento ideológico, uma entidade que exorta o indivíduo a trabalhar por um ideal desprovido de existência, a finalidade não egoística do todo"[271]. No entanto, se as corporações constituem a expressão mais organizada dos jogos de interesses existentes na sociedade, elas ainda não são a expressão da universalidade a que o reino da liberdade deve efetivamente afirmar, visto que sua própria atividade deve ser regulada pela instância superior, o Estado. Portanto, acima das corporações, coloca-se o Estado como centro da atividade política.

"O estado é um sujeito no sentido estrito da palavra, isto é, o estado é o instrumento e o fim real das ações de todos os indivíduos que, agora, se colocam sob 'leis e princípios universais'"[272] e que ao que se diz, pretende ser a forma viva pela qual os interesses privados chegam ao seu grau de universalidade na forma dos interesses comuns da coletividade.

Como vimos em Salgado,

> o direito no sentido filosófico decorre de um desenvolvimento 'racional da sociedade', desenvolve-se com essa sociedade ou com a 'realização da razão' nessa sociedade por meio da história [...]

---

[270] WEBER, Tadeu. *Hegel*: liberdade, estado e história, p. 129.
[271] MARCUSE, Herbert. *Razão e revolução*: Hegel e o advento da teoria social, p. 198.
[272] MARCUSE, Herbert. *Razão e revolução*: Hegel e o advento da teoria social, p. 198.

[mas] com a 'simples mudança da ordem jurídica positiva não se solucionam os problemas' da sociedade 'As mudanças políticas e sociais têm de vir em primeiro lugar', enquanto movimento imanente da liberdade ou do Espírito, em que se insere a ordem jurídica.

Assim, se não há como pretender que a sociedade civil se organize igualitariamente na satisfação de suas necessidades, haja vista que, no jogo de necessidades e interesses, prevalece a desigualdade, pelo que temos a pensar que na concepção de Hegel, de toda forma, o que busca a filosofia do direito não é desenvolver um catálogo de direitos individuais da liberdade. O seu objeto é o direito propriamente dito, o seu conceito, o seu ser-aí (*Dasein*) ou "realização". Tome-se que Hegel fala da "idéia do direito", em vista de a filosofia ter compromisso com idéias e, portanto, não com o que se costuma denominar "puros conceitos" – "ela demonstra antes a unilateralidade e falsidade destes, assim como mostra que o *conceito* [...] apenas é o que tem realidade (*Wirklichkeit*), ou seja, de maneira a dar-se ele mesmo tal realidade"[273].

Para Hegel, a sociedade civil aparece em sua conformação jurídica, com justificação e legitimação dialética, a partir da idéia da vontade racional livre, pelo que para ele tal instituição está fora da gênese tradicional da sociedade baseada no direito natural, enquanto, por um lado, supera amplamente, do ponto de vista sistemático e histórico, a instituição "família", e, por outro, não atinge jamais a instituição "Estado". A vontade racional, universalizada por Hegel como "idéia do direito" e inserida na dialética do espírito (objetivo), "particulariza-se nesse plano em uma multiplicidade heterogênea de pessoas que 'como tais não têm por sua consciência e por sua meta a unidade absoluta, mas a sua própria particularidade e o seu ser para-si – o sistema da atomística"[274].

---

[273] Cf. as citações deste parágrafo em RIEDEL, Manfred. *Dialética nas instituições*: sobre a estrutura histórica e sistemática da filosofia do direito de Hegel. Tradução de Selvino José Assmann da versão italiana: Dialettica nelle istituzioni: sulla struttura storica e sistematica della filosofia del diritto di hegel. *In:* CHIEREGHIN, Franco (Org.). *Filosofia e società in Hegel*. Trento: Quaderni di Verifiche 2, 1977. Disponível em www.cfh.ufsc.br/~wfil/riedel.htm

[274] Hegel vê que existem contradições entre o privado e o público, entre o particular e o universal, mas pensa que o modo de resolver tais contradições é a superação dialética das vontades particulares, ou "social-civis", na vontade universal, ou "estatal". Para promover essa superação dialética, Hegel pôs o conceito de "eticidade", ou de "vida ética", que seria a esfera social onde surgem valores comunitários ou universais, oriundos da

A instituição "família", elemento fundamental da "sociedade civil" que, segundo a concepção tradicional do direito natural e da ciência do Estado, medeia a sua constituição no Estado político teve tal função mediadora negada por Hegel não só porque a sociedade civil e o Estado são separados, mas porque ela, segundo o seu "conceito", não pode ser membro da união estatal. A sua relação com o Estado limita-se a ser "material", ou seja, a preparar seja os indivíduos seja a "massa" na reprodução natural da vida, e a imediatidade do sentimento e da consciência éticos na educação. Antes de Hegel, a instituição "família" enquanto "toda a casa", era parte do conjunto estatal; agora o é o indivíduo crescido e educado na esfera privada de uma família. A isso corresponde uma dialética historicamente paralela na estrutura das instituições. Enquanto, por um lado, a relação com o Estado passa da família para o âmbito das instituições da sociedade civil inserido novamente por Hegel no sistema da eticidade, por outro, a sociedade civil e a família devem dar-se a uma relação institucional diferente. Para Hegel, a família não é uma "sociedade" com um estado diverso dos membros, nem consiste sequer em "sociedades menores" (marido/mulher, pais/filhos, patrão/servo), mas, sim, representa uma "pessoa" que tem sua realidade exterior "em uma propriedade", mas não na unidade jurídico-econômica da casa. O caráter originariamente "econômico" do conceito de família foi perdido em Hegel, e substituído por aquele sentimental moderno, o qual, baseado inteiramente em relações e sentimentos "privados", começa a se formar no final do século XVIII.

Hegel articula o conceito moderno de família, já não ligado à célula econômica da união da casa. A *família*, se comparada com a teoria tradicional da *societas civilis* na política e no direito natural, segundo a qual a sociedade civil estava baseada, aparece, na "sociedade civil" tematizada

---

inserção dos indivíduos em interações sociais objetivas e não apenas de sua moralidade subjetiva; com isso, ele pretendeu determinar, ou atribuir dimensão concreta, à noção de vontade geral. Para Hegel, a vontade geral não é resultado da ação de vontades singulares "virtuosas", como em Rousseau, mas uma realidade ontológico-social que antecede e determina as próprias vontades singulares. E essa objetividade da vontade geral provém do fato de que são também objetivas as mediações que intercorrem entre os dois níveis da vontade: é por meio, sobretudo, da ação das "corporações", um sujeito coletivo que ele situa já no nível da sociedade civil (e que se aproxima muito dos sindicatos modernos), que Hegel busca determinar a relação interna entre a vontade singular dos "átomos" da sociedade civil e a vontade universal que, segundo ele, se expressaria no Estado. Para tanto, COUTINHO, Carlos Nelson. *Atualidade de Gramsci*. Disponível em www.acessa.com/gramsci.

por Hegel, como lançando-lhe apenas as bases, de onde o indivíduo é "extraído" para tornar-se "filho da sociedade civil", assumindo esta a função da economia: "No lugar da natureza inorgânica externa e do patrimônio onde o indivíduo obtinha sua subsistência, coloca a sociedade civil o seu próprio terreno, e submete a subsistência da família inteira à sua dependência, à acidentalidade"[275].

De outra feita, a relação recíproca entre Estado e história é fundamental para a teoria hegeliana da eticidade. A idéia geral do Estado despenca da sua perfeição para a particularidade dos "muitos Estados" que se enfrentam no jogo da história. A idéia do Estado é a idéia "como *gênero* e poder absoluto contra os Estados individuais, o espírito que, no processo da *história mundial*, se dá a sua realidade"[276]. A realidade da idéia do estado de natureza toma a dimensão da história. O movimento que foi descrito como do estado de natureza para a sociedade civil (no sentido de *societas civilis*), retorna com Hegel quando o Estado não se relaciona mais com a sociedade civil, mas com *outros Estados*. Este estado de natureza é estado real – o movimento da história. O elemento do ser-aí do "espírito universal", onde desemboca e no qual acaba o autodesenvolvimento do conceito de direito, é, na história mundial, a "realidade espiritual", na qual a "natureza" do homem e das coisas não é uma "lei" fixa, mas o conceito concebido por Hegel como liberdade, o qual se cumpre "em todo seu alcance de interioridade e exterioridade". Antes da universalidade desse movimento, que coincide com o fim do sistema do direito natural e com o início da filosofia da história, a família, a sociedade civil e o Estado estão "apenas como *ideal* [...] e o movimento do espírito neste elemento consiste em representá-lo"[277].

Assim, temos que a família se dispõe entre o indivíduo, que lhe pertence como membro, e a sociedade civil, colocando-se o Estado em movimento entre a sociedade civil e a história. Daí temos que a instituição "família", colocando-se como elemento fundamental da "sociedade civil", pela concepção tradicional do direito natural e da ciência do Estado, porquanto medeia a sua constituição no Estado político, quando Hegel

---

[275] Cf. Riedel, Manfred. *Dialética nas instituições*: sobre a estrutura histórica e sistemática da filosofia do direito de Hegel. http://www.cfh.ufsc.br/~wfil/riedel.htm
[276] Cf. Riedel, Manfred. *Dialética nas instituições*: sobre a estrutura histórica e sistemática da filosofia do direito de Hegel. http://www.cfh.ufsc.br/~wfil/riedel.htm
[277] Cf. Riedel, Manfred. *Dialética nas instituições*: sobre a estrutura histórica e sistemática da filosofia do direito de Hegel. http://www.cfh.ufsc.br/~wfil/riedel.htm

vem negar-lhe essa função mediadora, tanto porque a sociedade civil e o Estado são separados quanto porque ela, enquanto família, não pode ser membro da união estatal, restringindo-se apenas a preparar os indivíduos, seja tomada a reprodução natural da vida, seja a imediatidade do sentimento e da consciência éticos na educação.

Para Hegel, como vimos, a família não é uma sociedade, mas representa uma pessoa, cuja "*substancialidade imediata* do espírito determina--se pela *sensibilidade* de que é uma, pelo *amor*, de tal modo que *o sentimento fundamental* correspondente é a consciência de ter a própria individualidade *nessa unidade* que é a essência em si e para si e de nela existir, não como pessoa para si, mas como *componente*"[278], mas de onde se é extraído para se tornar *filho da sociedade civil*.

7.3 As Associações dos Indivíduos – A Fraternidade nas Fraternidades

Assim posto, o indivíduo não existe senão na sociedade civil, de toda forma tendo sido reproduzido bem como educado pela família que compõe. Hegel privilegia a educação na esfera da família, da fraternidade propriamente dita, não sociedade fraterna, mas fraternidade consangüínea, lugar da essência humana em si e para si onde o indivíduo não existe porquanto apenas a compõe. Elemento de composição que participa enquanto indivíduo da sociedade civil, mas cuja formação e educação para a sociedade civil adveio da fraternidade. O mundo ético grego estruturava-se na dialética do social e do individual, pela ação recíproca, em que se buscava tanto a formação do indivíduo quanto da sociedade. Mas a sociedade civil não é lugar de ser como nos expõe Hegel, mas de jogar o jogo de interesses e necessidades recíprocas. De toda forma, é como cidadão que o componente da família, "jogador" na sociedade civil, o ser humano se põe para si por intermédio do outro no Estado enquanto pessoa humana, o sujeito da ação de ser humano. A unidade da subjetividade: o partícipe, o indivíduo e o cidadão, no ser humano, conclusos no Estado.

Na sociedade civil, a racionalidade busca pela satisfação das necessidades infindas. Mas é por meio do Estado que a racionalidade querida

---

[278] Cf. Riedel, Manfred. *Dialética nas instituições*: sobre a estrutura histórica e sistemática da filosofia do direito de Hegel. http://www.cfh.ufsc.br/~wfil/riedel.htm

compõe o ser humano. O cidadão é o indivíduo consciente de si que é um nós, seja então a idéia de fraternidade que demanda o conhecimento do universal que somos, quando a consciência que se sabe tanto um nós como um eu passa a requerer a realização da liberdade, de todos, dado o reconhecimento concreto diante do Estado.

Direitos do homem seja relevada a liberdade individual para a convivência social no embasamento de toda ordem objetiva. Mas como a consciência de si que é um nós demanda a realização do princípio da fraternidade e a fraternidade envolve tanto o indivíduo no reconhecimento de si como ser humano, como o outro, na demanda daquela ação de ser, dela salta seu aspecto ético e político.

A ação de ser humano demanda que a lei expresse de forma objetiva a humanidade, forma consciente de regulação para a realização do justo. A lei, no âmbito da sociedade civil, não tem como finalidade resolver a desigualdade,

> mas criar a ordem, situar cada coisa na sua posição ou lugar. Ora, a posição de cada indivíduo na participação na riqueza social não é dada na sociedade civil por um princípio de racionalidade, pelo qual esse produto social decorrente do trabalho dos indivíduos (que pela sua interdependência é trabalho social) se distribuiria em função da sua contribuição, mas pela contingência, quer de um capital particular, quer da aptidão para conseguir essa participação, condicionada pelo próprio capital particular, cuja origem remota está na propriedade justificada pela ocupação[279].

As desigualdades na sociedade civil existem porquanto sociedade de homens, indivíduos cujas singularidades os destoam uns dos outros, ou em face de contingências históricas, onde a igualdade mensurada é a de todos perante a lei. Mas a igualdade propriamente dita diz respeito ao Estado, na figura do cidadão, consciente de si que é um nós (todos são iguais) e pleiteia a realização do princípio da fraternidade, seja como indivíduo no reconhecimento de si como ser humano, seja como outro, diverso dele, mas igual em face da demanda da ação de ser humano.

O fato é que a sociedade civil não atinge o nível do ser-para-si, e eis por que no interior de tal sociedade não é possível uma posição a

---

[279] SALGADO, Joaquim Carlos. *A idéia de justiça em Hegel*, p. 367-368.

partir da qual o fundamento econômico de todas as relações sociais pudesse tornar-se consciente. Na sociedade civil, o que existe é a desigualdade e a liberdade, absoluta, de modo que, para a coexistência entre liberdades na satisfação de interesses, o que se tem é apenas a justiça enquanto o tratamento igualitário de todos perante a lei.

As desigualdades na sociedade civil dão-se a partir da diversidade dos indivíduos ou a partir de contingências históricas. Mas a ordem da sociedade civil conformada pelo sistema de necessidades é econômica e, por isso, demonstra uma fragilidade racional, de modo que o meio caos que se põe exige a esfera ética do Estado.

Hegel aponta que as desigualdades produzidas pela sociedade civil só podem ser superadas mediante a participação do indivíduo numa associação com outros que exercem a mesma atividade ou trabalho, as classes, de modo que por meio delas o indivíduo possa afirmar sua igualdade. Isso autoriza entender que a fraternidade novamente se adensa na figura das "fraternidades" como que união entre aqueles que vivem em proximidade ou que lutam pela mesma causa[280]. Portanto, em face da fraternidade se supera a desigualdade quando nela o indivíduo se põe igual enquanto desigual, e sua classe, porque necessária ao sistema de necessidades, se põe como igual em face de suas diferenças em relação às outras, convergindo todas para a satisfação das necessidades sociais. As classes não obedecem a uma hierarquia entre si, e os indivíduos se agrupam em função das necessidades sociais que geram a divisão e a simplificação do trabalho.

O elemento que torna possível a satisfação das necessidades pela produção é o trabalho. Há necessidades tanto naturais como sociais, todas sempre impregnadas de cultura, seja em face da produção dos meios da sua satisfação seja no modo dessa satisfação, todas arrebatando a ação do trabalho, "força espiritualizante que nega a crueza natural do mundo e o põe como ambiente do homem, do ser livre"[281].

À primeira vista, o trabalho é imediatamente particular, de modo a suprir a necessidade particular. Mas há que apontar que, na mediação com os outros que trabalham, o trabalho de um passa a ser trabalho de todos pelo que se tem que o trabalho é social e é na sociedade que encontra seu fundamento.

---

[280] Para esta definição de fraternidade, cf. INSTITUTO ANTÔNIO HOUAISS. *Dicionário Houaiss da língua portuguesa*. Rio de Janeiro: Objetiva, 2001.

[281] SALGADO, Joaquim Carlos. *A idéia de justiça em Hegel*, p. 370.

Aqui, estamos nos referindo ao trabalho livre, individual, porquanto ação particular, e universal, social, o trabalho livre porque não escravo, podendo-se proceder a escolha da atividade e de engajamento nela pela manifestação igual de vontade; de modo que o trabalho livre individual liberta a sociedade na cultura.

De toda forma, na sociedade civil, Hegel considera os indivíduos em sua pluralidade inorgânica, pessoas de direito privado, capazes de direitos (subjetivos), e não como cidadãos do Estado, numa sociedade orgânica, estruturada na forma do direito público. Enquanto sujeito, tem o poder de ter direitos, recebendo, da ordem jurídica, o reconhecimento dessa capacidade e a garantia dos direitos que se lhe confere aquela, nisso identificando as pessoas como as igualando entre si.

Ora, em Hegel, é mesmo o trabalho livre a fonte de organização tanto econômica como jurídica da sociedade civil. A sociedade civil em Hegel é descrita a partir da liberdade: privada (trabalho e propriedade), de expressão, de trabalho, de mercado... Assim, a sociedade civil conforma-se a partir de uma economia liberal, do direito privado e o aparato necessário para a garantia das regras do jogo dos interesses individuais[282].

O Estado, no momento da sociedade civil, não é o Estado ético, mas o Estado do entendimento, o Estado como administrador das particularidades, dissonante da sociedade civil e dos indivíduos propriamente ditos. Salgado releva ao analisar a questão que o

> indivíduo livre emergente da Revolução é, num sistema de interdependência, o filho dessa sociedade civil; essa é uma espécie de sua segunda família, na qual a liberdade de todos não só estabelece uma igualdade no sentido da abolição dos privilégios mas também caracteriza o trabalho, que é, a um só tempo, trabalho social e trabalho livre do indivíduo. Nesse Estado de finalidade privada, cada indivíduo é, em primeiro lugar, fim para si mesmo e os outros, meio, compondo-se, destarte, um sistema de necessidades a serem satisfeitas individualmente.

---

[282] Salgado aponta que a sociedade civil em Hegel tem tudo o que se requer para descrever o Estado liberal e que a originalidade de Hegel no trato do tema é exatamente ter recuperado o conceito platônico-aristotélico de Estado ético (*Ilting*) na contradição imanente da vida política da pós-revolução, na qual se afirma definitivamente e universalmente a liberdade individual de todos e a ação política da economia moderna, fundada no trabalho livre. (SALGADO, Joaquim Carlos. *A idéia de justiça em Hegel*, p. 372.

7.4 A Sociedade Civil como Segunda Família – A Fraternidade Possível

Ora, de nossa parte entendemos poder inferir a questão da fraternidade na sugestão de uma "segunda família" conformada a partir da sociedade civil em Hegel. Quando Hegel faz a crítica dessa sociedade civil, estrutura do Estado liberal, o faz porque encontra nela uma multidão de indivíduos ligados pelo laço do direito privado e para a satisfação de cada necessidade individual. Mas, de toda forma, critica, também, a idéia de Estado de Platão, em sua substancialidade ética, uma vez que este não considera a pessoa, o ente livre ou o sujeito que "existe" a partir de Descartes e se revela com a Revolução Francesa.

Na família propriamente dita, lugar da essência humana em si e para si, o indivíduo não existe, porquanto apenas a compõe. No Estado ético platônico, também, não. Quando Hegel distende da idéia de Platão que toma a idéia do bem como fundamento do Estado para dizê-lo na idéia de liberdade, na sua concretude, como razão existente, fá-lo a partir da presença do sujeito, base do Estado racional ou ético, portanto, sujeito da ação de ser, que em sendo humano, sustenta a idéia de "segunda família".

A sociedade civil hegeliana, de conformação estritamente econômica, é definida pelo trabalho livre e pelo direito privado do Estado racional. Ao tomar a atividade do Espírito como pensar o mundo exterior, intenta a produção do autoconhecimento como liberdade. Ou seja, podendo ser o que sou, quem sou? Pensar-se como interioridade absoluta e o trabalho como exteriorização desse pensar conformam o movimento essencial do Espírito na forma da cultura.

Ora, o pensar é atividade, também, na história. E "Deus vai se revelar na história", na condição humana do homem, imagem e semelhança do Ser Humano. Como o trabalho é a força positiva da razão que constrói o mundo da cultura e libera o homem da natureza na subjetividade do Espírito, também é na liberdade firmada sobre a igualdade, seja a partir da Revolução, porquanto livre o homem das amarras da servidão, é que o homem vai denunciar-se gregário numa sociedade que satisfaz suas necessidades. Considerando-se que "o trabalho é a essência do homem moderno"[283] e que a essência humana se vai determinando a partir do

---

[283] WEIL, Eric. *Hegel et l'état*, p. 90.

homem que se mediatiza consigo mesmo para dizer de si o que não é, a partir do outro mediatizado, podemos dizer que é por meio do trabalho que a essência humana se vai revelando.

Ora, "o filho da sociedade civil" não pode ser excluído dela, uma vez que aí há ruptura do "sistema de interdependência", liberdade, igualdade e trabalho, social e livre do indivíduo. O Estado liberal, de finalidade privada, onde o indivíduo é fim para si mesmo tomando os outros apenas como meio para a satisfação individual no sistema de necessidades, não se sustenta como não se sustenta o Estado de Platão, que toma a universalidade na desconsideração da pessoa, o indivíduo livre, o sujeito.

Como apontamos em Salgado, "o homem na aparência de seus atos não mostra o que é em si senão no momento em que a exterioridade do seu ato tem a mediação do seu interior, que se denomina intenção e liberdade"[284] e que intenção se conforma em vontade, a vontade em Hegel que é o próprio pensar, portanto, vontade do homem, na determinação do querer, quando "o próprio pensar é em si mesmo ato de vontade"[285]. A atividade do pensar se pondo no mundo exterior para produzir seu autoconhecimento como liberdade. O trabalho é a exteriorização do pensar, a forma de como a interioridade e a exterioridade do pensamento se põem como movimento essencial do Espírito, quando o sujeito passa no objeto e o objeto no sujeito na forma de cultura. Desse modo, o homem em si só revela sua própria essência para si, a essência humana, à medida que sua vontade racional, própria do homem em si, se pensa porque livre e enquanto pensamento livre pensa sobre os que pensam, outros homens, e por isso mesmo livres como ele. Nessa ação de pensar-se no outro, própria do homem, ele só vai poder concluir pela idéia de ser humano à medida que, de pronto já livre, conhece da liberdade dos outros homens, não como meio, mas como condição do ser homem na sua efetividade. Como Hegel não distingue razão e vontade, relaciona a segunda como

> um modo especial da razão, da atividade do pensar, o lugar da liberdade; pelo pensar o homem está em si mesmo e não fora ou alienado em outro; o objeto (*Gegen-Stand*), que se opõe ao homem no mundo da exterioridade, torna-se algo próprio do homem quando

---

[284] SALGADO, Joaquim Carlos. *A idéia de justiça em Hegel*, p. 136.
[285] SALGADO, Joaquim Carlos. *A idéia de justiça em Hegel*, p. 241.

conhecido, e o homem faz do mundo 'sua morada se o conhece', ou melhor, se o tiver concebido'[286].

Ora, se o objeto que se opõe ao homem é o próprio homem e com ele se identifica porquanto livres ambos e do pensamento decorre, ainda, que diga do outro que ser humano, a imediatidade posta a partir do homem com a mediação do outro que se lhe revela ser humano, nessa exterioridade do seu pensar o outro como ser humano é o que o faz pensar ser humano se autodesignando assim pelo pensamento. Portanto, é por meio do trabalho, pensamento que se exterioriza que o homem revela sua essência, uma vez que a partir do momento que se pensa como um ser humano deve, por meio do pensamento, desenvolver-se de modo a não ser apenas um homem, aposto enquanto objeto que aparece a si mesmo, para descobrir quem é. Então, exsurge não mais apenas o homem, imediato, mas sua essência, por meio da mediação do outro, de modo que o homem e o ser humano convirjam a partir do pensamento (interioridade e trabalho) o em si e o para si, o ser e o conceito, e o homem possa definir-se como ser humano.

O desenvolvimento da essência, que fundamenta o homem para si, dá-se do desdobramento desse mesmo homem através da história, no sentido lógico e não temporal, em que o homem se vai tornando ser humano num processo[287] desse negar-se como imediatidade apenas[288]. Ora, tal raciocínio lógico não se dá a partir de pensar o homem como coisa, como objeto sensível que se oferece ao pensamento apenas, mas o próprio pensar em si sobre si a partir do outro para desenvolver nesta mediatidade a própria essência.

---

[286] SALGADO, Joaquim Carlos. *A idéia de justiça em Hegel*, p. 241.

[287] A que Kant vai nominar progresso moral...

[288] De repente, nos tornamos livres para alguma coisa e livres por alguma coisa pelo que até então se justificou a angústia de Tércio Sampaio Ferraz Júnior: "Esse sentimento de que não somos livres para alguma coisa, nem somos livres por alguma coisa, nem de alguma coisa, faz da liberdade, da minha liberdade, o correlato positivo da morte, da minha morte. Esse sentimento da liberdade e da morte, que me faz pensar, produzir coisas, labutar, não é causa nem razão do pensamento, do trabalho, da labuta (ilusão gerada pela infinita possibilidade de o homem falar de tudo, até de sua própria morte), mas apenas o inefável que resiste à racionalização e que me autoriza (não provoca nem causa) um salutar encontro com o mistério num mundo em que, supostamente, tudo pretende ser transparente". (*Estudos de filosofia do direito*: reflexões sobre o poder, a liberdade, a justiça e o direito, p. 132.)

A relação do homem com o mundo se dá pelo trabalho e é por meio dele que se forma o espírito como consciência universal[289]. Mas é mesmo o trabalho que, se de um lado se põe como formador do homem para a liberdade e realizador desta liberdade, de outro, universalmente, também, "é fonte das amarras do homem na sociedade civil e perda da sua essência"[290]. Amarras porquanto no trabalho mecânico, especializado em face da divisão do trabalho, tanto a máquina toma o lugar do homem, como o homem substitui a máquina para a satisfação de uma "necessidade total: contrária à liberdade"[291], numa sociedade industrial que é o mundo do trabalho livre, reconhecido como única possibilidade da existência e fonte de riqueza, então materializada no produto, na mercadoria.

O homem não realiza sua essência humana à medida que se dá apenas à satisfação do seu próprio apetite subjetivo como do apetite de outros indivíduos, quando, por meio do trabalho social (mediação do universal), deveria produzir os meios adequados às suas necessidades materiais e espirituais, de modo a não adensar a desigualdade da distribuição da riqueza, conformados na miséria e na abastança.

7.5 As Organizações não-Governamentais sem Fins Lucrativos como Síntese – A Tese da Sociedade Civil como Segunda Família e a Exclusão Social como Antítese

Hegel aponta que, contraditoriamente, quanto mais trabalho e maior produção, maior pobreza, demonstrando, com isso, sua consciência diante da transferência ilegítima do produto do trabalho sem a correspondência justa de participação do trabalhador sobre o que produziu. Assim, a liberdade advinda do trabalho em relação à natureza não se dá na relação social, uma vez que esta se guarda condicionada a fins particulares. Então, o que se tem conformada é uma população miserável, em face de o acesso aos meios de produção depender do arbítrio, e não do trabalho livre, obstaculizando a conformação de um sistema racional, livre e de interdependência igualitária. O fato é que a sociedade civil, a "segunda família", deveria tornar possível ao indivíduo produzir a sua subsistência e fruir do produto social e não produzir uma população miserável, sem

---

[289] HEGEL, G. W. F. *Grundlinien der Philosophie des Rechts*, § 204.
[290] SALGADO, Joaquim Carlos. *A idéia de justiça em Hegel*, p. 377.
[291] WEIL, Eric. *Hegel et l'état*, p. 91.

trabalho e sem participação na riqueza social. Portanto, é exatamente na fraternidade, natural da família que não se conforma na sociedade civil, manifestando nela sua própria contradição interna, que a solução se afirma e não se adjetiva, simplesmente, contingente e ocasional boa vontade dos ricos ou ajuda caritativa de organizações de assistência.

Ora, Hegel já apontara a contradição no núcleo do pensamento e das coisas simultaneamente denunciando que o pensamento procede de contradições superadas, da *tese* à *antítese* e, daí, à *síntese*, como num diálogo em que a verdade surge a partir da discussão e das contradições. A equação é de que uma proposição, tese, não pode se pôr sem se opor a outra, antítese, em que a primeira é negada, transformada em outra que não ela mesma, "alienada" até que a primeira proposição seja transformada e enriquecida numa nova fórmula que era, entre as duas precedentes, uma ligação, uma "mediação", síntese.

Façamos um parêntesis aqui para aludirmos à questão das organizações da sociedade civil, também nominadas organizações não-governamentais sem fins lucrativos, entidades sociais ou filantrópicas, organizações voluntárias privadas e outras, cuja origem é a sociedade civil, não fazendo parte do Estado ou do mercado, pelo que não seguem a lógica nem governamental nem empresarial.

Das organizações sem fins lucrativos diz-se delas que são as que têm recursos privados para fins públicos, distintas das empresas que têm recursos privados para fins privados e dos governos que têm recursos públicos para fins públicos. Entretanto, há organizações sem fins lucrativos que recebem recursos públicos, ou seja, tal definição não corresponde à realidade dessas organizações, como outras definições possíveis, apresentam todas elas as suas limitações teóricas.

O que se tem apontado é que as organizações não-governamentais:

> caracterizam-se por serem organizações sem fins lucrativos, autônomas, isto é, sem vínculo com o governo, voltadas para o atendimento das necessidades de organizações de base popular, complementando a ação do Estado. Têm suas ações financiadas por agências de cooperação internacional, em função de projetos a serem desenvolvidos, e contam com trabalho voluntário. Atuam através da promoção social, visando a contribuir para um processo de desenvolvimento que supõe transformações estruturais da sociedade. Sua sobrevivência independe de mecanismos de mercado ou da existência de lucro[292].

---

[292] TENÓRIO, Fernando G. (Org.) *Gestão de ONG's*: principais funções gerenciais, p. 11.

Questiona-se o papel do Estado em face das organizações sem fins lucrativos haja vista sua assunção de papéis cada vez mais relevantes no trato das questões sociais. O contraponto ressalta a importância do Estado no cumprimento da sua função social:

> É importante deixar claro que a participação cidadã em entidades da sociedade civil não significa aceitar a diminuição do papel do Estado – este continua sendo o grande responsável pelo desenvolvimento nacional com a garantia efetiva dos direitos dos cidadãos[293].

Mas o fato é que as organizações da sociedade civil se dão a partir da constatação de que a idéia de uma "segunda família" não se realiza, porquanto deveria tornar possível ao indivíduo produzir a sua subsistência e fruir do produto social e não adensar com ele uma população miserável, sem trabalho e sem participação na riqueza social. Portanto, não realizando a fraternidade, natural da família que não se dá na sociedade civil, tem ela manifesta sua própria contradição interna.

A contradição no núcleo da sociedade civil há para ser superada – *tese*, *antítese* e *síntese* – para a conclusão da verdade. A sociedade civil como uma segunda família, tese, não pode se pôr sem se opor a outra, tome-se aqui a questão da exclusão social, antítese, em que a primeira é negada, transformada em outra que não ela mesma, "alienada" até que a primeira proposição seja transformada e enriquecida numa nova fórmula que era, entre as duas precedentes, uma ligação, uma "mediação", síntese, seja a atuação das organizações sem fins lucrativos.

Não nos interessa aqui mensurar a extensão do termo exclusão social, em geral utilizado de forma indiscriminada e aberta a múltiplas interpretações, uma vez que "não passaria de um 'conceito-horizonte', que aglutina um tipo de preocupação social atual, sem maiores rigores analíticos"[294].

O que, de toda forma, resta indiscutível diante do termo é que "o que mais a exclusão social escancara é a luta desigual, a concentração de privilégios, a repartição injusta dos espólios de uma sociedade falida"[295].

---

[293] BENEVIDES, Maria Victoria. *A questão social no Brasil*: os direitos econômicos e sociais como direitos fundamentais, p. 6.
[294] PAUGAM *apud* DEMO, Pedro. *Charme da exclusão social*, p. 37.
[295] DEMO, Pedro. *Charme da exclusão social*, p. 105.

Sociedade falida no que pertine ao seu papel de segunda família, visto que, apesar da revolução da tecnologia e suas transformações presentes em todas as esferas da atividade humana, não temos como conseqüência novas formas e processos sociais.

Ora, o

> membro da sociedade, tendo-a como substituta da sua família, tem o direito diante dela, e ela o dever correspondente, de obter pelo seu trabalho todos os meios necessários à satisfação das suas necessidades materiais e espirituais; a sociedade civil que tem o dever de prover os seus membros dos meios necessários para produzir sua subsistência, e que são produtos desses mesmos membros, tem com isso o direito de exigir-lhes que dela cuidem e para isso se preparem[296].

O fato é que, com o advento da sociedade civil, o Estado, entendido como organização racional da vida, para ser um Estado ético,

> tem de atender ao princípio de justiça social, pelo qual a sociedade, na sua forma de puro sistema das necessidades e de produção, tem de gerar um sistema ético pelo qual ela seja controlada no sentido da imposição de uma racionalidade de vida, sem a qual o espectro do estado de natureza, dialeticamente sempre presente como pólo negativo da eticidade, se faria real, como nas sociedades em que a desordem da divisão se faz sentir[297].

A demanda pela fraternidade ou a conclusão racional do homem como ente humano pela ação de ser que assim o conforme exsurge no flanco entre a sociedade civil porque infirmada enquanto segunda família e o Estado, uma vez que precisa atender ao princípio da justiça social.

Se à sociedade civil cabe a satisfação das necessidades subjetivas, ao Estado cabe a geração "de um sistema ético pelo qual seja controlada no sentido da imposição de uma racionalidade de vida"[298], porque, tratando-se de relações sociais, a realidade delas nada mais é que o político nas formas históricas de manifestação da razão[299]. Assim, a realidade de

---

[296] SALGADO, Joaquim Carlos. *A idéia de justiça em Hegel*, p. 380.
[297] SALGADO, Joaquim Carlos. *A idéia de justiça em Hegel*, p. 380-381.
[298] SALGADO, Joaquim Carlos. *A idéia de justiça em Hegel*, p. 381.
[299] Para o entendimento da teoria do Estado hegeliano como teoria das relações sociais num sentido amplo, cf. AVINERI, Shlomo. *Hegels theorie des modernen staats*, p. 9.

uma sociedade humana impõe a racionalidade de uma estrutura fraterna de modo que se conforme a unidade da essência e da existência, essência humana de um homem que existe, de maneira que a razão confeccione uma história que se realiza como vontade racional da liberdade na forma do político. Assim, a realidade do Estado se põe atentando para o cumprimento de seu fim, que é a satisfação do interesse geral, seja este a substância dos interesses particulares, a preservação dos próprios interesses particulares, fulcrados na unidade do universal e do particular, que na fraternidade está em que o Estado efetive uma realidade verdadeira, a do homem enquanto ser humano como obra da razão.

A idéia de justiça social que fundamenta o texto de Hegel sobre a sociedade civil assambarca o direito ao trabalho ao lado do direito de formar-se espiritualmente pela educação[300] e conservar-se fisicamente pela saúde[301]. Assim posto, o bem de todos se conforma como o bem de cada um, como o interesse geral é a substância dos interesses particulares, a formação e a conservação do homem que só se dá a partir da ação de ser humano que senão particular porquanto se diga dela, solidária, mas fraterno por intermédio do Estado que se quer conformado racionalmente.

A subjetividade moral declina por meio da razão sua satisfação por intermédio de um Estado ético para a conformação de uma unidade dialética entre a sociedade civil e o Estado propriamente dito[302].

---

[300] Aponte-se que para Hegel, que o próprio trabalho conforma a educação na medida que este trans-forma o mundo e o civiliza, educa o homem. "O homem que quer – ou deve – trabalhar tem de reprimir o instinto que o leva a consumir imediatamente o objeto bruto. E o escravo só pode trabalhar para o senhor, isto é, para alguém diferente de si, se reprimir seus próprios desejos. Logo, ao trabalhar, ele se transcende; ou, se preferirem, ele se educa, cultiva, sublima seus instintos ao reprimi-los. Por outro lado, ele não destrói a coisa tal como é dada. Ele adia a destruição da coisa ao trans-formá-la primeiro pelo trabalho; ele a prepara para o consumo; isto é, ele a forma. No trabalho, ele transforma as coisas e, ao mesmo tempo, se transforma: ele forma as coisas e o mundo, ao se tranformar, ao se educar; e ele se educa, se forma, ao transformar as coisas e o mundo." (KOJÈVE, Alexandre. *Introdução à leitura de Hegel*, p. 27.)

[301] Como bem explica Antônio Álvares da Silva, a "saúde do trabalhador é um corolário do direito à vida. Vida sem saúde não é propriamente vida, porque não permite ao ser humano o desfrute da existência nem lhe dá oportunidade de servir à humanidade pelo trabalho construtivo. Schopenhauer disse: *Besonders überwiegt die Gesundheit alle äussern Güter so sehr, dass wahrlich ein gesunder Bettler glücklicher ist, als ein kranker König.*" (A saúde prepondera de maneira tão marcante sobre os demais bens que, na verdade, um mendigo sadio é mais feliz do que um rei doente.) (ÁLVARES DA SILVA, Antônio. *Pequeno tratado da nova competência trabalhista*, p. 256.)

[302] Sobre as diversas acepções da palavra Estado, cf. ARAÚJO, Aloízio Gonzaga de Andrade. *O direito e o estado como estruturas e sistemas*: um contributo à teoria geral do direito e do estado, p. 447 e segs.

Da sociedade civil poder-se-ia dizê-la uma comunidade de homens, desiguais enquanto homens no jogo de interesses, quando a igualdade é reconhecida uma vez que as classes dependem umas das outras, tudo garantido por uma ordem jurídica que se lhe sobrepõe. Como se não refere à essência humana, o indivíduo se manifesta, então, como algo estranho à própria essência, e o Estado, então, dito por Hegel, Estado do entendimento, de função estritamente tutelar e coercitiva, também estranho à sua própria essência fraterna, coadunando-se ambos para a unidade mecânica do sistema de necessidades, na qual não há que se falar no interesse geral, uma vez que é o egoísmo o que determina a ação de cada um. Assim, como aponta Salgado,

> nessa estrutura de organização é a força do trabalho aparelhado que define o direito, não o ético ou a liberdade como seu fim. Aí, a perene dicotomia da ordem e da justiça na vida do direito, do poder e da liberdade na vida política, do ético e do político na vida social[303].

Como a dimensão do ser humano se estende para além da do homem apenas, o Estado não se pode restringir à sua função coercitiva de garantia da ordem por meio da técnica, como se pretendesse racionalmente dele apenas a eficácia de seu exercício em virtude do jogo de interesses da sociedade civil na dialética da produção.

Aqui insere Hegel a solução do Estado ético, como unidade da idéia de liberdade individual e o sistema mecânico das necessidades. De um lado, a moralidade; de outro, a satisfação do indivíduo na produção para outro indivíduo pelo trabalho, sob a lei que os rege.

7.6 A Fraternidade como Fundamento Universal para a Liberdade Individual

Ora, o novo fundamento universal para a ordem da liberdade é a fraternidade. Tomando-se a lei como "objetivação da liberdade e a liberdade individual, realização da lei no sujeito de direitos universalmente válidos"[304], a lei como objetivação da liberdade só se realiza no sujeito

---

[303] SALGADO, Joaquim Carlos. *A idéia de justiça em Hegel*, p. 383.
[304] SALGADO, Joaquim Carlos. *A idéia de justiça em Hegel*, p. 384.

da ação de ser humano, o homem como ser humano que demanda o Estado como sistema jurídico político[305] e a si, nele, como cidadão.

É a fraternidade que vai conciliar, de um lado, a sociedade civil, na qual cada homem produz sua subsistência e a satisfação de suas necessidades como produz a de todos, e, de outro, a família. O homem como seu próprio fim e o fim da sociedade, relevada tanto sua natureza individual como sua natureza social, mas sobretudo sua natureza humana. A ação consciente de cada indivíduo é a ação de ser humano quando a concepção do Estado se não pode ater como contratação privada na deformação do contrato social, mas uma unidade orgânica na qual se realize a liberdade dos indivíduos, racionalmente, porquanto como cidadão o homem quer se tornar o que é e, portanto, como obra de sua própria cultura, dever ser humano.

Aponta Salgado que "o indivíduo – antes apenas pessoa capaz de direito, ainda que o não tivesse (por isso abstrata) – é sujeito; não apenas pessoa livre no seu ter, mas sujeito livre no seu ser"[306]. Parece-nos muito bem referida aqui a questão da fraternidade, uma vez que demanda a concepção da liberdade na própria confecção racional do ser humano, enquanto sujeito da ação de ser humano, racional, portanto, atributo da norma. A dialética do Direito cumprindo a dimensão que se estende da pessoa no direito abstrato ao sujeito da moralidade, perpassando pelo indivíduo que trabalha na sociedade civil até a sociedade política para a realização da liberdade individual universalmente reconhecida, seja esta a congruência da liberdade subjetiva do indivíduo e da liberdade objetiva da sociedade, tomadas as suas instituições e normas e a liberdade concreta do Estado. Desse modo, o Estado se põe como "uma organização de poder em que as formas objetivas da liberdade (não coisas, mas normas e instituições) se encontram e se realizam com a liberdade subjetiva"[307].

Na *Filosofia do Direito*, Hegel toma a justiça como a idéia por meio da qual uma sociedade do trabalho se estrutura em termos de igualdade para realizar a liberdade na forma do Estado. Espera-se do Estado, portanto, a realização da fraternidade, uma vez que, considerado em sua plena racionalidade, porquanto nela supera o direito abstrato, a moralidade

---

[305] Para a diferenciação entre a estrutura e o sistema de Estado, cf. ARAÚJO, Aloízio Gonzaga de Andrade. *O direito e o estado como estruturas e sistemas*: um contributo à teoria geral do direito e do estado, p. 492 *et seq.*
[306] SALGADO, Joaquim Carlos. *A idéia de justiça em Hegel*, p. 387.
[307] SALGADO, Joaquim Carlos. *A idéia de justiça em Hegel*, p. 387.

e a eticidade e, nesta medida, a família, a sociedade civil e o Estado propriamente dito, deve realizar a vontade geral na dialética do Espírito objetivo, porque nele a família se desenvolve em direção à sociedade civil e nela deve realizar a liberdade.

A idéia de liberdade sustém a idéia de uma sociedade igualitária, na qual a liberdade, na tradição hegeliana, é o bem a ser fruído por todos e não por alguns apenas, pelo que a liberdade deve ser realizada. Realizada já que real seja a consciência de que nos sabemos livres. O Espírito se sabe livre, e em si livre requer a realização da liberdade. E esse saber é um saber da humanidade no seu momento histórico de evolução da racionalidade.

Ora, Hegel não poderia ter dito da fraternidade no mesmo nível que hoje nos oportuniza o momento histórico concreto de sua realização seja, por exemplo, o advento das organizações da sociedade civil, sem fins lucrativos, que nos expõem a fraternidade de forma totalmente explícita ante a ineficácia do Estado. Mas como a *Filosofia do Direito* põe-se como um tratado da liberdade por óbvio dela é possível entender a fraternidade como o que a realiza ou a possibilita como idéia de justiça. Da análise e reflexão da obra de Hegel tem-se que a liberdade é a idéia de sua filosofia do direito. A fraternidade termina, pois, por exsurgir na demanda de realização da idéia de liberdade no momento histórico que se põe, e o Espírito a objetiva na confecção dos direitos humanos para que ela se torne realidade. O legado do Estado pós-revolução francesa em Hegel com sua realidade ética inquestionável seja o ideário de liberdade e igualdade, não deixou de antever a fraternidade como valor, tomada a dimensão da universalidade ínsita na idéia de ser humano. Assim, muito bem se coloca a questão formulada por Salgado:

> Como é possível ser ético o Estado (porque o ético é da sua natureza) e ao mesmo tempo *poiético*, na medida em que serve de instrumento para o progresso material e promove o bem-estar social, uma vez que o indivíduo está só, desprendido da família, no mundo da produção?[308]

O Estado de Hegel é ético, não se limitando à moralidade subjetiva (*êthos*[309]), mas ao *éthos* enquanto "residência, morada, lugar onde se

---

[308] SALGADO, Joaquim Carlos. *A idéia de justiça em Hegel*, p. 390.
[309] Os romanos não conseguiram fazer distinção, no latim, entre êthos e éthos, traduzindo ambos os termos por mos – costume e mores – costumes, o que explica a confusão de seu uso indistinto.

habita"[310] compreendendo-se aí "todas as formas de vida criadas por um povo na sua totalidade orgânica"[311]. Portanto, na própria etimologia da palavra verifica-se a veemência da fraternidade, uma vez que ela se refere à própria residência, lugar onde habita a família, portanto colocando-se a tônica do Estado como objetivo das vontades dos indivíduos que dele são membros. Se o Estado é a substância ética e a substância da ética é a liberdade, a substância do Estado é a liberdade[312]. O que se pode dizer com isso é que o Estado decorre da liberdade e a realiza, tanto como ordem exterior do mundo existente como "ação humana", portanto ação de ser humano, a razão confeccionando a fraternidade para a "concreção da liberdade" (*Konkretion der Freiheit*) na eticidade condensada entre o mundo objetivo e a consciência subjetiva. Assim posto, não é à toa que Hegel considera o Estado, no processo histórico, como revelação do Espírito[313].

A racionalidade irrompe na consecução histórica a dialética entre "o princípio da ordem objetiva do Estado e o princípio da subjetividade ou da liberdade do sujeito", tendo assim sido exposta por Salgado[314]:

> Hegel tem como modelo do Estado antigo, que caracteriza o Espírito na sua realização ideal imediata, o Estado platônico, que não é uma utopia, mas o Estado real do seu tempo expresso no conceito. No Estado antigo, os elementos de sua realidade, ordem e liberdade subjetiva, pólis e cidadão, estavam de tal modo integrados que a ação do cidadão tinha como finalidade a ordem ética da pólis e esta

---

[310] Para esta etimologia da palavra Mário Gonçalves Viana. Diz o autor que a palavra, nos primeiros tempos, foi usada, na poesia, referindo-se aos lugares onde habitavam os animais, sendo que, depois, por extensão, passou a referir-se, também, à "morada dos homens e dos povos". (VIANA, Mário Gonçalves. *Ética geral e profissional*, p. 7.)

[311] SALGADO, Joaquim Carlos. *A idéia de justiça em Hegel*, p. 391.

[312] Salgado escreve: "O Estado de Hegel é a substância ética [...]. Esta eticidade segundo a qual o Estado é a vontade como idéia tem como substância a liberdade". (*A idéia de justiça em Hegel*, p. 391.)

[313] Hegel aponta no processo histórico três figuras principais: o Estado grego como Estado antigo, o Estado moderno a partir da dissolução daquele e o Estado pós-revolucionário, o Estado contemporâneo a partir de Napoleão. Cf. SALGADO, Joaquim. *A idéia de Justiça em Hegel,* p. 376. O autor cita MAIHOFER, Werner. Hegels Prinzip des Modernen Staates. *In*: RIEDEL, M. (Hrsg). *Materialien zu Hegels Rechtsphilosophie.*

[314] SALGADO, Joaquim Carlos. *A idéia de justiça em Hegel*, p. 392-393.

voltava-se para a realização dos interesses do indivíduo. Não havia distinção entre a vida pública e a privada e, embora não existisse a liberdade subjetiva, existia a liberdade entendida como autonomia, pela qual o cidadão criava as suas próprias leis, o que não era mais possível no Estado burguês, pois nele o 'universal e o singular opõem-se na realidade, em lugar de se conjugarem harmoniosamente como no mundo antigo'; separa-se governo e povo[315], Estado e sociedade civil. A imagem desse Estado de integração entre o cidadão e a pólis é assim descrita por Hegel: 'Platão, em sua República, apresenta a eticidade substancial na sua *beleza* e *verdade* ideais. Não conseguiu, porém, dominar o princípio da particularidade independente que no seu tempo irrompera na eticidade grega, a não ser na forma com que lhe opôs seu Estado apenas substancial'[316].

O Estado substancial de Platão não levava em conta a subjetividade que, segundo Hegel, já despontava na sociedade grega. Com efeito, Sócrates, como já se fez observar, afirma esta subjetividade julgando as leis da Cidade, mas sucumbe pelo erro desse afrontamento da objetividade ética pela sua subjetividade. Também na figura de Antígona pode-se observar a tentativa de firmar-se a vontade subjetiva diante da lei do Estado, se bem que essa divisão representada pela ação de Antígona era a própria divisão da essência ética, lei divina e lei humana.

Tomemos Hegel para a continuação do texto que se quer pela descrição da racionalidade no processo histórico:

> No Estado platônico não tem vigor a liberdade subjetiva, na medida em que ainda é a autoridade superior que determina aos indivíduos as suas atividades. Em muitos Estados orientais essa determinação se dá pelo nascimento. A liberdade subjetiva que deve ser considerada exige, porém, livre escolha dos indivíduos[317].

---

[315] Salgado (*A idéia de justiça em Hegel*) cita Hyppolite (*Introdução à filosofia da história de Hegel.*)

[316] Salgado (*A idéia de justiça em Hegel*) cita Hegel (*Grundlinien der Philosophie des Rechts*, § 185.)

[317] HEGEL, G. W. F. *Grundlinien der Philosophie des Rechts*, § 262.

No momento do Estado platônico, o vício que aponta Hegel está na desconsideração da liberdade subjetiva. A consciência de si estóica no Estado romano separa-se da substância ética, com o cristianismo assumindo a interioridade e o direito romano, a exterioridade da pessoa. Hegel indica que a individualidade inicia-se com o *daímon* socrático até culminar no *cogito* cartesiano e na Revolução Francesa com o privilégio da liberdade individual. A partir daí, o cidadão já não se põe como fim do Estado, mas, partícipe da sociedade civil se presta como meio para a satisfação de outros indivíduos. Nesse momento, a patologia manifesta pode ser assim diagnosticada:

> O princípio da subjetividade, embora constitua a essência do Estado, uma vez separado da substância ética, introduz a total demolição no interior do próprio Estado, como Hegel mostrou na dialética da consciência nobre e da consciência vil. Aí, a consciência de si na sua subjetividade põe-se como fim em si mesma e, ao mesmo tempo, o Estado como seu meio, e o faz tão alienadamente que a substância servida, em substituição ao ético político, passa a ser a riqueza[318].

---

[318] SALGADO, Joaquim Carlos. *A idéia de justiça em Hegel*, p. 394. Abramos um parêntese aqui para acrescentar uma questão sobre a qual atenta o Prof. Aloízio Gonzaga de Andrade Araújo quando distingue estrutura e sistema de Estado para ao fim predizer que qualquer que seja ela, a estrutura "é jogada no tempo, que flui em cada Estado, cada uma toma uma feição própria e se torna Sistema, em razão de sua mobilidade histórica, que faz diferentes os Estados, uns dos outros, e é por isso que preferimos entender cada um como dotado de sistema jurídico-político próprio, porque inconfundível com os demais, não obstante a identidade de suas estruturas. Para melhor entendimento, se se lembrar de que o Brasil e os Estados Unidos da América têm a mesma estrutura estatal, é fácil perceber, no entanto, que ambos, em razão de suas formações culturais diferentes, funcionam como sistemas jurídico-políticos inconfundíveis no tempo. Por exemplo, há alguns anos um Secretário da Fazenda de um Estado da Costa Leste americana foi processado e julgado, sem ser afastado do cargo, por ter recebido trezentos mil dólares de propina, pelo que foi condenado a mais de 50 anos de prisão: no dia da leitura da sentença, cujo veredicto já sabia ou imaginava, convocou a imprensa e, no curso de sua entrevista, sacou de uma pistola Magnum e suicidou-se com um tiro na boca na frente de todos. Sem dúvida não imaginamos no Brasil a ocorrência de fato semelhante, não obstante os princípios da administração pública inseridos no *caput* do art. 37 da Constituição da República, regulados por leis substantivas e pelas leis de processo em vigor. Talvez possamos encontrar a justificação dos fatos narrados na formação do Estado americano, que não corresponde à nossa. A partir dos colonos desembarcados do May Flower, já trazendo Cartas Constitucionais, separaram os primeiros imigrantes desde o início da colonização, o público do privado, malgrado o retrocesso lá reconhecido no

Em face da decomposição do Estado, uma nova forma de sua manifestação como vontade da história surge na concepção teórica de Rousseau, que concebe a vontade como princípio do Estado moderno, e na prática histórico-política, tomado aqui o que representa a virtude para Robespierre[319]. O Estado moderno adere o princípio da subjetividade, no sujeito que produz a liberdade.

Essa liberdade produzida, portanto, não advém da natureza, como bem mensura a história, onde se efetiva

> na identidade do eu e do nós pela mediação do seu mundo, que pressupõe a identidade da consciência (razão, nós) com esse mundo. O Espírito que é essa mesma liberdade, como liberdade de um nós manifestada na história, é o Estado. Há uma identidade entre o começo da história e o começo do Espírito ou da liberdade. Por isso, tudo ocorre com a simples presença do homem no mundo. Para Hegel não

---

século atrasado. Ao contrário, aqui a nossa memória atávica política, não obstante a Constituição e as leis, compreende o Estado em larga escala como propriedade privada dos governantes, sem diferenciar muitas vezes o público do privado, em face da formação, sob o aspecto de processo do Estado Brasileiro, que nasceu propriamente com as Capitanias Hereditárias, doadas pelo Rei de Portugal a seus próximos apaniguados nobres, que as podiam colonizar como propriedades privadas.

Esta memória atávica virou costume político, que, em geral, aceita a corrupção dos altos servidores públicos, pelo que, praticamente normalizado e normatizado numa ordem normativa costumeira paralela, é difícil de ser erradicado pela ordem normativa jurídica brasileira, que, no entanto, por condenação recente de alguns bodes expiatórios, tende, com o tempo, a se impor. Oxalá". (ARAÚJO, Aloízio Gonzaga de Andrade. *O direito e o estado como estruturas e sistemas*: um contributo à teoria geral do direito e do estado, p. 493-495.)

[319] Na França, o objetivo do novo regime, segundo Robespierre, era implantar e consolidar a democracia, instituir o Reino das Leis Constitucionais, em oposição ao arbítrio dos reis. Ora, o princípio fundamental desse regime democrático deveria ser a virtude, a virtude pública dos tempos da Grécia e da Roma antiga, virtude como amor à pátria e às leis do Estado, de modo a assegurar a igualdade como essência da democracia. Assim posto, era preciso que o interesse público sempre estivesse bem acima do particular, que o coletivo predominasse largamente sobre o privado. Robespierre entendia que pessoas escravizadas à avareza e à ambição não tinham um tal espírito, indispostas estivessem, portanto, de sacrificar ídolos particularíssimos no altar da pátria. Ademais, entendia que a virtude não poderia apenas estar confinada no governo como nem somente no povo. Para ele, um povo sem virtude, um povo corrupto, também, põe a perder a liberdade. (MUNDO. *História por Voltaire Schilling*. Disponível em http://educaterra.terra.com.br/voltaire/mundo/jacobinos4.htm.)

é o indivíduo o precedente histórico, é a sociedade concreta de indivíduos. Um e outro são abstratos se tomados separadamente, quer como começo da história, quer como momento lógico[320].

7.7 O Indivíduo Universalizado

Aponte-se que a história a que se refere Hegel é a história do homem, mas não de um indivíduo isolado que não se pode afirmar sem a sociedade, dada a mediação de um no outro, sendo, portanto, a história do Estado que universaliza o indivíduo. Assim, a história da liberdade é a história de um povo que se organiza nela, racionalmente.

O Espírito universal tanto é sujeito absoluto da ação de ser humano, como se revela dela na história da liberdade que se dá à medida que se conforma uma organização racional e se realiza a liberdade propriamente dita.

Tomando, assim, a ordem e a liberdade como os dois elementos dialéticos da concepção de Hegel de Estado, temos que somente realizando-os revela-se o que é racional e universal, ou seja, a justiça. Nesse diapasão, o Estado é o sujeito da ação de ser humano, na confecção racional da fraternidade. Com efeito, o Estado demanda uma ordem racional para ser justo e para assim se adjetivar tem de ter a ordem fulcrada na liberdade. O Estado é a razão na história, portanto, a liberdade individual tem de defluir dele, como o processo de realização dessa liberdade, superando a natureza como verdade, de modo que o Espírito alcance seu ser-para-si. Desse modo, tanto o homem como o ser humano é o conceito, mas a identidade deles é a absoluta negatividade, uma vez que enquanto objetividade exterior o primeiro deve ter a natureza superada para que se torne idêntico a si mesmo, homem e ser humano. O Estado sendo razão na história, o processo de realização da fraternidade, o homem como ser humano para si por intermédio do outro demanda uma ordem racional e universal para a interiorização da identidade.

O Estado se põe para a realização da liberdade formal, "criando o seu mundo como seu próprio ser, no qual ele se dá a verdade da sua liberdade"[321]. O ser humano, racionalmente concluso no Estado, criando

---

[320] SALGADO, Joaquim Carlos. *A idéia de justiça em Hegel*, p. 395-396.
[321] SALGADO, Joaquim Carlos. *A idéia de justiça em Hegel*, p. 398.

seu mundo, seu mundo como seu próprio ser, portanto fraterno, para a verdade de sua liberdade. Ora, esse é o Espírito objeto da religião na forma da representação, Deus, e objeto da filosofia, na forma do conceito, o ser humano, que se exterioriza na história para revelar-se.

Como o Estado deve realizar a liberdade na ação histórica do homem para que a sociedade seja cada vez mais livre e a liberdade remonte ao plano das idéias, o primeiro passo está na educação.

Em Hegel temos que a liberdade deve ser captada como realidade efetiva na história, real manifestação do Espírito e não postulado da razão pura. O Estado é, desse modo, a organização da sociedade que realiza a liberdade, e só o faz na fraternidade porquanto senão é precária, ou melhor, não se efetiva, como seja no Estado do entendimento, e não ético. O direito à fraternidade é a forma racional de como a sociedade realiza o interesse ético de todos, o direito à liberdade, condição *sine qua non* para sua realização. De um lado põe-se a sociedade civil, na qual se embatem os interesses particulares econômicos, de outro, põe-se o Estado, superior a ela, organizado para a realização da liberdade, pelo que não pode ser compreendido como que organizado para garantir a "propriedade particular e a liberdade pessoal", para garantir o homem e não o ser humano:

> Na verdade, se há uma *ordem social humana de seres livres*, ela só é possível como organização que torna possível a vida desses seres livres, não só como vida que *qualquer animal* consegue pelos seus instintos associativos, mas como liberdade da racionalidade, ou seja, na íntima unidade do universal e do particular, ou da liberdade subjetiva ('vontade individual que procura realizar seus fins particulares') e liberdade objetiva, ou forma pela qual os indivíduos realizam os seus fins, determinando seu comportamento segundo leis que são a própria liberdade como pensada, universal[322].

O Estado pós-revolucionário expôs a certeza de que todos são livres, e, de pronto, o homem diz de si que ser humano. Ora, se "o Estado é o caminhar de Deus no mundo, seu fundamento é a força da razão que se realiza como vontade"[323]; é por intermédio do Estado que tanto a liberdade como a humanidade vão se realizar como vontade do homem. Ora, o Estado é impensável sem o homem como ser livre e humano, bem como

---

[322] SALGADO, Joaquim Carlos. *A idéia de justiça em Hegel*, p. 401, grifos nossos.
[323] HEGEL, G. W. F. *Grundlinien der Philosophie des Rechts*, § 258.

o homem é impensável sem o Estado, haja vista que é por meio dele que a liberdade e a humanidade se realizam. "Fora do Estado, o homem está fora de sua essência"[324]. Assim, se a essência do homem é ser humano, resta claro que o Estado, realizando o absoluto enquanto instituição necessária e não-criação da vontade particular contingente, tendo sua essência na parte como a parte é seu fundamento, demonstra a necessidade do seu conceito como necessidade lógica realizando-se na história. O Deus que se revela na história é o próprio homem que por meio da razão representa o Estado no seu caráter de absoluto e requer dele a objetivação da "imagem e semelhança" de modo a concluir no ser humano a verdade de si.

Qualquer outro fim supremo que o Estado queira atingir não se coadunará com a vontade geral, dizendo respeito apenas à satisfação de interesses individuais, restando feridos "os direitos de igualdade inscritos no racional fundamento da humanidade"[325]. A própria guerra, no discurso de Hegel, Salgado aponta que resta como argumento lógico a partir do conceito de Estado:

> É pela guerra que o povo prova a sua eticidade, ou a recupera, pois nela imola-se a última base da liberdade pela própria liberdade, a vida. Esse risco do elemento material do *Dasein* da liberdade do indivíduo, o risco da sua negação é a própria afirmação da liberdade como o absoluto, na forma do Estado[326].

O ser humano deve ser humano por intermédio do Estado, de modo que o ser humano seja produto da razão do homem, obra de sua cultura. Hegel não nega o dever ser enquanto projeto para a modificação da realidade fosse negar a natureza do trabalho humano. A realidade é resultado da história, portanto, a que deve ser porque revelação da idéia de liberdade, o Espírito absoluto. Assim, as instituições devem ser direcionadas, racionalmente, para o aperfeiçoamento da vida social. "Quem sou, de onde vim e para onde vou?" direciona a filosofia à descoberta da inteligibilidade última de nosso mundo. Ora, no momento em que nós nos pomos a nós mesmos por intermédio do Estado onde o Espírito absoluto se revela em si e para si, a essência do real, o ser humano no homem, tal como é e tal como deve ser, vem à tona.

---

[324] SALGADO, Joaquim Carlos. *A idéia de justiça em Hegel*, p. 402.
[325] SALGADO, Joaquim Carlos. *A idéia de justiça em Hegel*, p. 403.
[326] SALGADO, Joaquim Carlos. *A idéia de justiça em Hegel*, p. 403.

É preciso que se admita o homem conceber-se o que é pelo que, mesmo tomando-o no absoluto como ser humano, ser humano é sua realidade efetiva, e não mera transcendência abstrata. O homem como ser humano é o que é pelo que ser humano é a própria razão de si. A humanidade como universo ético que o homem quer habitar e que se realiza na história por intermédio do Estado que se globaliza é o real a ser conceitualizado como o Espírito que age por si mesmo e que somos todos nós.

A crítica de Hegel ao liberalismo da Revolução, por exemplo, na demonstração do unilateralismo e o caráter abstrato da absolutização do individual para nós reside exatamente porque afronta o ser humano, o ser para si. O homem não deixa de ser humano tomada a realidade empírica, no mundo da contingência histórica.

No contexto da Filosofia do Direito, entende Salgado[327] que

> Hegel procura desfazer uma confusão que comumente ocorre no saber vulgar. Real não significa o existente. Nem tudo o que existe é real no sentido racional. O ruim é uma ruptura, uma quebra, uma 'nulidade' no real. Hegel coerente com a estrutura do pensar, e atento às categorias da sua lógica, coloca a existência (*Existenz*) como algo abstrato com relação à realidade (*Wirklichkeit*), que é a sua verdade. A realidade é dada no conceito. A mera existência de algo enquanto o conheço apenas como existente, sem operar a dialética da essência e da existência e penetrar o interior da coisa, não dá a sua substância, portanto o seu conceito: 'O que o Espírito não concebe está diante dele como um outro para ele. Concebida a coisa ele tem a sua substância e está nela como em si mesmo'[328].

7.8 A Fraternidade e o Estado Racional

Como o ser humano deve ser humano por intermédio do Estado, o homem como produto de sua própria razão, portanto ser humano, a

---

[327] SALGADO, Joaquim Carlos. *A idéia de justiça em Hegel*, p. 409-410.
[328] Salgado (*A idéia de justiça em Hegel*, p. 409-410), cita Hegel (*Vorlesungen über Rechtsphilosophie*, p. 923) e manda conferir SCHÖNEBURG, Kard-Heinz. Rechtsnormen: Historisch-dialektisch begründet? *In*: HENRICH, Dieter (Hrsg). *Kant oder Hegel?*, p. 647.

finalidade desse homem como povo no Estado está em fazer-se Estado como fim para a conclusão de uma sociedade humana.

Na existência de um povo está o seu fim substancial: ser um Estado e como tal conservar-se. Um povo sem a forma do Estado (uma população como tal) não tem história propriamente, tal como os povos que existiram antes de se constituírem em Estados e outros que ainda hoje existem como nações selvagens[329].

Assim posto, cada povo em um Estado constitui a humanidade e pela razão, que concebe a ação de ser humano, realiza o espírito universal. Ora, Hegel inscreve que a razão de os homens se organizarem em Estados é a realização da liberdade concreta. De nossa parte, temos a dizer que a liberdade só se dá pela realização de cada sujeito como universal, bem como pelo completo desenvolvimento da particularidade do sujeito, o homem para si porque de si se sabe ser humano e este é o conteúdo da sua universalidade, da racionalidade. À medida que todos são tratados, a partir do reconhecimento, segundo o "princípio da humanidade"[330], o homem que em si é humano realiza essa humanidade. Esse tratamento deve ser assegurado pelo Estado, e por mais rudimentar que seja esta fraternidade, por ser idéia, está assegurada. O Estado desenvolve não só a idéia de liberdade, como a de fraternidade.

Na trajetória histórica, quando se mensura o evento das organizações da sociedade civil sem fins lucrativos, o que se tem demonstrado é que o Estado racional contemporâneo não tem cumprido com a concreção da liberdade objetiva nas instituições e subjetiva nos membros partícipes das instituições.

Como temos que a "grande novidade de Hegel é, assim, a reflexão sobre o processo da história universal, cujas estações são diferentes degraus da realização do 'saber da liberdade' como razão na história"[331], essa "realização do 'saber da liberdade' de todos enfrenta a questão da fraternidade que, necessariamente, formula-se a partir da dialética do universal e do particular, ser humano e homem, substância ética e particularidade do indivíduo.

---

[329] HEGEL, G. W. F. *Enziklopädie der Philosophischen Wissenschaft*, § 549.
[330] SALGADO, Joaquim Carlos. *A idéia de justiça em Hegel*, p. 412.
[331] SALGADO, Joaquim Carlos. *A idéia de justiça em Hegel*, p. 414.

Nesse diapasão, a reflexão de Kant no que pertine ao significado da Revolução Francesa ante o fato de, a uma, considerar cada membro da sociedade, o homem individual, não como meio, mas como fim em si mesmo; a duas, afirmar a maturidade do homem para o exercício da liberdade; a três, atestar que a humanidade caminha no sentido crescente da realização da liberdade e que o progresso para o melhor não é apenas esperança, mas é um fato, bem como a reflexão de Hegel a partir da unidade da particularidade do indivíduo com a universalidade da comunidade política na concepção do Estado da razão que efetiva a mediação da realização da subjetividade moral, tomado que o direito desenvolve o seu conteúdo de racionalidade em formas de realização cada vez mais largas, temos que a fraternidade urge manifesta como conceito da realidade estatal do Estado constitucional moderno sejam os direitos elencados, exemplificativamente, tomando-se a Constituição da República Federativa do Brasil, em seus arts. 5.º, 6.º e 7.º, mais especificamente. Nesses artigos está expresso o Estado no momento de seu conceito, plenamente consciente de ser a realização da liberdade e da fraternidade.

A conseqüência lógica do pensamento de Hegel é o Estado constitucional, haja vista a Constituição ser posta por um ato de vontade que resume, por escrito, o conteúdo de racionalidade do convívio dos indivíduos, sistematizando a vida ética da comunidade, de toda forma, levando em consideração a particularidade do indivíduo em face da universalidade da comunidade política, ou seja, o sujeito da ação de ser humano, verdade da identidade imediata (homem), que efetiva pela mediação com o outro por meio da ação de ser, racional, a realização da subjetividade moral no Estado racional em que a Constituição se põe como expressão consciente desses mesmos indivíduos.

Hegel expõe em sua *Filosofia do direito*, do que se trata esse Estado:

> O Estado é a realidade efetiva da liberdade concreta; ora, a liberdade concreta consiste em possuírem a individualidade pessoal e seus interesses particulares o seu pleno desenvolvimento e o reconhecimento do seu direito para si (no sistema da família e da sociedade civil), na medida em que, de um lado, por si mesmos se integrem no interesse geral e, de outro, o reconheçam consciente e voluntariamente como seu próprio espírito substancial, agindo para esse mesmo interesse como para o seu fim último[332].

---

[332] HEGEL, G. W. F. *Grundlinien der Philosophie des Rechts*, § 260.

Ora, o Estado racional cuja característica é realizar a liberdade como liberdade subjetiva no seu aspecto universal, refere-se, nessa universalidade, ao ser humano, o sujeito da ação de ser humano que se quer racionalmente livre, e não ao homem propriamente dito, imediato, que realiza a liberdade no sentido do arbítrio. A liberdade do indivíduo se dá na universalidade de seres humanos, objetivada na ordem jurídica conclusa a partir de uma Constituição que conclama o *éthos*, portanto, a "residência", a "morada", o "lugar onde se habita" a realizar a fraternidade. A liberdade que se quer efetiva no Estado se faz concreta tanto nos direitos do indivíduo perante a universalidade de seres humanos como no dever de cada um para com a fraternidade, direito da totalidade social. Dessa maneira, a realização da liberdade se dá em face do duplo reconhecimento, ou seja, dos direitos do indivíduo e do cidadão, a partir da consciência de que aquele é partícipe do todo social, onde realiza a sua "essência substancial", seu ser, humano. A fraternidade comunga o universal e o particular:

> Na verdade, o interesse particular não deve ser negligenciado, nem reprimido, mas posto em harmonia com o interesse universal de modo a serem ambos conservados. O indivíduo, considerado súdito pelos seus deveres, como cidadão, ao cumpri-los, encontra a proteção da sua pessoa e da sua propriedade, a consideração do seu bem particular e a satisfação da sua essência substancial, a consciência e o orgulho de ser membro desse todo[333].

O conceito do Estado em Hegel conforma a idéia de fraternidade, à medida que este realiza a atividade do universal e o desenvolvimento da subjetividade, quer como ser livre, quer como ser humano:

> O Estado tem a mesma universalidade e organicidade da família. Entretanto, a organicidade não é mantida pelo vínculo de uma integração imediata do membro no todo da família, mas mediatizada pela pessoa na sociedade civil, que dela se separou para a comunidade do trabalho. Na família, a ligação do seu membro com o todo é feita imediatamente, isto é, não refletida, e se funda no amor. No Estado, o vínculo é do mesmo modo orgânico, mas o indivíduo no Estado

---

[333] HEGEL, G. W. F. *Grundlinien der Philosophie des Rechts*, § 260.

passou pela reflexão da sociedade civil e retorna ao todo orgânico por vínculo, cujo fundamento é uma vontade racional, situada não no plano do amor, mas no do conceito[334].

A vontade racional a que se refere aqui Salgado que não se situa no plano do amor, mas se nos apresenta o Estado com a mesma universalidade e organicidade da família, é a fraternidade, imagem convexa da família que se resvala pela sociedade civil, constituindo o Estado.

Nessa estrutura semelhante à familiar, isto é, orgânica, mas diferente pela integração do indivíduo como membro autônomo, a que se reconhecem direitos, o Estado na sua concepção ética, como Estado universal concreto, é a unidade em que cada indivíduo, membro desse Estado, é também uma unidade para si, vale dizer, em que cada indivíduo reconhece a todos e é por todos reconhecido nos seus direitos, como participante do Estado. Nele ocorre o pleno reconhecimento do indivíduo, ou o *reconhecimento concreto como ser humano*, livre que é; no Estado racional surge a individualidade que é o *reconhecimento universal do ser humano em particular*, o qual, por sua vez, reconhece universalmente a todos[335].

Na fraternidade exposta no Estado racional, a família e a sociedade civil se integram para o reconhecimento do homem como ser humano, tomando-se, de um lado, a competência da família para a educação de base e, de outro, da sociedade civil para o desenvolvimento do indivíduo pelo trabalho, até a convergência da realização política da fraternidade para a efetivação da liberdade.

A educação e o trabalho fomentam diferenças entre os indivíduos. Ora, a expressão popular que retumba que "a saída está na educação"[336]

---

[334] SALGADO, Joaquim Carlos. *A idéia de justiça em Hegel*, p. 419.

[335] KOJÈVE, Alexandre. *Introduction à la lecture de Hegel*: leçons sur la phenomenologie de l'espirit, p. 504, *apud* SALGADO, Joaquim Carlos. *A idéia de justiça em Hegel*, p. 419.

[336] Mariah Brochado aponta a "necessidade de um projeto de formação educacional da vida jurídica para completar o círculo de mutação da experiência jurídica como eticidade que desponta no momento histórico atual. Uma pedagogia do direito é tão necessária quanto a educação moral, para uma formação mais expressiva e presente de uma consciência jurídica do indivíduo, que, conforme Platão, deve 'ser educado no espírito das melhores leis'. [...] O indivíduo, que é o vivificador das declarações legis-

encontra autoridade no contexto de que os indivíduos se realizam tanto mais livremente quanto mais direitos adquirem com a formação que obtêm. Por isso, é ao Estado que cabe o dever da educação, mesmo que por intermédio da família. Estado e família se aglutinam no dever da educação, que permite a saída do indivíduo do seio familiar para a unidade ética do Estado, portanto, formando-o para a liberdade a ser vivenciada enquanto cidadão, com "personalidade livre autônoma" e dotado de vontade livre. Assim, é o processo de formação ética por meio da educação, para além da formação técnica em atenção ao mundo das necessidades, que concebe o ser humano, a pessoa livre e autônoma, o sujeito capaz da ação de ser humano, partícipe do *éthos*, portanto, o cidadão, fraterno porque livre segundo o princípio de reconhecimento:

> O indivíduo na sua particularidade e a 'sociedade' na sua universalidade resultam na universalidade concreta do Estado, em que o social é o individual e o individual o social, como liberdade concreta ou unidade da liberdade subjetiva e da liberdade objetivada nas instituições do Estado. O Estado é o fim último do indivíduo e o indivíduo fim último do Estado[337].

---

lativas, não reconhece nelas o ponto de chegada (e ao mesmo tempo de partida) da realização de suas necessidades eticamente postuladas, ou seja, não se identifica com as normas que, em tese, ele e todos os seus semelhantes legitimaram como o projeto daquele corpo social. [...] Para que formemos essa estrutura na singularidade dos indivíduos, o que equivale à interiorização axiologicamente positiva (e não negativa) do que vem a ser direito, logo, nos seus dois aspectos (como *norma agendi* e *facultas agendi*), é imprescindível que assim ele seja apresentado. Não se trata de ensinar a repetir leis, porque isso nem o profissional do direito pretende fazer, mas trata-se, antes, de conhecer os direitos elementares que formam a dignidade humana, na forma de direitos, ideais jurídicos – e não meramente morais – a serem conquistados contínua e reiteradamente em cada momento da história, e, principalmente, compreender que o direito não é um mal necessário que aparece quando as pessoas descumprem a lei. É compreender o jurídico no que ele traz de digno ao homem, que é a possibilidade de exigir qualquer bem, desde que seja de direito. [...] Há que se aprimorar a educação ética nos níveis fundamental e médio de ensino, resgatando com mais vigor o ensino moral, acompanhado pela conscientização sobre a importância e o valor dos direitos fundamentais declarados numa Constituição, e da importância desta nos ditos estados democráticos de direito, que não pode definitivamente ser entendida como um código de regras modificáveis aleatoriamente por cada grupo que assume o poder. (*Direito e ética*: a eticidade do fenômeno jurídico, p. 236-238)

[337] SALGADO, Joaquim Carlos. *A idéia de justiça em Hegel*, p. 421.

À medida que o Estado se dá como unidade concreta do universal e do particular, o homem como ser humano se deve revelar na efetividade da fraternidade expressa na Constituição, que demanda a ação de ser humano do ser racional que quer realizar a liberdade e que tem na humanidade a consciência da sua unidade e da sua identidade real[338].

Não se pode definir o Estado como totalidade de indivíduos, mas, antes, como uma universalidade orgânica que os indivíduos compõem como órgãos, cuja finalidade tanto é a vida do todo como das partes[339].

Daqui se alça à democracia[340] como vontade geral, entendida como "regra de decisão da maioria e regra de respeito da minoria", para a

---

[338] A lei é um querer universalmente reconhecido porque vontade do povo. A vontade transcendental que comunica racionalmente a demanda pela efetivação dos direitos humanos, o acesso ao que prescrevemos através da lei porque todos nós temos a consciência do que significa ser humano, o outro e nós mesmos. Tomado isso, a corrupção assume uma dimensão maior. O que se corrompe é a essência humana e apesar da aparência de homem já não se pode dizer que humano, dado o desvio do curso esperado. Veja-se que se trata da adulteração da essência daquele que enquanto homem público dele se esperava que realizasse o que prediz nossa vontade porque representante dela ou em nome dela nomeado. Corrupção é a deterioração, a alteração da pureza da essência humana.

[339] Hegel entende que a participação dos cidadãos se dá através das corporações (Stände) e que, de toda forma, não é o povo que decide afinal, sendo reservado ao monarca, o último momento para pronunciar a vontade do Estado, de modo a se adequar uma estrutura racional para a realização plena da liberdade. Salgado aponta que isto se dá através de corpos intermediários, cuja natureza é a dos partidos que se formaram e se desenvolveram nos Estados democráticos e que à figura do monarca corresponde a de presidente da república ou de presidente do colegiado, para dizer que a "última palavra" se não trata de expressão arbitrária do poder, mas que nenhuma decisão pode se remeter para fora da vontade dos órgãos estatais, podendo ser resumida na expressão hegeliana "eis aí uma lei" e se do monarca, apenas porque a vontade soberana perfeita representada no Estado não se realiza na população enquanto massa informe a que exige a unidade concebida como pessoa. (Cf. SALGADO, Joaquim Carlos. *A idéia de justiça em Hegel*, p. 422-423.)

[340] Salgado aponta a existência de uma teoria democrática em Hegel. "O fundamento da democracia, tal como hoje se exerce e se concebe, é a liberdade individual, na medida em que uma ordem social funcione como ordem de indivíduos autônomos, vale dizer, portadores de direito que essa ordem faz valer e que somente nela são possíveis. Esse centro do pensar político-filosófico de Hegel é o núcleo ideal e real da vida democrática do Estado de direito contemporâneo". (SALGADO, Joaquim Carlos. *A idéia de justiça em Hegel*, p. 427, que ainda cita G. Maluschke, indicando que o Estado hegeliano contém os princípios de um Estado democrático-social. [MALUSCHKE, G. *Philosophische Grundlagen des demokratischen Verfassungsstaates*. Freiburg, München: Alber (*Praktische Philosophie*, 16) 1982. Resenhado por JAMME, Christoph. *Hegel-Studien*, B. 19, S. 364-368, 1984, p. 366.]

efetividade de um Estado justo, que apõe o direito na sua racionalidade para a superação das desigualdades sustentadas na propriedade e na economia – o trabalho. A igualdade do sujeito é universal, portanto, reside na sua humanidade o ser detentor da racionalidade que se diz humano, na sua expressão ética numa comunidade livre. O justo manifesto no direito exige a ação da liberdade como exige a ação de ser humano para que tanto a liberdade como a fraternidade adquiram sua existência.

O Estado que realiza a fraternidade na sua estrutura racional de Estado de direito executa a lei sem privilegiar quem quer que seja, inclusive o próprio Estado e garante os direitos dos indivíduos, individuais e sociais. No Estado hegeliano, o trabalho livre é elemento básico da estrutura estatal, como direito e ordenação do interesse privado pelo interesse público, pelo que cabe ao Estado evitar a exclusão social do indivíduo sem meios para sua subsistência, o que comprometeria o Estado na sua concepção racional fraterna.

> O Estado tem como tarefa, acima do sistema das necessidades – que em última instância se resume ao confronto entre produtores e consumidores, relacionados pela mediação da riqueza produzida, de modo a tornar possível a participação de cada um, observado sempre o princípio fundamental do direito ao trabalho para a legitimação dessa participação –, regular e zelar pela justa proporção entre os interesses dos produtores e os dos consumidores, uma vez que seus interesses 'podem estar em conflito'[341].

O trabalho é a fonte legítima de participação na riqueza social, proporcional ao mérito de cada um e submisso ao mecanismo racional do Estado democrático na mensuração ética do social.

Assim posto, tomado que o princípio da individualidade livre está adstrito à estrutura do Estado hegeliano e é mesmo nele que se realiza a liberdade, cabe ao Estado a efetividade da fraternidade, por meio da ação de ser humano na racionalidade do cidadão concreta no Estado, de modo a que a liberdade se estenda às dimensões possíveis do indivíduo, contido pelos obstáculos naturais do sistema das necessidades.

É na efetivação da fraternidade que o homem encontra condições para seu desenvolvimento como o ser humano que é e realize a liberdade como membro do Estado racional.

---

[341] SALGADO, Joaquim Carlos. *A idéia de justiça em Hegel*, p. 426.

A fraternidade é a expressão racional do ético da cultura, na qual a idéia de liberdade se manifesta no mundo objetivo do Espírito na abrangência do direito. A razão tem como fim a liberdade, pelo que, em Hegel, a idéia a justiça exsurge como "forma de vida racional numa sociedade; realiza-se igualitariamente, por meio de uma atividade interna da própria razão"[342].

Temos que "a idéia de justiça em Hegel apresenta-se, desse modo, como articulação da idéia de liberdade e igualdade por um processo ativo da razão, ou seja, por meio de uma ação que se pode designar como trabalho"[343].

De nossa parte, como exposto, temos que a ação a ser empreendida é a ação de ser humano, momento mediador da idéia de liberdade, portanto, a fraternidade.

Não queremos dizer com isso que rechaçamos a apresentação hegeliana do homem como mestre da natureza à medida que a "educa", a "corrige" pelo trabalho e pela ciência, introduzindo nela a liberdade, porque se tem nela como seu fim último.

O fato é que é a ação de ser humano que identifica o pensar do homem de si, ser humano, e a vontade racional de sê-lo. Na *Fenomenologia*, Hegel desenvolve a dialética do conhecimento entre sujeito e sujeito, consciência de si no momento da razão que se relaciona com a outra consciência de si, que reflexivamente conhecem a si mesmos um por intermédio do outro, de modo a concluírem que saber do outro é saber de si mesmo.

Quando a consciência de si que se sabe do outro como consciência de si e têm ambas a si mesmas como seu fim e que é como seres humanos que se universalizam, inicia-se a dialética da fraternidade.

Ora, a igualdade em Hegel se põe como um processo de conquista da liberdade pelo reconhecimento, primeiro na dialética do senhor e do escravo, depois, no reconhecimento do sujeito de direitos universais no plano do Estado.

A consciência de si se sabe consciente, e é nessa convicção que se concebe livre. Mas essa liberdade é do pensamento que se sabe livre e realiza a liberdade no estar em si mesmo. Na presença do outro, a liberdade em si se exterioriza e precisa, para retornar a si, de produzir a liberdade que atenda às suas próprias determinações.

---

[342] SALGADO, Joaquim Carlos. *A idéia de justiça em Hegel*, p. 466.
[343] SALGADO, Joaquim Carlos. *A idéia de justiça em Hegel*, p. 466.

Hegel aponta que é "o trabalho que opera essa libertação, pois na conjunção com a ciência (o saber da natureza) é domínio da natureza ou sua interiorização no pensar. É desalienação ou volta do pensar para si mesmo"[344]. Mas o trabalho é autodeterminante que altera a exterioridade da experiência sensível. Só que a liberdade que pleiteia o homem é a que atenda às suas próprias determinações na presença do outro, pelo que não pode ser arbitrária, mas racional. "A idéia de liberdade pertence à esfera de manifestação mais alta do Espírito, da sua manifestação como razão"[345], pelo que exsurge como autonomia, onde o homem "sabe que é fim em si mesmo, de modo que a norma exterior que lhe possa ser imposta tem de ter internamente seu assentimento, reconhecimento; até mesmo fundamento"[346].

Como vimos, o homem é um ser fraterno[347], e essa satisfação está no outro que o desaliena à medida que por meio dele se põe para si mesmo. Mas a fraternidade não é arbitrária nem determinada pela natureza. O outro não pode ser determinado como objeto da experiência sensível porque também livre. Podemos dizer que a razão que dá origem à ação de ser humano reside nos dois "momentos ideais da verdadeira liberdade e da verdadeira necessidade"[348]: a necessidade de ser humano para ser livre.

---

[344] SALGADO, Joaquim Carlos. *A idéia de justiça em Hegel*, p. 470.

[345] VAZ, Henrique Cláudio de Lima. *Escritos de filosofia I*. Problemas de fronteira, p. 36.

[346] VAZ, Henrique Cláudio de Lima. *Escritos de filosofia I*. Problemas de fronteira, p. 34.

[347] Prova disso, por exemplo, é um estudo recente feito pela Universidade Harvard. O levantamento conclui que existe uma relação direta entre comportamento ético e desempenho financeiro. Uma corporação responsável apresenta uma taxa de crescimento que chega a ser quatro vezes superior a da que presta contas apenas aos acionistas. Uma das vantagens é o acesso mais fácil ao capital. Segundo o Social Investment Forum, mais de 1 trilhão de dólares de ações são administradas por fundos que só aplicam em empresas com uma gestão comprometida com princípios éticos. Na Bolsa de Valores de Nova York, um índice criado pela Dow Jones está monitorando a movimentação das ações de um grupo de 200 empresas que adotam práticas de responsabilidade social e fazem parte de uma lista de 3.000 companhias mundiais. Segundo o desempenho avaliado entre janeiro de 1994 e novembro de 1999, as empresas éticas tiveram uma valorização de 170.6%, bem superior à média de 112,2% obtida pelas 3.000 empresas. (RESPONSABILIDADE social. Disponível em: www.portal-rp.com.br/bibliotecavirtual/ responsabilidadesocial.)

[348] HEGEL, G. W. F. *Enziklopädie der Philosophischen Wissenschaft I*, § 48.

Salgado esclarece que

> o que faz a confusão gerada na conceituação de liberdade e necessidade, separando esses dois aspectos da razão, é identificar a necessidade com o determinismo. O determinismo caracteriza o mecanismo e o quimismo, cujos processos têm origem externa. Determinismo é exatamente o proceder de algo externo na natureza, o contrário do que se concebe como necessidade e liberdade. Esses são dois momentos integrantes do que se denomina racional: o racional é necessário (não contingente e externo) e é livre (tem o fundamento em si mesmo e não em algo externo)[349].

Assim posto, a fraternidade se concebe como racional, uma vez que própria do próprio ser fraterno e amparada na liberdade do ser que deve ser o que é, pelo que tem fundamento nele mesmo.

Portanto, a fraternidade, como a liberdade, é autodeterminação da razão, autodeterminação de si mesmo enquanto livre. E não se diga que a fraternidade seja determinada por um objeto estranho porque saber do outro é saber de si mesmo pelo que o dado não é exterior, mas é o próprio homem.

A necessidade de ser humano para ser livre elimina a particularidade de cada um, e no conhecimento reflexivo de si como ser humano o homem encontra sua universalidade.

Assim, a fraternidade expressa a verdade do homem não só na sua substância humana, mas, também, como sujeito da ação de ser humano.

O homem como sujeito da ação de ser humano sabe que é humano e, à medida que age assim, é livre.

8. O CIDADÃO COMO SUJEITO DA AÇÃO DE SER HUMANO

8.1 Razão de Ordem

No capítulo 8, tratamos o cidadão como sujeito da ação de ser humano, primeiro a partir da idéia de ser humano na exigência da ação na racionalidade do cidadão concreta no Estado.

---

[349] SALGADO, Joaquim Carlos. *A idéia de justiça em Hegel*, p. 471-472.

Seguidamente, nas seções 3, 4 e 5 discorremos sobre a liberdade, a igualdade e o trabalho no trato da fraternidade propriamente dita, que tanto concorrem para sua compreensão.

8.2 A Idéia de Ser Humano na Exigência da Ação na Racionalidade do Cidadão

Hegel opera essa libertação exatamente porque ele "humaniza" a natureza, bem como a liberdade se revela na relação com o outro, de modo que o homem se vai aproximando da idéia de ser humano na interação dialética da substância humana e do sujeito que age, de modo que a unidade seja o sujeito da ação de ser humano, uma substância subjetiva livre, um sujeito universal.

Salgado afirma que

> pelo conhecimento e pelo trabalho o homem desvenda a natureza e a integra no seu mundo; na relação individual (como sujeito determinado) com a substância ética que é o resultado ou verdade da natureza, o homem realiza a liberdade na forma de vida política, em que os sujeitos se inter-relacionam no nível superior da razão. Ora, a relação do sujeito com o mundo, do sujeito consigo mesmo e com o outro, igualmente sujeito na forma de um nós racional, é o que empreende a filosofia de Hegel, particularmente no texto da Fenomenologia do Espírito[350].

Ora, a relação individual do homem com a substância ética que é o resultado ou verdade da natureza do homem é o ser humano, necessária para que se realize a liberdade na forma de vida política, em que os sujeitos se inter-relacionam no nível superior da razão demandando; portanto, a fraternidade, de modo que o sujeito da ação de ser humano na sua relação com o mundo e de si consigo mesmo por intermédio do outro, igualmente sujeito, articula um nós racional, que é a própria idéia de humanidade.

Sendo o ser humano o ser para si, apreende-se aqui a reciprocidade, e com isso o conceito que é "para si o poder da necessidade e da efetiva liberdade". Como a liberdade não é determinada por nada exterior a si

---

[350] SALGADO, Joaquim Carlos. *A idéia de justiça em Hegel*, p. 473-474.

mesma "ou conceito que superou as diferenças e as exterioridades na sua autonomia, como resultado da unidade do ser e da essência"[351], ela exige a efetividade do ser humano, "o que autodetermina é o que é, de outro lado, o necessário"[352].

Ser humano é absolutamente necessário para que o homem determine a si mesmo como absolutamente livre. Assim, a necessidade de ser humano remonta à liberdade de ser.

A idéia de humanidade se determina por si mesma a partir da atividade de todos, uns com relação aos outros, numa totalidade em si e para si. De toda forma, o ser humano não está no final do processo do homem, mas é o próprio processo, por isso a idéia de que o ser humano é o fim em si mesmo demonstra a necessidade da ação.

A idéia de Ser Humano como imagem e semelhança de Deus alijou o homem na alienação, pelo que é necessária sua atividade uma vez que, como fim em si mesmo, há a demanda de um começo, de modo que desse começo se lhe conceba fim. "No início era o verbo": Ser humano. Assim, racionalmente, a liberdade se manifesta enquanto autonomia de um homem que se quer livre porque livre. Começo e fim. Assim, racionalmente, a fraternidade se manifesta enquanto ação de um ser humano que se quer humano. Para tanto, como a liberdade e a igualdade restam recebidos pelo direito, também há a necessidade de alocação da fraternidade tomando-se o ser humano como fim do ordenamento jurídico[353]: o dever ser humano[354].

---

[351] SALGADO, Joaquim Carlos. *A idéia de justiça em Hegel*, p. 474.
[352] SALGADO, Joaquim Carlos. *A idéia de justiça em Hegel*, p. 474.
[353] Marcelo Kokke Gomes, considerando o imperativo kantiano do ser humano como fim em si mesmo, atrai-o "para a escala hermenêutica no sentido de que a interpretação deve considerar o ser humano como fim da norma jurídica, e nunca como meio, tem-se que em casos de confronto entre normas jurídicas atinentes ao direito financeiro, ao direito administrativo, ao direito tributário, e normas imediatamente vinculadas aos direitos fundamentais, estas nunca podem ceder àquelas, sob pena de transformar-se o ser humano em meio de satisfação de políticas públicas, violando-lhe os direitos fundamentais e sua dignidade enquanto ser humano, estruturais do paradigma do Estado Democrático de Direito, segundo o qual a norma deve se contextualizar". (GOMES, Marcelo Kokke. *O ser humano como fim em si mesmo*: imperativo categórico como fundamento interpretativo para normas de imperativo hipotético. Disponível em: http://jus2.uol.com.br/doutrina/texto.)
[354] Miracy Barbosa de Souza Gustin, citando Agnes Heller, afirma: "Todas as necessidades devem ser reconhecidas e satisfeitas, com a exceção daquelas cuja satisfação exija-se que um homem seja meio para outro homem". E adita: "Seguindo as orientações kantianas, Heller completa dizendo que as necessidades sobre as quais não recai um

A fraternidade se apresenta, portanto, como necessidade de ser livre, que por sua vez é necessidade concreta,

> verdade da necessidade. Nessa esfera, a necessidade é necessidade da razão. Esta é que, oposta à violência ou a todas as determinações externas da sua presença efetiva na história, é livre e produz a liberdade na forma objetiva da cultura, especificamente, da tecitura normativa real de um povo. Ter em si a forma racional de vida, que não é a contingência do agir livre – que ora ocorre, ora não, em meio a um mundo de determinações externas – mas que é o seu próprio modo de vida e o modo de vida de todos, é o que caracteriza o homem livre numa sociedade livre[355].

Por isso, importante analisar a questão do reconhecimento até a instauração de uma ordem humana racional, para a conclusão, no plano concreto, da igualdade e da liberdade e, portanto, da justiça.

A liberdade, antes do mais, dá-se no homem em si e se mostra como domínio da natureza[356] e se revela uma universalidade abstrata. Secundariamente, na presença do trabalho, implementa-se o processo de reconhecimento e o livre-arbítrio, na expressão máxima da individualidade, coloca os homens em confronto uns com os outros. Em terceira monta, a liberdade se apõe como autonomia, com o indivíduo reconhecendo o outro, também, como ser livre, pelo que se revela na lei, conformando-se, então, como direito, e o sujeito, titular do direito subjetivo realizador do universal da lei na particularidade do sujeito, reconhecido cidadão.

---

juízo moral negativo devem ser consideradas boas. E se pergunta se devem ser consideradas igualmente boas. No sistema social de prioridades essa é, sem dúvida, uma questão importante para o estabelecimento de políticas públicas. Quem indicaria, contudo, as necessidades boas ou que deveriam ser priorizadas pelo sistema público? Heller responde: 'O sistema de necessidades humanas deveria corresponder ao sistema de necessidades eleitas pelos humanos.'" (HELLER, Agnes. A crise dos paradigmas em Ciências Sociais e os desafios para o século XXI. Rio de Janeiro: Contraponto, 1999 *apud* Miracy GUSTIN, Barbosa de Souza. *Das necessidades humanas aos direitos*: ensaio de sociologia e filosofia do direito, p. 63.)

[355] SALGADO, Joaquim Carlos. *A idéia de justiça em Hegel*, p. 476.

[356] Salgado entende como domínio da natureza a superação do determinismo natural strictu sensu bem como o social, "uma vez que o movimento poiético do social, seja econômico, político ou técnico, de buscar e conservar o poder não alcança, por si só, o ético, único momento capaz de superar a contradição instaurada no nível técnico ou poiético". (*A idéia de justiça no mundo contemporâneo*, p. 264.)

É possível ainda considerar a idéia de liberdade em Hegel descrevendo seus momentos de um outro modo: como desejo, na medida em que a consciência de si, livre, se mostra como outra que a coisa desejada, exterior a ela; como reflexão ou livre arbítrio, na medida em que é forma de decisão subjetiva, que se deve concretizar na escolha do objeto particular; como vontade em si e para si no momento infinito, enquanto vontade que não se limita no arbítrio do outro, mas se realiza na liberdade de todos. Aqui, não se dá mais a liberdade no momento da relação da vontade com o mundo, na forma do desejo individual, mas na da posição da liberdade como liberdade de todos e da transformação da natureza por meio do trabalho de todos, social[357].

Tomando a liberdade como parâmetro, seja como livre-arbítrio, Salgado interpreta a fraternidade como solidariedade, a fraternidade considerada na sua imediatidade, mero poder ser, ao passo que a fraternidade em si mesma é a própria necessidade de ser humano. A solidariedade é momento da fraternidade, pois é a fraternidade mesma no momento do particular, sem a qual não há fraternidade concretamente. Depois, pela mediação com o outro, diante do reconhecimento firmado, põe-se como reciprocidade, como critério para uma política democrática emancipatória, para, então, alçar à idéia de ser humano na exigência da ação na racionalidade do cidadão concreta no Estado.

8.3 Liberdade e Fraternidade

É fato que o "trabalho gera direitos na relação com o outro, dentre os quais a liberdade"[358], mas é a fraternidade que aplaina as ranhuras da liberdade subjetiva no *éthos* porque a vontade de ser humano é do próprio homem, portanto, diz respeito à liberdade do sujeito.

Para que o homem livre se realize como tal é preciso que realize o ser que é, humano. Assim, o trabalho de que nos fala Hegel remete à própria ação de ser humano, na demanda do esforço a que se associa ao próprio domínio da natureza.

---

[357] SALGADO, Joaquim Carlos. *A idéia de justiça em Hegel*, p. 479.
[358] SALGADO, Joaquim Carlos. *A idéia de justiça em Hegel*, p. 480.

Tomemos a passagem de Salgado que nos alicerça o raciocínio:

O conceito de liberdade como domínio da natureza é especificamente hegeliano e fundamentalmente dialético. Com efeito, a concepção dialética da liberdade tem como base a idéia de totalidade. Fosse a liberdade apenas parcial, não seria ela liberdade, pois implicaria a dependência de um outro, fora dela, que com ela se relacionasse ou a determinasse externamente. A liberdade é o absoluto que tem em si mesmo a sua causa e seu começo. Por isso, é compreensão da natureza e do Espírito, da necessidade e da própria liberdade[359].

Ora, a compreensão da natureza e do Espírito, da necessidade e da própria liberdade nela mesma só se dá na fraternidade. A natureza humana revela o ser humano cuja ação de ser o que é se lhe revela a liberdade enquanto "absoluto que tem em si mesmo a sua causa e seu começo"[360]. Por isso, o domínio da natureza aposto por Hegel para tomar o homem na sua totalidade. Quem determina a liberdade, assim, não é a dependência de um outro, fora dela, mas o próprio homem que em si livre é em si humano e precisa fraternizar seja sua própria natureza.

Como "a idéia de liberdade é negadora da idéia de natureza, como negação do que lhe é externo"[361], só se revela do homem livre que afirma sua interiorização e a atividade do trabalho a que se refere Hegel ampara-se na fraternidade porque se refere ao trabalho que humaniza a natureza, esta é "um sistema de leis conhecidas e reconhecidas; nele, está *o homem em sua casa; o que vale é o lugar em que o homem se sente como em sua casa*; ele é livre pelo conhecimento da natureza"[362] (*er ist frei durch die Erkenntnis der Natur*).

Beisichselbstsein, o estar consigo mesmo, livre, repugna o "não ser ou estar fora de si como algo estranho a si mesmo"[363], ou seja, o estar consigo mesmo com o que mesmo é, livre porquanto humano, o mundo da natureza transformado como a própria casa (*zu Hause sein*), lugar da família, fraterno.

---

[359] SALGADO, Joaquim Carlos. *A idéia de justiça em Hegel*, p. 480.
[360] SALGADO, Joaquim Carlos. *A idéia de justiça em Hegel*, p. 480.
[361] SALGADO, Joaquim Carlos. *A idéia de justiça em Hegel*, p. 480.
[362] SALGADO, Joaquim Carlos. *A idéia de justiça em Hegel*, p. 481.
[363] SALGADO, Joaquim Carlos. *A idéia de justiça em Hegel*, p. 481.

O ser humano, enquanto ação de ser vem, pois, manifesta na medida que o estar consigo mesmo,

> *Beisichselbstsein*, que define a liberdade desdobra-se na perspectiva do outro como negação da natureza, mas também negação do outro considerado como limite da liberdade individual. É, portanto, *Selbstseinkönnen* (poder-ser-ele-mesmo) diante do outro indivíduo, que, por sua vez, é também ser-para-si, como mostrou a *Fenomenologia*, outro *Selbstseinkönnen* que, pela sua ação e obra, está também no seu mundo. Tem liberdade aquele que está livre para ser 'aquilo que ele, enquanto ele mesmo, pode ser'. Essa dialética, pela qual a liberdade é negação da negação, negação da própria liberdade portanto, é o que torna possível, na medida em que a liberdade individual é negada pela liberdade do outro, a construção de uma morada da liberdade, como morada de cada um, na forma de um direito de todos, enfim, como ordem política racional que torna possível a cada um ser ele mesmo na medida em que é para todos, ou ter a sua liberdade na medida em que é para todos, ou ter a sua liberdade na medida em que reconhece a liberdade de cada um. É, portanto, estar no seu domínio; não, contudo, na exclusividade e na abstração da individualidade isolada, mas estar na sua casa diante do outro reconhecido como seu próprio ser outro. É liberdade em igualdade, a qual se dá pelo reconhecimento do outro, ou que só é liberdade na medida em que se nega como particularidade livre, isolada, e reconhece o universal, negando a liberdade puramente subjetiva ou arbitrária. Assim, passa-se da liberdade puramente abstrata o eu para a liberdade efetiva do nós, vale dizer, da razão[364].

8.4 Igualdade e Fraternidade

A razão que confecciona o nós da liberdade efetiva concebe a fraternidade e suporta no direito a vontade livre de ser o que é, ser humano diante do outro reconhecido como seu próprio ser outro, ser humano também, o universal reconhecido, ser-para-si no mundo da cultura, livre para ser "aquilo que ele, enquanto ele mesmo, pode ser"[365], portanto, na

---

[364] SALGADO, Joaquim Carlos. *A idéia de justiça em Hegel*, p. 481-482.
[365] SALGADO, Joaquim Carlos. *A idéia de justiça em Hegel*, p. 482. O autor pede que se cf. RITTER, Joachim. *Hegel und die Französische Revolution*, p. 25 et seq.,

efetividade da fraternidade como direito de todo ser humano que é e sendo deve ser, expressa na ordem política racional.

Aqui a igualdade se revela, produzida, então, a partir do reconhecimento, com conteúdo próprio: todos são seres humanos. A igualdade dos seres humanos, de toda forma, sem a dialética da fraternidade, expõe uma igualdade apenas formal. Isso quer dizer que se atém à subjetividade pura, liberdade interna do querer e pensar que alinham todos os homens. A fraternidade, juridicamente, revela, em face da igualdade, o dever ser humano no desenvolvimento completo do homem.

A igualdade adstrita à liberdade reconhecida distende-se em face da fraternidade. Ademais, a própria idéia de liberdade vincula-se à idéia de igualdade por meio da idéia de fraternidade. A escravidão ruiu, porquanto não subsiste a idéia de desigualdade que toma o outro como animal apenas, e não como ser humano, e era preciso que se desenvolvesse a liberdade que em si se resignava para torná-la ao homem para si, porque consciente não apenas de sua liberdade, mas de sua humanidade. Era preciso, então, que se efetivassem as relações jurídicas a partir do advento do direito positivo. A relação entre sujeitos de direitos e deveres, e não entre pessoas e coisas.

O homem é livre não por natureza, como alude Hegel. Mas isso exatamente quando não se lhe pondera a humanidade. Vejamos, no dizer de Salgado:

> Ao dizer Hegel que o homem não é livre por natureza, convém sempre ter em mente, não quer dizer que o homem não seja em si mesmo livre. Desde o início, se é ser humano, traz a liberdade em si. Isso significa que não é pura natureza, mas pensamento. Enquanto natureza o homem é como qualquer outro animal. Entretanto, o homem é natureza espiritual. Nesse espiritual e não no natural é que está o terreno do direito (PhR, § 4), no qual o direito germina, se desenvolve e se conserva. A escravidão é assim histórica e histórica a sua negação[366].

Ora, portanto é a qualidade de humano que sustenta a idéia de liberdade em si. O pensamento está adstrito à humanidade, porquanto

---

anotando que "Ritter ilustra o conceito de liberdade na forma tradicional de Aristóteles: "livre é o homem que é em virtude de si mesmo e não de outro" (*Metafísica*, I, 2; 982b).

[366] SALGADO, Joaquim Carlos. *A idéia de justiça em Hegel*, p. 484-485.

esta é o que distingue o homem dos demais animais. A natureza espiritual é, assim, a natureza humana. Aqui se põe que ser humano não é o mesmo que ser animal pelo que é na humanidade onde brota o direito. Portanto, o ser humano não pode negar sua humanidade. Se a escravidão nega a liberdade e a liberdade se põe negando a negação, temos, pois, que a exclusão nega a humanidade, e é a fraternidade que nega essa negação. No que pertine à liberdade, é por meio do trabalho e da cultura que o homem nega sua negação. Quanto à fraternidade, é por meio da ação de ser humano que o homem nega sua negação. Pelo trabalho o homem se torna livre para si, antes do mais porque é diante do trabalho que o homem aprende a distinguir liberdade e escravidão, aprende que não é coisa e não pode ser possuído. Pela fraternidade, o homem se torna o ser humano que é e que somos todos na concreção do nós, razão que conclui pela liberdade efetiva. Agora, não sendo o processo de formação da liberdade, natural, declina do livre-arbítrio até a liberdade concreta, no Estado, como é no Estado que se conclui o ser humano sido homem, ser humano em si para pô-lo para si, sem exclusão, por meio da fraternidade, tomando-se o ser humano como fim do ordenamento jurídico: o dever ser humano. Somente por meio da ação de ser humano, o próprio fazer que sofistica a idéia do trabalho, seja este apenas momento da ação de ser humano que tornou homem, o escravo, agora é que o tornará humano (escravo'! homem'! ser humano).

O homem como ser fraterno não exsurge como ser natural e externo, mas sua natureza diz respeito, aqui, à essência – ou fundamento interno, conceito e razão. Portanto, como razão de ser é que aí temos constituído o plano da segunda natureza, o Espírito objetivo, verdade da primeira natureza, a ser encarnado pelo direito.

A ação de ser humano não se restringe ao arbítrio, porque não puramente subjetiva. A fraternidade requer a liberdade concreta, subjetivada e objetivada, na sua unidade. Requerendo a liberdade concreta que assambarca a ordem social como conteúdo, põe-se para a efetivação do convívio de seres racionais e livres na expressão absoluta do Espírito. A natureza humana tomada na sua essência e não na sua exterioridade, a segunda natureza (*zweite Natur*), que revela o conceito, pleiteia o dever ser de modo que a vontade livre se determine, a partir do princípio da sua própria atividade criadora, e o homem, verdade natural e externa, possa ser dito ser humano. Assim, é no sistema do direito, no "reino da realização da liberdade" que o homem se vai tornar o que é, porque a limitação é quanto ao que não seja por meio de uma ordem jurídica efetiva. O Espírito, no seu processo de agir, como ser livre, revela a sua humanidade. A fraternidade é a essência do ser que se revela em face da vontade objetiva, a ordem objetiva, nunca em despiciendo da vontade subjetiva que releva a liberdade do outro para ser determinada. "O direito tem assim, como seu terreno, o homem ou a natureza do homem na esfera do agir, que, por ser agir do homem, é racional, portanto vontade que se propõe um fim a realizar"[367]. Ora, o fim a ser realizado é a de ser humano, a ação racional que leva em conta a natureza do homem, a fraternidade, o ser que em si se põe para si na expressão do *éthos* que se identifica com o Estado. A dialética especulativa de Hegel nos permite opor ser humano e homem, a fraternidade aí identificada com o ser humano a partir da ação, representada pela razão expressa na lei. A oposição homem-ser humano se resolve no Estado, momento do Espírito livre que aparece como sujeito que age em conformidade com a ordem normativa que o submete. Da mesma forma como se não há de falar em homem livre no estado de natureza, não se há de adjetivá-lo nela ser humano, uma vez que "lobo do homem", portanto, sendo imprescindível a ordem normativa objetiva para que o em si, o humano no homem, se lhe ponha para si, a humanidade como produto da vontade de cada um, por intermédio do Estado.

À guisa de convencimento, a parte VIII do capítulo XV de *A idéia de justiça em Hegel* de Salgado se põe como uma luva a nosso amparo:

> À vista do que se tem exposto, uma das questões de fundo que acompanha a filosofia política de Hegel é: 'como salvar a ordem social?' [ou, ainda:] 'como salvar o Estado como elemento unificador e universal da sociedade? Como salvar a sociedade'?

> Se o problema central do direito é a liberdade, portanto, a subjetividade – pois não se pode pensar em liberdade concretamente se não se trata da liberdade do sujeito, do indivíduo –, salvar a liberdade não é salvar a liberdade de uns, mas de todos. Esta é a estação a que chegou a civilização ocidental de modo irreversível; saber que todos os homens são livres. Ora, a Revolução pôs em liquidação toda a ordem que dava unidade à sociedade, já cindida na sua estrutura pela impotência da organização feudal em dar-lhe unidade. O terror revelou-se como momento histórico de profunda significação; é o momento histórico de afirmação unilateral e abstrata da subjetividade

---

[367] SALGADO, Joaquim Carlos. *A idéia de justiça em Hegel*, p. 488-489.

ou da liberdade individual no seu significado mais radical, pondo a sociedade e o indivíduo diante do seu próprio fim. A liberdade individual, em nome da qual a Revolução se pôs em processo, viu--se à beira da extinção enquanto liberdade de cada um refletida em si mesma e isoladamente, e mostrou-se, diante da possibilidade da sua extinção, como necessidade de ser liberdade de cada um e de todos. A subjetividade chegou ao seu extremo, pondo em risco a possibilidade do social e, com isso, da ordem da unidade dos indivíduos. É nesse momento que salvar a liberdade de cada um significa salvar a liberdade de todos e salvar a liberdade de todos, salvar o social. Salvar o social, a vida em comum dos sujeitos, de homens livres, salvar a ordem, que só nela é possível a liberdade enquanto não seja a liberdade de um indivíduo, mas de todos, foi a tarefa da razão na história.

Toda a questão que se coloca na *Filosofia do Direito* de Hegel, desde o início, é exatamente, uma vez afirmada de maneira definitiva na civilização ocidental a subjetividade ou a liberdade do indivíduo, proclamada e tornada irreversível pela Revolução Francesa, indagar como é ela possível e como pode salvar-se sem cair no risco da extinção pela sua elevação ao plano da liberdade absoluta, do terror e, com isso, da desestruturação da sociedade. Como salvar a ordem social, a substância ética do Espírito, que é a própria liberdade objetivada, sem o sacrifício da liberdade subjetiva? Esse problema clássico volta, pois, à instância filosófica na nova perspectiva de Hegel.

Se a liberdade do indivíduo, conquanto não seja liberdade de um só, é de todos num espaço em que essas esferas de liberdade se inter-relacionam, a sociedade e sua unidade, a sociedade organizada de indivíduos livres é o único espaço onde pode a subjetividade existir. Subjetividade e objetividade, sujeito e substância ética são dois momentos de uma única possível realidade do Espírito, como unidade absoluta. Substância e sujeito não mais se diferenciam, senão como formas que passam no momento de sua superação: o Espírito. De outro modo, o Espírito é a própria unidade da substância (o *ethos* social, a comunidade) e do sujeito que pertence a essa comunidade. Como unidade ou resultado dialético desses dois membros, objetivo e subjetivo, o Espírito é a própria liberdade, que, como liberdade existente e real (*wirklich*), se revela, ora como liberdade objetivada nas instituições que a tornam possível, nas suas leis, ora como sujeito dessa liberdade. O *ethos* social não é, pois, algo que se opõe irremediavelmente à liberdade, mas o elemento de mediação da sua realização, o seu único modo dialético de existir; é a própria liberdade vista do ângulo da compatibilidade das liberdades subjetivas; é o modo pelo qual a liberdade subjetiva, interior, se exterioriza.

Ora, o elemento de unidade dessa comunidade de liberdades subjetivas, enquanto plano superior de superação da divisão entre liberdade do sujeito e sociedade, é o Estado. O Estado é o momento de manifestação do Espírito, da totalidade da liberdade em que as particularidades se superam. Como ordem social livre, o Estado é a instituição que faz com que a liberdade do sujeito seja possível numa unidade ética de todos. Não é, portanto, um ente abstrato separado dos indivíduos, mas os próprios indivíduos livres, na medida em que a sua liberdade se faz possível numa unidade, numa ordem. O sujeito livre e a ordem social que se apresenta como liberdade exteriorizada ou substância livre desenvolvem-se ao plano superior da sua unidade na ordem política, em que a unidade dos indivíduos não é dada externamente pelas leis do instinto, ou associação natural, mas por leis da liberdade. O Estado é, assim, a unidade da vontade universal, a liberdade no plano da instituição, da comunidade e da vontade particular dos sujeitos que o compõem.

O problema de Hegel é justificar a liberdade individual, a subjetividade e a ordem social numa implicação dialética, o que concretamente se revelou possível pela história.

No primeiro plano está, portanto, para Hegel, a liberdade concreta do indivíduo, realizada pela mediação das instituições que para isso ele cria. A unidade da ordem política e social grega e a subjetividade da liberdade revelada pela Revolução, eis o problema que se propõe Hegel a explicar por meio da idéia de justiça ou do Estado como momento de sua realização.

A *Filosofia do Direito* pode ser considerada, desse modo, como resultado, superação (*Aufhebung*) ou 'negação que conserva', de toda a tradição político-filosófica desde Platão[368]. Por isso, o pensamento ocidental se condensa nessa obra como seu ponto de chegada que é ao mesmo tempo seu ponto de partida. Como expo-

---

[368] Salgado aqui pede para se conferir Ilting (La forme logique et systématique de la philosophie du droit. *In*: WEIL, E. et al. *Hegel et la philosophie du droit*, p. 48.)

sição da idéia do direito, a *Filosofia do Direito* pretende captar a sua realidade histórica no conceito, ser expressão da sua racionalidade; pretende ser uma teoria da história da liberdade, cujo ponto culminante, o Estado, realiza essa liberdade na forma do absoluto, ou seja, como convergência da ordem (liberdade objetivada no direito) e da liberdade subjetiva que caracteriza a moralidade. A lógica da *Filosofia do Direito* obedece, assim, a um movimento duplo da liberdade, que passa pelas instâncias sucessivas do direito, como sua exterioridade, e da moral, como interioridade, de modo que a liberdade subjetiva do mundo moderno só ultrapassa o plano da pura possibilidade e se torna efetiva (*wirklich*), por meio da exterioridade do direito[369].

Dessa forma, o Direito Abstrato, em que se desenvolve a teoria do direito estrito e se reassume o direito romano, aparece como modo imediato de manifestação objetiva da liberdade, porque o homem é antes de tudo um sujeito de direito, pessoa. Só assim é pensável como social[370], pois só por meio do direito à liberdade assume a forma, não da efetividade que se dará no Estado, mas da existência (*Dasein*)[371], sem a qual não se efetivará como idéia. Na moralidade, Hegel introduz a grande novidade do mundo moderno diante da tradição clássica, a liberdade subjetiva, na sua forma teórica mais acabada, a ética de Kant. No momento da Eticidade, momento de totalidade dos dois primeiros, Hegel procura conservar, na superação da ética clássica, a noção de Estado ético dos gregos, mas com a introdução da novidade moderna: a sociedade industrial burguesa e o fato político da Revolução Francesa. Assim, Hegel opera o movimento dialético do antigo (direito romano e política) e do novo (ética subjetiva, Revolução e sociedade burguesa)[372].

---

[369] Salgado requer seja conferido Ritter (Moralität und Sittlichkeit. *In*: RIEDEL, M. (Hrsg). *Materialien zu Hegels Rechtsphilosophie*, p. 238.

[370] Aqui Salgado demanda pela conferência de Ilting (Die Struktur der hegelschen Rechtsphilosophie. *In*: RIEDEL, M. (Hrsg). *Materialien zu Hegels Rechtsphilosophie*, p. 54.)

[371] Salgado pede que se confira V. Liebrucks (Recht, Moralität und Sittlichkeit bei Hegel. *In*: RIEDEL, M. (Hrsg). *Materialien zu Hegels Rechtsphilosophie*, p. 13.)

[372] Alude Salgado que "Segundo Michel Villey, o conhecimento que Hegel tinha do direito romano, recebeu-o indiretamente, principalmente por Gibbon, Montesquieu e Kant. Se tivesse conhecido o *Corpus Juris Civilis*, teria, segundo diz, talvez, alterado sua concepção

Se a idéia de justiça em Hegel é a racionalidade desses momentos históricos significativos que embasam essa dialética, essa racionalidade somente se mostra como tal no movimento dialético, cujo conteúdo são os valores que compõem a sociedade política contemporânea: a igualdade, o trabalho e a liberdade.

Ora, o próprio Hegel para falar em igualdade o faz adstrito à liberdade, uma vez que encontra nela seu conteúdo, haja vista que o homem só é igual ao outro se livre. Mas, de toda forma, a igualdade em liberdade remonta à desigualdade tomadas as particularidades dos indivíduos, sejam estas naturais ou produzidas culturalmente. As condições universalmente iguais garantidas aos membros da comunidade política, na sua consideração como pessoas, capazes de direitos, necessariamente, remontam à fraternidade porque, antes do mais, o dever ser humano coloca o ordenamento jurídico a serviço da idéia do ser humano. E por quê?

Como mesmo entende Hegel, nem bem a liberdade nem a igualdade é dada pela natureza, mas produzida pela razão, por meio de uma lei universalmente válida, "produto e resultado da consciência do mais profundo princípio do Espírito e da universalidade, bem como da formação dessa consciência"[373]. Sem a organização estatal, o que se tem não é o ser humano, mas o homem no estado de natureza, a liberdade sem lei. Produto da racionalidade humana, a igualdade não pode se ater a ser apenas a de todos perante a lei. É óbvio que todos são iguais perante a lei, haja vista a lei ser soberana e não consagrar desigualdades. Como aponta Salgado, "a igualdade é apenas um patamar abaixo do qual seria o homem reduzido à condição infra-humana (o que o Estado deve impedir) e acima do qual o homem deve progredir, o que o mesmo Estado deve incentivar"[374]. Aposto o homem nesse flanco, o intento é o do ser humano que é o ser livre na expressão dessa efetividade, liberdade subjetiva e

---

do Estado. De qualquer modo, o direito romano constituía um dado da cultura européia, principalmente da Alemanha do século XVIII e XIX, e se incorporou de certo modo nas codificações a partir do Código de Napoleão. Ainda que Hegel fizesse críticas severas a certos institutos do direito romano, como na discussão com G. Bruno, o seu Direito Abstrato é, em parte, um discurso sobre a estrutura do direito privado romano. A respeito, cf. VILLEY. *Das römische Recht in Hegels Rechtsphilosophie*, p.133 e 146, *apud* RIEDEL, M. (Hrsg). *Materialien zu Hegels Rechtsphilosophie*, p. 131-151.

[373] SALGADO, Joaquim Carlos. *A idéia de justiça em Hegel*, p. 433.
[374] SALGADO, Joaquim Carlos. *A idéia de justiça em Hegel*, p. 432.

liberdade efetiva, "de forma que a liberdade subjetiva seja a submissão ou sacrifício, não da individualidade, mas do interesse privado, determinado pelo arbitrário e egoístico, ao da realização da liberdade universal"[375]. O Estado é que realiza a liberdade sem privilégios com a participação de todos. O processo de desenvolvimento da liberdade que em Hegel se dá com o trabalho culmina na Revolução Francesa, quando a consciência da igualdade se torna universal.

De nossa parte, temos que o ser humano é, também, produto da razão enquanto sujeito da ação de ser humano, o vir-a-ser do homem, a racionalidade no processo histórico que não o concebe mais o animal racional de Aristóteles, que justifica a incoerência entre a teoria e a prática do homem ou animal político e social que sustentou a escravidão. O ser humano se alicerça sobre o ser racional de Hegel, o espírito idêntico a si mesmo, o ser livre que se vai revelando a partir das contradições internas do homem, esse particular, mas, antes do mais, universal – o ser humano. O ser humano é um revelar-se do homem livre. Por isso, em Hegel temos que a igualdade é uma igualdade em liberdade, "do ser humano considerado em si mesmo, como ser lógico ou espírito. Ser lógico ou racional, ser político são na linguagem hegeliana a mesma coisa: espírito.[376]"

Senão ser humano, tomado apenas o homem, o universal entra em dissonância com o particular e a igualdade se revela como desigualdade. A distribuição igual de liberdade efetivada pelo Estado à medida que o ordenamento jurídico impõe o dever ser humano é que torna a igualdade substancial entre seres livres, iguais e fraternos, uma vez que considera todos como seres humanos, e não segundo suas qualificações externas.

> Pertence à cultura, ao pensar considerado como consciência do indivíduo na forma da universalidade, que eu seja concebido como pessoa universal na qual todos são idênticos. O homem, assim, vale porque é homem, não porque é judeu, católico, protestante, alemão, italiano e assim por diante[377].

Mas porque homem, o ser humano em si, não lhe decorre nenhum direito. Pelo trabalho, o homem livre em si tornou-se livre para si. Pela

---

[375] SALGADO, Joaquim Carlos. *A idéia de justiça em Hegel*, p. 434.
[376] SALGADO, Joaquim Carlos. *A idéia de justiça em Hegel*, p. 437.
[377] HEGEL, G. W. F. *Grundlinien der Philosophie des Rechts*, § 209.

ação de ser humano põe-se para si na consciência de que universal, portanto, igual e livre.

O homem tem em si o universal; o sujeito de direitos é o ser humano em si e para si que intenta que o "universal seja para o universal", o que se concebe

> à medida que o homem se conhece como Eu. Quando digo: Eu, o que viso sou eu mesmo como pessoa singular determinada. Na realidade, entretanto, não enuncio de mim, a partir dessa afirmação, nada de particular. Eu, cada um dos outros é também; designando-me como Eu, viso na verdade a mim mesmo, este ser singular, mas ao mesmo tempo exprimo algo de perfeitamente universal. O Eu é o puro ser-para-si, no qual toda particularidade é negada e suprimida, esse ser último, simples e puro da consciência. Podemos dizer que o Eu e o pensamento são a mesma coisa, ou, de modo mais preciso, que o Eu é o pensamento enquanto ser pensante... O animal não pode dizer: Eu; somente o homem, porque é o pensamento[378].

O Eu dito pelo homem que exprime algo de universal dele relevados todos os outros "Eus" é o sujeito da ação de ser humano que o toma igual a todos os demais. Ainda que em face da natureza Hegel demonstre que os homens não são iguais, tem que seu reconhecimento dá-se em face da "lei universalmente válida e soberana" porque

> a igualdade é, assim, fruto da formação do Espírito na história e não dado da natureza. Entretanto, mesmo como produto do Espírito, cuja objetividade e exteriorização se dá na lei, a igualdade não pode ser simplesmente e abstratamente entendida como igualdade de *todos perante a lei*. A própria lei, para ser justa, realização do racional e corporificação da liberdade, trata os indivíduos segundo suas desigualdades. Por isso, é um princípio importante o da igualdade perante a lei, mas de certa forma tautológico, pois não quer dizer senão que a lei é soberana, que está acima de todos os interesses particulares ou não consagra privilégios[379].

---

[378] HEGEL, G. W. F. *Enziklopädie der Philosophischen Wissenschaft*, § 24.
[379] SALGADO, Joaquim Carlos. *A idéia de justiça em Hegel*, p. 433.

Portanto, a desigualdade conformada diante de nossa identidade imediata declina perante nossa humanidade. Se nos detivermos na idéia de que eu sou eu, você é você, temos a diferença conformada entre nós, mas não permanecemos a nos considerar simplesmente como diversos, mas comparamo-nos uns com os outros, e com isso constatamos as determinações da igualdade e da desigualdade[380], opondo-nos uns aos outros. Mas o ser humano é a igualdade que tem em si a diferença. É nele que é preciso a consciência de si do espírito universal e que tem em si toda a liberdade, todo o universal de sua singularidade. O saber pleno da humanidade que a filosofia acessa resta posto pelo Estado, o Espírito objetivo, que de certa forma tem que todos são por igual livres porque a "diferença não é exterior à liberdade, como se alguém pudesse ser mais livre segundo tenha circunstancialmente melhor ou pior situação econômica, social, etc. É interna à própria liberdade"[381]. Ademais, quando se põe a fraternidade na densidade da igualdade, então, a igualdade homogeneíza a desigualdade, pois o cidadão que participa da criação da lei se torna o mesmo sujeito de direitos da ordem jurídica comum.

8.5 Trabalho e Fraternidade

Para Hegel a igualdade não é um dado natural do homem, mas de toda forma o que se tem é que é a desigualdade que historicamente se constitui, embora esta traga em si "a igualdade como momento imediato do processo de reconhecimento"[382], sendo "possível alcançar a igualdade em si e para si, ou igualdade em liberdade consciente de si mesma"[383], no Estado racional, "o reconhecimento da individualidade livre, por meio de uma ordem política em que se eliminem todos os privilégios e contingência, ou seja, toda espécie de irracionalidade"[384].

Salgado, explicando Hegel, afirma que

> a liberdade, o núcleo da história que se faz revelar no seu curso, não o faz por força independente do homem ou simplesmente pelo seu

---

[380] Para o raciocínio dialético que Hegel desenvolve a despeito da desigualdade das coisas a nos sustentar aqui, cf. *Enziklopädie der Philosophischen Wissenschaft*, § 117.
[381] SALGADO, Joaquim Carlos. *A idéia de justiça em Hegel*, p. 441-442.
[382] SALGADO, Joaquim Carlos. *A idéia de justiça em Hegel*, p. 444.
[383] SALGADO, Joaquim Carlos. *A idéia de justiça em Hegel*, p. 444.
[384] SALGADO, Joaquim Carlos. *A idéia de justiça em Hegel*, p. 445.

interior subjetivo isolado. Ela é uma idéia e como idéia é a explicação mesma da humanidade, é social. O modo pelo qual ela se faz na história é o trabalho[385].

De todo modo, o que sobressai aqui é que o trabalho a que se refere como o que faz a humanidade é o trabalho enquanto ação humana e, numa perspectiva ideal, a ação de ser humano.

Na perspectiva da dialética do senhor e do escravo, o trabalho ganha destaque na proporção que aparece como mediação no processo de formação do homem igual e livre, através da luta pelo reconhecimento[386].

Mas, como vimos, essa liberdade de um mundo ainda marcado pela divisão entre senhor e escravo é uma liberdade ainda não efetiva, haja vista que a dialética da liberdade é a dialética da sociabilidade e a gênese do homem coincide com a gênese de sua sociabilidade: toda individualidade é suprassumida e conquista sua humanidade na comunhão das liberdades.

Então, Hegel trata o trabalho livre na sociedade civil não mais servil, portanto, momento da liberdade e da igualdade concretas:

> A Filosofia do Direito de Hegel, como saber teórico da realidade espiritual ou do espírito objetivado na cultura, é o resultado de uma conjugação dialética de dois momentos fundamentais da atividade humana que se caracteriza como razão prática: a *práxis* ou vida ética do homem, livre, e a *poiésis*, vida ativa do homem como produtor da sua vida em todas as dimensões, pela ação libertadora sobre o mundo externo e sobre si mesmo. A reintrodução da *praxis* no imperialismo moderno da *poiésis* e a dialética de ambas as dimensões humanas, o agir (ético) e o fazer (econômico), constituem o esforço teórico de Hegel, cujo resultado é a noção de Estado[387].

---

[385] SALGADO, Joaquim Carlos. *A idéia de justiça em Hegel*, p. 450.

[386] "É na mediação do trabalho que o escravo encontrará o instrumento de retomada da sua consciência como ser livre e, portanto, igual ao senhor, enquanto se dá conta da alienação do seu trabalho. Este, como obra transformadora do mundo, domínio da natureza, tem o seu resultado, a obra ou a natureza dominada, totalmente entregue ao senhor. Enquanto realizador da obra é dela totalmente desapossado por força da perda da sua substância pessoal, a liberdade inicial, convertida também em coisa, propriedade do senhor. Pela consciência dessa alienação, recupera-se a liberdade, como saber". (SALGADO, Joaquim Carlos. *A idéia de justiça em Hegel*, p. 450.)

[387] SALGADO, Joaquim Carlos. *A idéia de justiça em Hegel*, p. 451.

O trabalho é ação do homem, instrumento de sua realização ética, bem como forma de humanização da natureza, lugar de satisfação das necessidades do homem. Mas, pelo trabalho, o homem tanto realiza a transformação da natureza como sua formação. A formação da consciência de si como conhecimento de si que toma a natureza transformada não como fim, mas a si nela como seu intento último, porque o trabalho opera, reconhecido o sujeito que trabalha como fim último do seu trabalho, a afirmação de sua liberdade. Ora, como aponta Salgado, "no homem mesmo, o trabalho não é transformação, pois nada de externo lhe é introduzido, uma vez que já é pura interioridade e liberdade. Daí ter apenas de formar o que já é em si, ou tornar o que já é em si mesmo em para si"[388].

Por meio do trabalho, o homem, que em si é livre, afirma sua liberdade e é por meio dele que se põe como fim último da ação, ação de ser humano porquanto ação própria do homem, e, como em si é humano, pelo trabalho deve tornar-se para si, seja porquanto como em si é racional, torna-se para si. A figura das organizações não-governamentais sem fins lucrativos põe-se, então, para a "produção de si mesmo", o Espírito sabendo de si mesmo humano que toma o trabalho corpóreo para sua realização como universal concreto, o homem, para realizá-lo como totalmente livre. Nesse sentido, o trabalho do ser humano quer a manifestação da essência da consciência de si humana e, porque livre, não alienada, tem-se no retorno a si como essência de si; como ação de ser humano: é isso que fica no mundo exterior, criando um novo mundo e formando-se o que também trabalha, na expressão da consciência como consciência humana. O sujeito da ação de ser humano aparece no seu mundo como humano e livre, e autor consciente da humanidade a entende como obra de sua própria liberdade.

O trabalho sem fins lucrativos perscruta uma realização exterior adstrita à própria natureza do homem como ser humano. Ora, como aponta Salgado,

> o trabalho é, destarte, o pensamento livre que se exterioriza. O pensamento é atividade ou negatividade a partir de si mesmo, é liberdade interior, mas é também liberdade que se exterioriza e, na medida em que se exterioriza para alguma coisa e para um outro, é trabalho. O trabalho é liberdade exterior que vence as coisas ou modifica a realidade[389].

---

[388] SALGADO, Joaquim Carlos. *A idéia de justiça em Hegel*, p.454.
[389] SALGADO, Joaquim Carlos. *A idéia de justiça em Hegel*, p. 459-460.

De toda forma, como bem observa o autor, "esse 'pôr-se de um interior no exterior' (*Heraussetzen eines Innerlichen*) é ação pela qual o espírito se forma no tempo, tanto no sentido corporal como intelectual, para, novamente como imediato, processar sua formação até o momento em que, no Estado, essa *Bildung* se completa"[390].

A formação do ser humano pela sua própria ação a partir da idéia da fraternidade é a exteriorização do homem, "passagem da substância pensada para a realidade", que se vai concluir no Estado, porquanto nele, realizando sua liberdade, tem como fim a si mesmo como ser que é.

Ora, as organizações não-governamentais têm seu perfil político caracterizado por: tradição de resistência ao autoritarismo; contribuição à consolidação de novos sujeitos políticos e movimentos sociais; busca de alternativas de desenvolvimento ambientalmente sustentáveis e socialmente justas; compromisso de luta contra a exclusão, a miséria e as desigualdades sociais; promoção de direitos, construção da cidadania e da defesa da ética na política para a consolidação da democracia. Assim, o trabalho do ser humano vem se revelando na história como sua própria atividade para saber de si mesmo. O conceito de ser humano põe-se como projeto a ser alcançado pelo homem, através da história, em face de sua liberdade, por meio de sua ação, uma ação que se não determina por nada de fora, e ele, tendo como projeto o em si, se quer no final do processo histórico, posto para si como revelação do Espírito absoluto, o "Espírito rumo a si mesmo", "o trabalho com que o homem desenvolve a sua cultura, especificamente o trabalho que o Espírito realiza sobre si mesmo, no sentido de formar-se como Espírito absoluto ou liberdade plena"[391].

O trabalho é a manifestação absoluta da fraternidade, haja vista o intento do homem ao trabalhar o mundo exterior de criá-lo elemento de

---

[390] SALGADO, Joaquim Carlos. *A idéia de justiça em Hegel*, p. 460.

[391] SALGADO, Joaquim Carlos. *A idéia de justiça em Hegel*, p. 463. Aqui importa esclarecer que tratando-se do Espírito, tanto se está a referir o trabalho de um nós infinito como de um eu finito, ambos apenas aspectos de sua realidade, bem como em se tratando da matéria corpórea, o que se lhe intenta é a espiritualização, lhe rompendo a resistência e a opacidade para criar o mundo da cultura, revelando a racionalidade até a assunção da liberdade plena. "Acima da criação dos utensílios, da técnica, cuja finalidade é propiciar ao Espírito a sua plena liberdade pelo vencer a exterioridade da matéria, está a criação da cultura e, de modo singular, a criação de normas, de um mundo ético, a partir da negação da crueza natural pelo trabalho. O Espírito revela-se na história pelo seu trabalho". (SALGADO, Joaquim Carlos. *A idéia de justiça em Hegel*, p. 463.)

sua existência, "um mundo em que ele está como em sua casa". Na dialética da fraternidade, o trabalho é a forma como o homem como ser humano reconhece cada consciência de si como livre e igual.

Não é à toa que a idéia de liberdade em Hegel liga-se à idéia de trabalho. É por meio do trabalho que o homem constrói a liberdade em si por um processo de sua própria formação, uma vez que a liberdade não se encontra na natureza, mas, no mundo humano, apenas, "resultado da sua própria atividade"[392].

9. A AÇÃO DE SER HUMANO

9.1 Razão de Ordem

Aludida, nos capítulos precedentes, a ação de ser humano, urge neste momento conformá-la filosoficamente.

Não se trata de repetir tudo quanto ficou escrito sobre a ação de ser humano, mas de enquadrar o que resta delineado para a realização do ser humano como homem no seu *maximum ethicum*.

Adotamos, no presente ensejo, uma seção 2, de forma a anotar as perspectivas do desejo de ser humano, para falarmos na seção 3 do reconhecimento humano, no qual aquele desejo se insere.

A ação do trabalho e a ação de ser humano são examinadas na seção 4, enquanto na seção 5 tomamos o ser humano como sujeito da ação de ser, para que, na seção 6, fosse possível discorrer sobre o ser humano enquanto obra de si mesmo.

9.2 O Desejo de Ser Humano

Alexandre Kojève[393] explica que o homem é consciência de si. Pois sim, como consciência de si é apenas homem, e não ser humano. E

---

[392] RITTER, Joachim. *Hegel und die französiche Resolution*, nota 33, p.107.

[393] Todas as citações de Kojève inseridas neste capítulo, até a p. 218, constam da primeira parte da *Introdução à leitura de Hegel* (Rio de Janeiro: Contraponto: EDUERJ, 2002), desse autor, intitulada "À guisa de introdução", p. 11-31, que traz seus comentários ante à leitura da seção A do cap. IV da *Fenomenologia do espírito*, nominada *Autonomia e dependência da consciência-de-si*: dominação e sujeição.

completa que, de toda forma, é "nisso que difere essencialmente do animal, que não ultrapassa o nível do simples sentimento de si". A condição de ser consciente de si distingue o homem do animal, propriamente dito, que ostenta apenas o sentimento de si. Mas, não o conforma ser humano. Na consciência de si reside o homem enquanto ser racional, que se sabe, portanto, um sujeito: o "Eu". No entanto, o ser humano cobra desse sujeito oracional o verbo ser. Quem sou? "Eu sou..." O eu como sujeito cognoscente, "nunca descobre o porquê ou o como do nascimento da palavra 'Eu', e – em conseqüência – da consciência-de-si, isto é, da realidade humana". Expõe Kojève que ao sujeito cognoscente se põem as coisas que o absorvem, e ele se perde nelas. Os objetos são, então, revelados, mas o sujeito permanece incógnito para si, porquanto não se tenha posto para si. Tendo sido absorvido pelo objeto de contemplação, o homem irá retornar a si apenas por meio do desejo. O desejo que o revela como "Eu" distinto do objeto e oposto a ele. O objeto mostrou-se a si mesmo pelo ato de conhecer. É necessário, assim, o desejo para que o objeto, até então revelado a si, seja um objeto revelado, ainda, ao sujeito cognoscente, que difere do objeto em si haja vista que, consciente de si se sabe diferente e oposto àquele: "é como seu desejo que o homem se constitui e se revela – a si e aos outros – como um Eu, como o Eu essencialmente diferente do, e radicalmente oposto ao não-Eu. O Eu (humano) é o Eu de um – ou do – desejo". O sujeito da ação, "Eu", que retorna a si por meio do desejo implícito na ação, "desejo de comer, por exemplo", é um ser homem, um ser consciente de si que tem como realidade biológica uma vida animal e, se seu desejo é animal embora condição necessária da consciência-de-si, sozinho é apenas sentimento de si.

O desejo inspira o homem à ação. Mas o desejo de ser humano, que inspira o homem à ação de ser, o "Eu sou" que demanda a resposta para dizê-lo humano, não é um desejo do animal que reconhece na satisfação o sentimento de si. Kojève assim descreve esse desejo:

> Oriunda do desejo, a ação tende a satisfazê-lo, e ela só pode fazer isso pela negação, pela destruição ou, ao menos, pela transformação do objeto desejado: para satisfazer a fome, por exemplo, é preciso destruir ou, em todo caso, transformar o alimento.

Assim, toda ação é negadora. Longe de deixar o dado tal qual é, a ação o destrói; se não em seu Ser, ao menos em sua forma dada. E toda negatividade-negadora em relação ao dado é necessariamente ativa. Mas a ação negadora não é puramente destrutiva, porque, se a ação que nasce do desejo destrói, para satisfazê-lo, uma realidade objetiva, ela cria em seu lugar, em e por essa própria destruição, uma realidade subjetiva. O Ser que come, por exemplo, cria e mantém sua própria realidade pela supressão da realidade diferente da sua, pela transformação de uma realidade outra em realidade sua, pela assimilação, pela interiorização de uma realidade estranha, externa. De modo geral, o Eu do desejo é um vazio que só recebe um conteúdo positivo real pela ação negadora que satisfaz o desejo de destruir, transformar e assimilar o não-Eu desejado. E o conteúdo positivo do Eu, constituído pela negação, é uma função do conteúdo positivo do não-Eu negado. Portanto, se o desejo se dirige a um não-Eu natural, o Eu também será natural. O Eu criado pela satisfação ativa de tal desejo terá a mesma natureza às quais esse desejo se dirige: será um 'Eu-coisa', um Eu apenas vivo, um Eu animal. E esse Eu natural, função do objeto natural, só poderá revelar-se a si mesmo e aos outros como sentimento de si. Ele nunca atingirá a consciência-de-si.

Diferentemente, o desejo que sustenta a ação de ser humano é o da consciência de si que é do homem que diz de si que humano. O desejo considerado como desejo, que se dirige a outro desejo, considerado como desejo, diferente de uma coisa, portanto, o desejar do desejo e, desejando, ter o desejo desejado, "vai criar, pela ação negadora e assimiladora que o satisfaz, um Eu essencialmente diferente do 'Eu' animal".

O sujeito da ação de ser humano, o verdadeiro "Eu" consciente de si que é: "esse eu, que se alimenta de desejos, será ele mesmo desejo em seu próprio ser, criado na e pela satisfação de seu desejo. E já que o desejo se realiza como ação negadora do dado, o próprio Ser desse Eu será ação". O Ser humano pela demanda da ação de ser no desejo de humanizar-se. O ser humano distinto do ser homem, a ação que o nega como dado para torná-lo o que é. Continuemos no texto de Kojève para sustentarmos nosso raciocínio:

> Esse Eu não será, como o 'Eu' animal, identidade ou igualdade consigo, mas negatividade-negadora. Em outros termos, o próprio Ser desse Eu será devir, e a forma desse Ser não será espaço, mas tempo.

O ser em si, o homem, igual consigo, o "Eu" animal dirá de si, consciente, que humano, o "Ser desse Eu", ser humano, revelado na história. "Manter-se na existência significará, pois para esse Eu: 'não ser o que ele é' (Ser estático e dado, Ser natural, caráter inato) e ser (isto é, devir) o que ele não é". O ser humano como devir do homem.

A demanda pela fraternidade, do ser fraterno equacionando na sua consciência de si de que sendo deve ser, é produto da razão, o "Eu" como sua própria obra:

> Ele será (no futuro) o que ele se tornou pela negação (no presente) do que ele foi (no passado), sendo essa negação efetuada em vista do que ele se tornará. Em seu próprio Ser, esse Eu é devir intencional, evolução desejada, progresso consciente e voluntário. É o ato de transcender o dado que lhe é dado e que ele próprio é. Esse Eu é um indivíduo (humano), livre (em relação ao dado) e histórico (em relação a si próprio). Esse Eu, e apenas esse Eu, se revela a ele e aos outros como consciência-de-si.

A fraternidade, pois, alinha-se à própria liberdade do homem à medida que o liberta da natureza, de si enquanto dado.

Kojève toma o humano apenas na sua condição de adjetivo do homem não entendendo que o "ser" que se aglutina ali não se confunde com o ente, mas, ao contrário, exige como verbo sua ação. Os desejos buscando-se uns aos outros na confecção da fraternidade, o desejo humano, mais que isso, o desejo de ser humano que sendo, na consciência de si, deve ser. Ora, o desejo de ser humano ampara a demanda pela fraternidade:

> Para que haja desejo humano, é preciso que haja primeiro uma pluralidade de desejos (animais). Em outros termos, para que a consciência-de-si possa nascer do sentimento de si, para que a realidade humana possa constituir-se no interior da realidade animal, é preciso que essa realidade seja essencialmente múltipla. O homem, portanto, só pode aparecer na Terra dentro de um rebanho. Por isso a realidade humana só pode ser social. Mas, para que o rebanho se torne uma sociedade, não basta apenas a multiplicidade de desejos; é também preciso que os desejos de cada membro busquem – ou possam buscar – os desejos dos outros membros. Se a realidade humana é uma realidade social, a sociedade só é humana como conjunto de desejos desejando-se mutuamente como desejos. O desejo humano, ou melhor, antropogênico – que constitui um indivíduo livre e histórico consciente de sua individualidade, de sua liberdade, de sua história e, enfim, de sua historicidade –, o desejo antropogênico difere, portanto, do desejo animal (que constitui um Ser natural, apenas vivo e tendo só o sentimento de sua vida) pelo fato de buscar não um objeto real, 'positivo', dado, mas um outro desejo.

O desejo antropogênico que culmina na fraternidade é o de ser o que se não é, de ser humano no devir histórico do ser homem. A relação entre os homens só é humana se eles não se desejam enquanto objetos ou meio de satisfação de desejos particulares, mas se desejam o desejo uns dos outros, reconhecendo-se em seu valor humano, portanto, enquanto iguais e em sua realidade de indivíduo, portanto, enquanto livres.

O Ser humano culmina da razão, visto que o homem é um animal e animal é seu desejo. "O homem se alimenta de desejos como o animal se alimenta de coisas reais".

É preciso, pois, que o homem se ponha para si por intermédio do outro e o reconheça como igual a si. A consciência para si que culmina da confluência das consciências de si na mediação dos desejos. "Para que o homem seja verdadeiramente humano, para que se diferencie essencial e realmente do animal, é preciso que, nele, o desejo humano supere de fato o desejo animal".

Tomemos, mais uma vez, o que nos põe Kojève:

> Ora, desejar um desejo é pôr-se no lugar do valor desejado por esse desejo. Porque, sem essa substituição, desejar-se-ia o valor, o objeto desejado, e não o próprio desejo. Desejar o desejo do outro é, em última análise, desejar que o valor que eu sou ou que represento seja o valor desejado por esse outro: quero que ele reconheça meu valor como seu valor, quero que me reconheça como um valor autônomo. Isto é, todo desejo humano, antropogênico, gerador da consciência-de-si, da realidade humana, é, afinal, função do desejo de reconhecimento.

Mas o desejo que sustenta a fraternidade não é o que busca um objeto natural, humano uma vez que próprio do homem, mediatizado pelo desejo de outrem dirigido ao mesmo objeto, porquanto seja "humano desejar o que os outros desejam porque eles o desejam". O exemplo de Kojève muito bem elucida este desejo: "um objeto perfeitamente inútil do ponto de vista biológico (como uma condecoração ou a bandeira do inimigo) pode ser desejado porque é objeto de outros desejos".

A confirmação da consciência-de-si em vista do reconhecimento justificou o risco de vida, a luta de morte, pela satisfação desse desejo. Ambos os desejos de reconhecimento se confrontaram e pela sua satisfação valeu arriscar a vida: "a história humana é a história dos desejos desejados". Mas, ao fim e ao cabo, esse reconhecimento exigiu que da luta ambos erigissem vivos, um vencido e o outro vencedor, de modo que, um abrindo mão de seu desejo de reconhecimento para satisfazer o desejo do outro, de modo a reconhecê-lo sem por ele ser reconhecido, se reconheceu como escravo e ao outro, como senhor.

Assim posto, a consciência de si é o reconhecimento da desigualdade, o homem em sua condição de servo e senhor: "em seu estado nascente, o homem nunca é apenas homem. É, necessária e essencialmente, senhor e escravo", seja a sociedade continente do elemento de sujeição e dominação, da autonomia e da dependência da consciência de si.

9.3 O Reconhecimento Humano

Mas a fraternidade demanda o reconhecimento do outro como igual a si, ainda que diverso, a consciência para si mediatizada por intermédio do outro que o reconhece igual. O ser humano é o devir do homem consciente de si que não é o que deve ser. Até então, a dialética histórica foi a dialética do senhor e do escravo:

> Mas, se a oposição da tese e da antítese só tem sentido na conciliação pela síntese, se a história no sentido forte da palavra tem necessariamente um termo final, se o homem que está em via de tornar-se deve culminar no homem que já se tornou, se o desejo deve levar à satisfação, se a ciência do homem deve ter valor de verdade definitiva e universalmente válida, então a interação do senhor e do escravo deve finalmente levar à supressão dialética deles.

O reconhecimento, então, a que a fraternidade atenta não é o reconhecimento de si por intermédio do outro que o não reconhece, mas o reconhecimento de si por si mesmo por intermédio do outro em que se reconhece reconhecido. O re-conhecer, não no outro, tomado de forma narcísica, mas por intermédio do outro por si mesmo. A realidade humana assim pode-se dizer reconhecida. Eu me reconheço a mim mesmo humano por intermédio do outro que igual a mim merece ser reconhecido por mim, não apenas como consciência de si, mas como consciência para si onde me ponho para fazê-lo reconhecer-se humano.

> Somente ao ser reconhecido por um outro, pelos outros e – no extremo – por todos os outros é que o Ser humano é realmente humano: tanto para ele como para os outros. Só ao falar de uma realidade humana reconhecida é que se pode, ao chamá-la humana,

enunciar uma verdade no sentido próprio do termo. Porque só nesse caso se pode revelar pelo discurso uma realidade.

É por meio da ação de ser humano que o homem supera o aspecto da desigualdade das consciências de si, uma vez que, deixando de se enfrentarem cada um na busca do reconhecimento, reconhecem-se, mútua e reciprocamente, por intermédio um do outro.

O homem é a consciência de si. E consciente de si reconhece apenas o que não é a si, excluindo tudo que não seja ele mesmo. O eu que porquanto não conjugue ser porque se não saiba não é. Assim, o homem não é ser humano. Ser humano demanda ação pela construção de si mesmo como obra de sua própria criação ativa, racional, haja vista que enquanto homem é apenas dado natural, ente ("entidade-particular-e-isolada") e o outro, ente, também, consciência de si, "objeto-coisa desprovido-de-realidade-essencial". Um para o outro existem, mas apenas como "modo-de-ser dos objetos-coisas habituais", "formas-concretas autônomas", "consciências imersas no Ser-dado da vida-animal", "consciências que ainda não se realizaram, uma para a outra, o movimento [dialético] da abstração absoluta, que consiste no ato-de-extipar todo Ser-dado imediato, e no fato de ser apenas o Ser-dado puramente negativo-ou--negador da consciência idêntica-a-si-mesma".

O "Eu isolado de tudo e oposto a tudo o que não seja Eu" não é nem consciência para si como nem consciência de si que se tenha manifestado.

> [Quando dois 'primeiros' homens se enfrentaram pela primeira vez, um vê no outro apenas um animal, por sinal perigoso e hostil, que é preciso destruir, e não um Ser consciente de si representando um valor autônomo.]

Quem é, então, esse Ser que não é? Um indivíduo "subjetivamente-certo de si; mas não do outro". Certeza subjetiva de si a que não corresponde à verdade porque não revela uma realidade, seja esta a que corresponde a um ser que, sendo, conforma "uma entidade objetivamente, intersubjetivamente e até universalmente reconhecida, logo existente e válida".

A verdade do ser humano não corresponde à de homem uma vez que a certeza objetiva deste não corresponde à idéia que ele faz de si mesmo, ser humano, do valor que aqui ele se atribui. O ser para si, humano diante da presença do outro que demanda, pois, dele, a ação de ser. O outro, objeto-coisa até então, se manifestando a ele como pura certeza-subjetiva de si, de modo que ele "reencontre na realidade exterior, objetiva, a idéia íntima que faz de si". Nessa medida, o conceito de reconhecimento, "possível se ele realiza para o outro (assim como o outro realiza para ele) a citada abstração pura do Ser-para-si: cada um realizando-a em si, de um lado, por sua própria atividade e, de outro, pela atividade do outro".

A ação de ser humano, então, decorre óbvia desse homem que pretende ser humano, pelo que tal é a idéia que ele faz de si e para tanto é preciso que ele se revele na certeza subjetiva de sê-lo uma realidade objetiva, ou seja, que enquanto ser humano vale e existe para si e para os outros na imposição dessa idéia que tem de si aos outros, fazendo-se reconhecer nessa dimensão, transformando o mundo onde não é reconhecido em um mundo onde esse reconhecimento se efetue. É a ação de ser humano, na composição da fraternidade, que transforma o mundo hostil nesse projeto do próprio ser que não é e quer ser.

> Essa transformação do mundo hostil a um projeto humano em um mundo que esteja de acordo com esse projeto chama-se ação, atividade. Essa ação – essencialmente humana porque humanizadora, antropogênica – começa pelo ato de impor-se ao 'primeiro' outro com que se depara. E já que esse outro, se é (ou, mais exatamente, se quer ser e acha que é) um Ser humano, deve fazer a mesma coisa, a 'primeira' ação antropogênica assume necessariamente a forma de luta: luta entre dois seres que se pretendem homens; luta de puro prestígio travada em vista do reconhecimento pelo adversário.

Portanto, enquanto homens, há necessidade de as consciências de si travarem a luta de puro prestígio em vista do reconhecimento do adversário. Ser homem é não estar ligado a nenhuma existência determinada para além de si pelo que os homens buscam a morte uns dos outros, ainda que implique o risco da própria vida nessa ação. Aqui as consciências de si se confirmam, cada uma para si, e uma para a outra, seja a luta de vida e morte, na confecção da certeza, puramente subjetiva, que cada uma tem de seu próprio valor. Embora a liberdade se conforme diante do risco de vida e de morte, o fato é que para a consciência de si fica evidenciado que a "realidade essencial", a essência humana que resvala do homem, não se manifesta através do "Ser-dado", "não criado pela ação consciente e voluntária". Ser homem é o modo-de-ser imediato, "[natural, não mediatizado pela ação (negadora do dado)] no qual a consciência-de-si se apresenta [no mundo dado]", a extensão imersa da vida animal. O puro ser para si é a consciência de si no limite da luta de vida e de morte. Nela a consciência de si se reconheceu autônoma. Mas o caso é que o outro ser, "entidade outra", melhor designando Kojève, deve, no processo de reconhecimento do outro como igual a si, ter tanto valor quanto ele próprio. Mas o que se tem em primeira monta é um homem que reconhece de si a própria humanidade, mas como não a tem reconhecida pelo outro, este o mantém fora de si. Enquanto este não lhe revelar que o reconheceu como humano não o devolve a si desta maneira e não demonstra que depende da humanidade dele, que não é absolutamente outro diferente dele. O "Ser-fora-de-si" é o homem que precisa retornar a si como ser humano através do reconhecimento do outro desta sua humanidade e que é dependente dele nesta medida. O ser outro se torna, então, o ser para si.

> Equivale a dizer que o homem só é humano na medida em que quer impor-se a outro homem, fazer-se reconhecer por ele. No início, enquanto ainda não está efetivamente reconhecido pelo outro, esse outro é o objetivo de sua ação, é desse outro, é do reconhecimento por esse outro que dependem seu valor e sua realidade humanos, é nesse outro que se condensa o sentido de sua vida. Ele está, portanto, fora de si. Mas são seu próprio valor e realidade que lhe importam, e ele quer tê-los em si.

De toda forma, o reconhecimento que se quer aqui é o de que o homem é um "ser humano", observe-se. Assim, ele não precisa suprimir o seu ser-outro. O outro é, também, um ser humano. Enquanto homens eles só vêem em si, por intermédio do outro, o aspecto animal. Assim, é preciso negar a vida animal numa luta pelo reconhecimento de seu ser--para-si humano. Para tanto, a necessidade de que se saiba que são todos seres humanos e que todos estão dispostos a arriscar, a negar sua vida animal numa luta pelo reconhecimento da realidade humana.

Querendo existir para si, independente dos demais, os homens são suprimidos. Não se dão reciprocamente um ao outro e não se devolvem um ao outro pela consciência. Assim, ou bem eliminam-se de modo que a própria liberdade se dê em face da indiferença, porquanto o outro seja simples coisa ou bem a supressão termine por aduzir na conservação o adversário que, tendo a vida poupada, teve apenas a autonomia destruída, permanecendo vivo mas subjugado.

O homem sozinho na natureza ostenta tanto uma vida animal como sua consciência de si imediata. Lá, é "objeto-coisa absoluto". Na inter-

-ação social tem-se a mediação absoluta pleiteando autonomia. O eu e a idéia que ele faz de si são mediatizados pelo reconhecimento obtido em função de sua ação. É o mesmo que dizer que o homem e a idéia que ele faz de si como ser humano são mediatizados pelo reconhecimento obtido em função de sua ação de ser humano. E, tomando a autonomia como momento da liberdade que se manifesta em face da capacidade de o homem se submeter às normas que mesmo criou porquanto produto da razão, a fraternidade como produto da razão mediatiza o reconhecimento na exigência da ação de ser humano.

O reconhecimento mútuo como seres humanos não admite o tratamento de qualquer que seja como coisa, como "consciência que existe na forma-concreta da coisidade".

Ausente a fraternidade, os homens

> são desiguais e opostos entre si e a reflexão deles na unidade ainda não resultou [da ação deles], eles existem como duas formas-concretas opostas da consciência. Uma é a consciência autônoma, para a qual o Ser-para-si é realidade-essencial. A outra é a consciência dependente, para a qual a realidade-essencial é a vida animal, isto é, o Ser-dado para uma entidade-outra. Aquela é o senhor, esta, o escravo. [Esse escravo é o adversário vencido, que não arriscou a vida até o fim, que não adotou o princípio dos senhores: vencer ou morrer. Ele aceitou a vida concedida pelo outro. Depende, portanto, desse outro. Preferiu a escravidão à morte e, por isso, ao permanecer vivo, vive como escravo.]

Ser senhor é ter a consciência existente para si, mediatizada consigo mesma por uma outra consciência que o reconhece, mas é sintetizada como coisa, já que identificado com sua vida animal, formando um todo com o mundo natural das coisas, o ser escravo. A ação de ser senhor não se confunde com a ação de ser escravo como nenhuma se diz ação de ser humano. Não é porque a ação de ser senhor é mediatizada pelo reconhecimento do outro em face da luta que ela é humana. O desejo de ser humano não destrói o que o satisfaz, sequer há se falar na supressão do outro, dialeticamente, uma vez que não se trata apenas de conservar o outro à medida que lhe poupa a vida e a consciência porque o outro existe como oponente, nem lhe destruir a autonomia, subjugando-o. Na medida da autonomia como liberdade, no entendimento de que o homem é livre porquanto se submete às leis que criou porque estas produtos da razão e por isso respeitante a todos, a fraternidade se põe para constituir o homem definitivamente no fim da história pela inter-ação social realizada como ser humano. "Quem eu sou" está na mediação absoluta com o outro. No dizer de Kojève, "o homem real e verdadeiro é o resultado de sua inter-ação com os outros; o seu Eu e a idéia que ele faz de si são mediatizados pelo reconhecimento obtido em função de sua ação. E sua verdadeira autonomia é a que ele mantém na realidade social pelo esforço dessa ação". Ou seja, a ação que ele quer se referir aqui é a ação de ser humano que não contradiz a autonomia, mas dela se conforma. O homem deixa de ser um "Eu isolado", depois de perpassar pelo momento de sua primeira luta, ainda homicida quando entende de fazer o outro subjazer para apô-lo como escravo de modo que a essa consciência que existe para uma a consciência se saiba existente na "forma-concreta da coisidade", para concluir-se ser humano, portanto, a unidade deles a partir de suas ações de modo a não se constituírem "formas-concretas opostas da consciência".

Num mundo de senhores e escravos, o ser humano não se revela enquanto o escravo se identificar com sua vida animal, formando um todo com o mundo natural das coisas e apenas o senhor for reconhecido em sua dignidade e apenas o outro se comportar de acordo e for tomado como simples meio de satisfação de desejos. Ora, a relação entre senhores e escravos, como bem aponta Kojève, não é um reconhecimento propriamente dito, porque, enquanto o senhor é reconhecido em sua dignidade, ele não reconhece a dignidade do escravo, pelo que se lhe tem reconhecido por quem não reconhece e esta é a grande questão: "o senhor lutou e arriscou a vida pelo reconhecimento, mas só obteve um reconhecimento sem valor para si. Porque ele só pode ficar satisfeito com o reconhecimento por parte de quem ele reconhece como alguém digno de reconhecê-lo. A atitude do senhor é pois um impasse existencial".

A questão do ser humano é o que garante a solução do conflito aqui, porque o fato é que o reconhecimento carece de valor exatamente visto que o escravo é tomado apenas como animal ou coisa. Portanto, como o desejo não pode buscar um animal, mas outro desejo humano, o homem quer ser reconhecido por outro homem, ou seja, é relevada a igualdade. Não há expressão do ser para si como realidade objetiva revelada se a consciência essencial não é humana: "a verdade do senhor é o escravo e seu trabalho. De fato, os outros só reconhecem o senhor como senhor porque ele tem um escravo; e a vida de senhor consiste no fato de consumir os produtos do trabalho servil, de viver de e por esse trabalho". Nesse ponto, Kojève foi perspicaz ao perceber que o que se dá é que a "realidade-essencial é a imagem-invertida-e falseada do que ela quer ser":

O homem integral, absolutamente livre, definitiva e completamente satisfeito com o que é, o homem que se aperfeiçoa e se completa nessa e por essa satisfação, será o escravo que suprimiu sua sujeição. Se a dominação ociosa é um impasse, a sujeição laboriosa é, pelo contrário, a fonte de todo progresso humano, social e histórico. A História é a história do escravo trabalhador. E para perceber isso basta considerar a relação entre senhor e escravo (isto é, o primeiro resultado do 'primeiro' contato humano, social, histórico) já não do ponto de vista do senhor, mas da perspectiva do escravo.

É o reconhecimento recíproco que satisfaz plenamente o homem. O ser para si puro é o ser humano e existe em toda consciência servil. Mas há uma resistência natural e não racional que mantém senhores e escravos. O escravo quer deixar de ser escravo porque reconhece o valor e a realidade da autonomia, da liberdade apostas no senhor. Mas o senhor não quer deixar de ser senhor, estando fixado em sua dominação.

Não pode superar-se, mudar, progredir. Tem de vencer – e tornar--se senhor ou manter-se como tal – ou morrer. Pode-se matá-lo; não se pode trans-formá-lo, educá-lo. Ele arriscou a vida para ser senhor. Para ele, a dominação é o supremo valor dado, que ele não pode superar. Mas o escravo não quis ser escravo. Tornou-se escravo porque não quis arriscar a vida para ser senhor. Na angústia mortal, compreendeu (sem se dar conta) que uma dada condição, fixa e estável, mesmo que seja a de senhor, não consegue esgotar a existência humana. Compreendeu a vaidade das coisas dadas da existência. Não quis identificar-se com a condição de senhor e também não se identifica com sua condição de escravo. Nele, nada é fixo. Está aberto à mudança; em seu Ser ele é mudança, transcendência, trans-formação, educação; ele é devir histórico desde a sua origem, em sua essência, em sua própria existência. Por um lado, ele não se identifica com o que é; quer transcender-se por negação de seu estado dado. Por outro, tem um ideal positivo a atingir: o ideal da autonomia, do Ser-para-si, que ele encontra na própria origem de sua sujeição, ideal encarnado no senhor.

9.4 A Ação do Trabalho e a Ação de Ser Humano

Ora, a angústia mortal a que se referiu Kojève está na própria execução da condição humana que não se restringe a ser sequer senhor, tomado o aspecto apenas da "vaidade das coisas dadas da existência". O ser humano, a realidade essencial, não se identifica nem com a condição de senhor nem com a de escravo. Em seu *Ser* irrealizado há o desejo desejado que o outro, sendo senhor, não experimentou porque o tomou como animal, e não como outro igual. O devir histórico desde a sua origem, em sua essência, em sua própria existência que se lhe promete transformado faz com que ele se saiba o que não é. O ideal positivo a atingir, o ideal da autonomia, do Ser-para-si, é o da liberdade que só se realiza no ser humano. O senhor detém autonomia, mas não a realiza enquanto ideal porque o ser para si não se confirma, dado que não reconhece o outro ainda que o outro o reconheça. Mas o ser para si tanto existe na consciência do senhor como do escravo. O escravo sabe que é livre, como sabe que não o é e, por isso, quer sê-lo. Descobre no próprio trabalho a forma de libertar-se quando por intermédio dele se torna senhor da natureza. Por meio do trabalho,

> o escravo liberta-se de sua própria natureza, do instinto que o ligava à natureza e que fazia dele o escravo, do instinto que o ligava à natureza e que fazia dele o escravo do senhor. Este, ao transformar pelo trabalho o mundo dado, transcende o dado e o que nele está determinado por esse dado; ele se supera, superando também o senhor que está ligado ao dado que ele deixa – porque não trabalha – intato. Se a angústia da morte encarnada para o escravo na pessoa do senhor guerreiro é a condição *sine qua non* do progresso histórico, é somente o trabalho do escravo que realiza e perfaz esse progresso.

Por meio do trabalho, o ser para si puro da consciência, o ser humano, penetra naquilo que está fora da consciência, no elemento da permanência, por isso diz-se que por meio do trabalho se humaniza a natureza. Por isso, dizer-se que "a consciência que trabalha chega, assim, a tal contemplação do Ser-dado autônomo, que ela contempla a si mesma".

Mas, a ação de ser humano supera a ação do trabalho. O produto do trabalho é a obra do trabalhador. O produto da ação de ser humano é a realização de si enquanto projeto, de sua idéia de ser humano. O produto não é artificial, mas o próprio ser que, sendo, deve ser pelo que demanda do ordenamento jurídico a confecção da fraternidade uma vez que é nele que o homem subjaz autônomo e, portanto, livre. Logo, é pelo ordenamento jurídico, e somente por ele, que o homem se realiza objetivamente como ser humano. Pelo trabalho, o homem, produzindo um objeto artificial, se torna diferente do animal e toma consciência de sua realidade subjetiva. Mas o sujeito da ação de ser humano é o homem a partir da sua consciência de ser humano que se precisa realizar, o trabalho sobre si mesmo por meio de sua racionalidade, o ser humano enquanto produto da razão do homem na consciência de sua essência que se quer realizada. Apõe Kojève que o trabalho confere ao homem o atributo de "Ser *sobre-natural* real e consciente de sua realidade". Mas é a ação racional de ser humano que vai tratar o homem, também, como ser natural que precisa ser burilado, uma vez que consciente de sua realidade. "Ao trabalhar, ele é Espírito encarnado, é mundo histórico, é História objetivada". Ao trabalhar ele perpassa o homem formado e educado pelo trabalho a partir do animal para concluir-se ser humano. O processo é mesmo histórico e revela-se já no trabalho que se quer sem fins lucrativos. O trabalho que formou o homem a partir do animal intenta o homem para além de sua satisfação encontrada no escravo. A história do homem é a história de seu trabalho, mas o trabalho efetuado a serviço de outrem não é apenas um trabalho estimulado pela angústia de morte. Deve ser um trabalho efetuado pela realização da essência humana. Este é o trabalho que realmente liberta, que humaniza o homem, qualquer que seja ele, e não apenas o escravo. O mundo não natural, o mundo cultural e histórico, para ser verdadeiramente humano, precisa ser humano. E só no mundo humano o homem vive uma vida essencialmente distinta da vida do animal, mesmo porquanto o é no seio da natureza. O trabalho que libertou "o escravo da angústia que o ligava à natureza dada e à sua própria natureza inata de animal". Note-se que aqui Kojève, por si só, admite o homem como animal e aponta o trabalho como o que afasta o homem dessa natureza: "É pelo trabalho efetuado na angústia a serviço do senhor que o escravo se liberta da angústia que o sujeitava ao senhor". O escravo é o animal angustiado liberto pelo trabalho, cuja consciência subordinada sabe-se em si o ser humano, o puro Ser-para-si, antes uma "entidade-existente-como-um-ser-dado" que pela ação cria um mundo humano que se distingue do mundo natural onde vive o animal. Mas o ser humano, para se formar pelo trabalho como ser para si em sua completude, só se constitui assim se suprimir o outro como forma oposta existente-como--um-ser-dado, homem, o animal natural. Para se constituir como entidade--existente-para-si, o ser humano, o ser-para-si que ocorre na consciência servil que sabe o outro o senhor porque o ser para si existe nesta consciência, porquanto por meio do trabalho se constitui como algo seu, consciente de que existe em e para si. O ser humano concebido pela consciência como idéia-projeto de si dá-se pelo trabalho à realidade objetiva do mundo para nele tornar-se uma entidade afinada a ela. O ser humano é o seu ser para si puro e como verdade deve revelar-se a partir do homem que trabalha, de modo a reconhecer-se no mundo efetivamente transformado por seu trabalho e a si mesmo como obra, *reconhe-sendo* a si mesmo sua própria humanidade, a "idéia inicialmente abstrata e puramente subjetiva que faz de si". "Por esse ato-de-encontrar a si por si, a consciência [que trabalha] torna-se portanto sentido-ou-vontade própria; e ela se torna isso precisamente no trabalho, no qual ela parecia ser apenas sentido-ou-vontade estranha".

Aponta Kojève que o

> homem só atinge a autonomia verdadeira, a liberdade autêntica, depois de ter passado pela sujeição, depois de haver superado a angústia da morte pelo trabalho efetuado a serviço de outrem, [mas não] basta ter sentido medo, nem mesmo ter sentido medo percebendo que sentiu medo da morte. É preciso viver em função da angústia. Ora, viver assim é servir alguém que se teme, alguém que inspira ou encarna a angústia; é servir um senhor (real, isto é, humano, ou o senhor sublimado, Deus). *E servir um senhor é obedecer a suas leis. Sem esse serviço, a angústia não poderá transformar a existência; e a existência nunca poderá superar seu estado inicial angustiado. É ao servir o outro, ao exteriorizar-se, ao solidarizar-se com os outros que alguém se liberta do terror escravizante provocado pela idéia da morte.* (Grifo nosso.)

O trabalho conforma uma formação-educadora, quando ao transformar o mundo objetivo real também transforma o homem. É pelo trabalho que o homem coloca o mundo objetivo de acordo com a idéia subjetiva para superar nele aquilo que o angustia de modo a satisfazer-se nele.

A consciência servil necessária à libertação reside no homem que se sabe servo sempre e tem no senhor o catalisador do processo histórico encarnando aquele por quem efetuar-se o trabalho, estimulado pela angústia de morte. Como a liberdade se põe como autonomia da vontade e servir a um senhor é obedecer às suas leis, o homem se vê pelo trabalho servo de si mesmo com base na própria liberdade que o experiencia senhor, o senhor que se pretende transformando a existência à medida que serve ao outro, exteriorizando-se e solidarizando-se com os outros para libertar-se do terror escravizante provocado pela idéia da morte. Aqui percebe-se a necessidade da realização da idéia de igualdade. Porque se apenas o escravo pode transcender o mundo dado, sujeito ao senhor, e não perecer, criando um mundo próprio onde será livre, e o senhor enquanto viver estará sempre sujeito ao mundo do qual é senhor e nele nunca será livre, apenas a fraternidade com o reconhecimento igual da essência humana que se quer realizar vai impor, a partir do sujeito da ação de ser humano, o trabalho servil libertador, porque realiza não a vontade alheia, mas a consciência de si autônoma que se sabe ser e deve ser na culminância do ordenamento jurídico e que é, assim, sua verdade. O ordenamento jurídico tomado como senhor que liberta o escravo que trabalha porque, sendo todos iguais dada a essência humana, o sujeito da ação de ser humano, na expressão de sua autonomia, quer realizar-se racionalmente como obra.

> Hegel diz que o homem só existe humanamente na medida em que 'aciona' (*ins Werk richtet*) sua natureza inata'. O homem 'não permaneceu uma coisa imediata (*unmittelbare Sache*), afirma Hegel, porque ele 'é apenas aquilo que fez (*getan*), ou seja, porque ele agiu ao negar-se como dado. Mas ele é uma realidade concreta, que aparece ou 'se dá a conhecer (*erkennen lässt*)' por um 'sinal (*Zeichen*)', porque ele é uma obra (*Werke*) produzida com o dado, na qual o dado foi negado e, por isso, conservado. Ora, essa conservação do negado no homem se efetua na e pela lembrança daquele que o negou. Eis por que o homem só é uma realidade humana dialética na medida em que é histórico, o que ele é quando se lembra de seu passado que já se foi[394].

9.5 O Ser Humano como Sujeito da Ação de Ser

O homem deseja a individualidade e nela seu reconhecimento como indivíduo. A individualidade que na terminologia de Hegel caracteriza a existência humana como uma síntese do particular com o universal é exatamente o ser humano. O indivíduo e o membro da espécie humana, o valor universal atribuído a algo de absolutamente único. E, de fato, segundo Hegel,

---
[394] KOJÈVE, Alexandre. *Introdução à leitura de Hegel*, p. 473.

a individualidade só pode ser plenamente realizada, o desejo de reconhecimento só pode ser completamente satisfeito, no e pelo Estado universal e homogêneo. Pois, no Estado homogêneo, as diferenças-específicas (*Besonderheiten*) de classe, de raça etc. são suprimidas, e esse Estado se relaciona diretamente com o particular como tal, que é reconhecido como cidadão em sua particularidade. Esse reconhecimento é verdadeiramente universal porque, por definição, o Estado engloba todo o gênero humano (mesmo em seu passado, pela tradição histórica total que esse Estado perpetua no presente, e em seu futuro, uma vez que o futuro não difere doravante do presente no qual o homem já está plenamente satisfeito).

Ao realizar plenamente a individualidade, o Estado universal e homogêneo conclui a história, pois o homem satisfeito em e por esse Estado não será tentado a negá-lo e a criar algo de novo para substituí-lo. Mas esse Estado pressupõe também a totalidade do processo histórico e não pode ser realizado de pronto pelo homem (pois o Estado e o próprio homem nascem da luta, que pressupõe um diferença e não pode ocorrer na homogeneidade universal). Em outros termos, um ser só pode ser verdadeiramente individual (e não apenas particular) se for também histórico. E ele só pode ser histórico se for realmente livre. E vice-versa: um ser realmente livre é necessariamente histórico, e um ser histórico é sempre mais ou menos individual, para chegar afinal a sê-lo completamente[395].

A ação de ser humano toma o ser humano como sujeito da ação de ser e no momento da própria dialética da liberdade, tomados os aspectos subjetivos da realização da universalização da liberdade.

A moralidade representa a internalização do princípio da liberdade a ser respeitado em relação a todo agir social. A moralidade como reflexividade é uma garantia da universalidade da liberdade. A idéia da moralidade traz consigo a idéia do reconhecimento de cada um como 'sujeito'[396].

---

[395] KOJÈVE, Alexandre. *Introdução à leitura de Hegel*, p. 475-476.
[396] WEBER, Tadeu. *Hegel*: liberdade, estado e história, p. 79-80.

Mas é preciso considerar os termos dessa universalização da liberdade a partir do ponto de vista de sermos todos sujeitos da ação de ser humano. Para Hegel, a universalidade da liberdade só pode se afirmar pela seguinte perspectiva:

> Cada um deve reconhecer, através da liberdade do outro o princípio que ele quer para si próprio. Isso significa o reconhecimento da liberdade como universal. [...] A moralidade implica o reconhecimento de todos como 'sujeitos', assim como o direito indica a aceitação de todos como 'pessoas'. O reconhecimento da mesma subjetividade dos outros significa o reconhecimento da vontade de todos[397].

Tomando o imperativo categórico de Kant, em sua *Crítica da Razão Prática*, qual seja, "age de forma tal que o motivo que te levou a agir possa ser convertido em lei universal", temos sua aproximação a Hegel quando sugere a proposição do reconhecimento. Assim posto, cabe a questão de quais seriam os critérios subjetivos que podemos querer para a ação de ser humano. Para Hegel, a idéia de que todos devemos ser livres implica reconhecer a condição de que todos, indistintamente, sejamos também sujeitos de nossa moralidade, isto é, sujeitos da responsabilidade de nossa ação e propósitos, o que assambarca o ser humano; o que Hegel denomina de "direito da vontade subjetiva", ou seja, o direito pessoal de cada um poder afirmar seus próprios fins naquilo que realiza sua vida. Isto é, ao custo desse direito, nos tornamos unicamente responsáveis por nós mesmos.

Assim, temos instituída a idéia de que por nossa vontade somos todos livres e que isso constitui um direito inalienável expresso no direito da vontade subjetiva. Mas a regulação se volta para o que é negativo, isto é, para a responsabilização na intermediação das relações interpessoais naquilo que atente contra o direito dos indivíduos. Hegel, então, se perguntará sobre essas condições:

> Pode alguém assumir a responsabilidade ou ser responsabilizado por um ato que não quis cometer e de cujas conseqüências não teve nenhuma intenção? A resposta de Hegel: Quem não sabe e não quer propositadamente cometer algum delito, não pode ser responsabilizado pelo que faz[398].

---

[397] WEBER, Tadeu. *Hegel*: liberdade, estado e história, p. 80.
[398] WEBER, Tadeu. *Hegel*: liberdade, estado e história, p. 81.

Portanto, a ação passível de responsabilidade é a que se dá no propósito de seus efeitos. Só posso ser responsabilizado pela forma como propositadamente atuo no descompasso com que o Direito prescreve em suas leis e normas: "Só pode tornar-se conteúdo de responsabilidade de cada pessoa aquilo que o direito prevê e impõe"[399]. Assim sendo, cumprir o que o direito prescreve é, desde já, o agir moral, pelo que Hegel faz coincidir a moralidade e a legalidade. Ora, para Hegel, o direito da vontade subjetiva deveria regular o alcance da ação dos sujeitos não só pelos seus propósitos, mas também pela intenção e conseqüência do que pode decorrer de seus atos sobre o bem-estar dos outros, isto é, de que a realização pessoal não é alheia àquilo que temos de considerar de sua realização também em relação aos outros. O critério último para o agir humano é o de ser humano. E tal ação não se dá na privatização da moralidade. Por isso, para além do campo da moralidade, para além da questão meramente particular de cada um, temos que ir agora para o campo que Hegel chamou de eticidade. Hegel não esgota nem no direito abstrato nem na moralidade, as possibilidades realizadas da vontade livre. Ora, a realização do *ethos* só poderá ser concretizada na síntese de sua construção histórica, vivenciada na cultura e no processo de sua institucionalização. Para Hegel, o campo da ética, ou mais propriamente o campo da eticidade, é o campo da vivência moral efetiva. Hegel o define como a realização do "Espírito do Povo", no qual cada um de nós afirma uma relação moral com o todo, ao mesmo tempo em que também o constrói e é parte do que vive moralmente desse todo, como participação e formação de sua individualidade no conjunto, por nós apreendido, do mundo da cultura em suas instituições. Nesse sentido, temos que a eticidade, ou seja, a moral efetivamente realizada em uma sociedade, põe-se em sua dinamicidade e se realiza não por aquilo que cada um quer apenas por si e para si, mas, pelo contrário, a moralidade objetivada se constitui no que este conjunto de pessoas constrói interagindo, disputando e participando da vida social como membros de uma determinada comunidade, na qual esses valores são afirmados, muito além da simples moral individual, mas, antes, o conjunto de princípios objetivados por essa comunidade em sua cultura e em suas instituições. Ou seja, a questão da eticidade se situa além dos limites da moralidade privada. Segundo Hegel, a moralidade só é moralidade em decorrência do conjunto

---

[399] WEBER, Tadeu. *Hegel*: liberdade, estado e história, p. 83.

de valores que uma sociedade afirmou para si em seu processo histórico-
-cultural de institucionalização de seus costumes na forma da racionalidade
particular de um povo. Assim, a moral, como algo subjetivo, não tem
valor algum se não se realizar socialmente segundo uma cultura determinada de valores. Para Hegel, não basta ter um conjunto de princípios
se não estivermos dispostos a embater por eles no convívio social com
outros princípios igualmente legítimos. Nessa perspectiva, considerando
que os indivíduos são pessoas e sujeitos, também são membros de uma
comunidade eticamente situada, que Hegel analisará, seja o ponto de
vista de Marcuse e Weber:

> Toda a terceira parte da Filosofia do Direito pressupõe que não
> exista nenhuma instituição objetiva que não esteja fundada na vontade
> livre do sujeito, e nenhuma liberdade subjetiva que não seja visível
> na ordem social objetiva[400].

O movimento dialético entre o particular e o universal, pensa Hegel,
faz com que, cada um, ao ganhar e produzir para si ganhe e produza,
automaticamente, para todos. Constitui-se, dessa forma, a participação
de cada um no patrimônio geral[401].

9.6 O Ser Humano enquanto Obra de Si Mesmo

Em face do exposto e diante da afirmação da liberdade, ainda subsiste
a pergunta de como seria possível conciliar o livre jogo de interesses
privados com o interesse coletivo da própria comunidade em que esses
interesses e disputas se encontram. Ou seja, como harmonizar os interesses
pessoais e o jogo egoístico da sociedade civil com os interesses da ordem
pública? Ou melhor, como realizar o ser humano enquanto obra de si[402]
mesmo? Para Hegel,

---

[400] MARCUSE, Herbert. *Razão e revolução*: Hegel e o advento da teoria social,
p. 188.
[401] WEBER, Tadeu. *Hegel*: liberdade, estado e história, p. 118-119.
[402] Tomemos o apontamento de Salgado: "O homem como ser imediato ou pura
potencialidade que é negada na sua própria dialética ou tensão, é negado pela sua
essência ou dever ser, ser mediato, que deve tornar-se ato, realizando concretamente a
sua liberdade como saber teórico e prático, atende tanto ao percurso ontogenético, como
filogenético, mas na história, ao processo dialético que vai da sua pura abstração imediata

nessa identidade da vontade universal e da vontade particular, coincidem o dever e o direito; por meio do ético, os homens têm direitos, na medida em que têm deveres e deveres na medida em que têm direitos.[403]

Por essa medida, considerada como afirmação da vontade livre dos indivíduos, para a realização do ser humano, não podemos prescindir nem de direitos nem de deveres. Só o homem livre pode ter deveres e por eles se responsabilizar. A relação de interdependência entre direitos e deveres repõe a questão acima da coincidência entre os interesses particulares e o interesse coletivo. O Estado não pode exigir nada além daquilo que o direito prescreve em relação aos cidadãos. A mesma relação se impõe no sentido inverso. Nessa reciprocidade é que coincide o particular e o coletivo na forma da universalidade ética em que o Estado se propõe a gerenciar por meio da universalidade da lei e do Estado de direito em que deve se fundar.

Ademais, temos, agora, que precisar um papel particular para a teoria do Estado que Hegel propõe, superando as posições dos filósofos contratualistas que definiam o Estado como uma criação artificial derivada do contrato entre os membros da sociedade civil. Ora, para Hegel, o Estado não é resultado desse contrato, haja vista que, por essa perspectiva, ele seria uma instância qualquer dessa sociedade, e sua legitimidade não alcançaria as mediações necessárias que incluem a vida ética processada no conjunto de princípios que a sociedade constrói na afirmação coletiva de valores. Assim, o Estado não se define como um contrato ou seu resultado, mas, antes, ele se torna seu garantidor, o que dá fundamento ao direito, garantidor do próprio contrato e de todas as decorrências que foram construídas, da apresentação do direito abstrato àquelas afirmadas na moralidade com o direito da vontade subjetiva. Desse modo, o Estado

---

de ser, passando pela negação da essência ou ser mediato, para o ser em ato, ou seja, na sua efetividade ou, na acepção de Hegel, no seu conceito. Ser (potência abstrata), essência (dever como dever ser que nega a pura abstração inerte do ser) e conceito, realização plena do que tem de ser, mas como o que deve ser, são os momentos da sua formação, que só é possível porque o homem não é concebido como um dado que tem de permanecer como tal ou que é determinado exteriormente, mas como um dado que deve ser negado, realizando-se com essa negação o seu ser posto, ou seja, o que ele deve ser, segundo o projeto que de si faz, ou segundo uma realização livre." (*A idéia de justiça no mundo contemporâneo*, p. 20.)

[403] HEGEL, G. W. F. *Filosofia do direito*, § 155.

é princípio da vida social e de seus valores e desmente a ilusão de que o direito e a moral possam ser dados apenas por si mesmos sem suas devidas mediações nas instituições éticas que a sociedade, em sua dinâmica, concretiza na forma que Hegel denominará ser o "Espírito do povo". A ação de ser humano aglutina o direito e a moral vividos na forma da sociedade civil e seu espírito, porque se por si mesmos tornam-se profundamente inconscientes de seu sentido e de suas conseqüências, por aquilo que podemos nos desresponsabilizar em função da satisfação de interesses privados. Talvez por isso compreendamos mais exatamente a necessidade de Hegel ter colocado o Estado como a instância racional daquilo que a sociedade civil, em sua suposta autonomia, não poderá viver por si mesma, apenas na idéia do Estado, já que, em seu fundamento, a sociedade civil só pode fazer referência ao livre jogo de satisfação do apetite subjetivo.

A ação de ser humano demanda a possibilidade de a ação humana ser compreendida como humana em si mesma. Na física newtoniana,

> ação significa basicamente movimento, que por sua vez significa aplicação de uma força a um corpo. Na natureza, e por causa do princípio da inércia e do conceito de atrito, não existe corpo algum que seja a causa eficiente de seu próprio movimento, ou seja, todos os corpos naturais só se movimentam à custa da aplicação de uma força externa. Mesmo aquilo que chamamos de automóvel tem uma causa externa para seu movimento. Tendo em vista que, na natureza, todos os corpos têm uma causa externa para seu movimento, não existe nela nenhum corpo 'livre', quer dizer, que seja causa de seu próprio movimento[404].

Podemos argumentar se toda ação sendo humana é uma ação de ser humano para dizer que não. A ação de ser humano demanda da razão a causa de ser humano. Temo-la já apontada como

> constitutivo do ser humano (vale dizer, de sua Razão) a representação de normas de conduta que são princípios com base nos quais aquele orienta sua ação e que se caracterizam como deveres, representação realizada pelo que chamaríamos de 'consciência'. Esse pressuposto

---

[404] GALUPPO, Marcelo Campos. *Igualdade e diferença*: estado democrático de direito a partir do pensamento de Habermas, p. 77-78.

é axiomático em Kant, não cabendo discutir porque é assim, a não ser interrogando sobre os fins do homem e sobre aquilo que ele pode esperar[405].

A razão representa para o homem princípios e deveres para a ação. E como a ação livre é motivada pelo respeito ao dever representado pela própria razão, uma vez que a razão deve ser a causa da sua própria ação, porque ser livre é não se submeter a nada externo a nós, se desdobra o conceito de liberdade para o de autonomia, quando o homem livre é o autor de suas próprias normas. Assim, o ser humano é aquele que age autonomamente, segundo suas próprias normas, porque livre se quer humano, e essa vontade está representada pelas normas morais que sua razão lhe oferece. A razão, autônoma no homem, torna-o autor do ser humano em si que para si se põe no processo de reconhecimento, e autor de suas próprias leis morais, representa seu próprio dever, e no ordenamento jurídico expõe como deve ser. Esse é o sentido positivo da expressão *ser humano*, que significa, antes do mais, a legislação do homem que, em face da razão, se sabe ser humano. Por meio da razão exposta na legislação, o homem cindido entre animal e ser humano quer conter suas inclinações sensíveis e tornar-se quem sendo deve ser, porque desse modo estará agindo livremente, uma vez que consegue determinar a sua ação que não deve ser determinada por outro fator senão pela razão. Assim, como ser livre e humano, deve agir exatamente pelo dever de ser. Desse modo, a ação de ser humano emana da necessidade de se respeitar a lei, e é essa postura que distingue o ser humano do homem enquanto animal. Nesse diapasão, moralidade e legalidade se aproximam. A legalidade enquanto modo da ação e a moralidade enquanto causa da ação[406], porquanto ser humano deve ser humano é uma máxima da razão, a lei moral universal, portanto válida incondicionalmente em qualquer lugar para

---

[405] GALUPPO, Marcelo Campos. *Igualdade e diferença*: estado democrático de direito a partir do pensamento de Habermas, p. 78. Aqui, o próprio Marcelo anota em rodapé que "Kant sugere, na *Fundamentação da Metafísica dos Costumes*, que a presença desta faculdade (a Razão) em nós responde aos fins do próprio homem, ao dizer que a natureza no-la concedeu com acerto, e que a Razão é por natureza o 'órgão' mais adequado à finalidade do próprio homem". Para tanto, indica Kant (Grundlegung zur Metaphysik der Sitten. *In*: _____. *Kant's Werke*, v. IV, p. 395).

[406] Cf. HÖFFE, Otfried. *Introduction à la philosophie pratique de Kant*: la morale, de droit et la réligion, p. 69.

qualquer pessoa: "Age apenas segundo a máxima, a qual tu possas querer, ao mesmo tempo, que se torne uma lei universal"[407]. Assim, a representação do dever ser humano significa um dever legítimo, atribuído universalmente a todo homem. O direito vai articular mais que os arbítrios segundo uma lei universal de liberdade[408] porque é uma exigência própria da realização do ser humano. O direito de ser humano é tão inato no homem como o direito à liberdade. O direito de ser humano conclama o homem a sair do Estado de Natureza, no qual o que se realiza é o "lobo". O homem se dá ao Estado exatamente para realizar a finalidade presente na natureza, a de sua humanidade, capaz esta de justificar a própria liberdade no homem. Segundo Kant,

> pode-se considerar a história da espécie humana, em seu conjunto, como a realização de um plano oculto da natureza para estabelecer uma Constituição política perfeitamente interior e, quanto a este fim, também exteriormente perfeita, como o único estado no qual a natureza pode desenvolver plenamente, na humanidade, todas as suas disposições[409].

A igualdade do ser humano reconhece a superioridade do povo e o Estado se põe mesmo como fim em si mesmo, em que

> só a vontade concordante e unida de todos, uma vez que decidem o mesmo cada um sobre todos e todos sobre cada um, por conseguinte, só a vontade popular universalmente unida pode ser legisladora[410].

O princípio da igualdade "exige uma reciprocidade incondicionada no tratamento com o outro, segundo a qual não me é lícito tratar alguém segundo certo princípio e, ao mesmo tempo, exigir que esse alguém me trate por princípio diverso"[411]. A importância da igualdade é mais evidente

---

[407] KANT, Immanuel. Grudlegung zur Metaphysik der Sitten. In: _____. Kant's Werke, v. IV, p. 421.
[408] KANT, Immanuel. Crítica da razão prática, p. 39.
[409] KANT, Immanuel. Sobre a expressão corrente: isto pode ser correto na teoria, mas nada vale na prática. In: _____. A paz perpétua e outros opúsculos, p. 20.
[410] KANT, Immanuel. La metafísica de los costumbres, p. 143.
[411] SALGADO, Joaquim Carlos. A idéia de justiça em Kant: seu fundamento na liberdade e na igualdade, p. 224.

se retomamos a noção de ser humano. O princípio de liberdade igual[412] que revela o direito a iguais liberdades subjetivas[413] não se revela no estado de natureza, na expressão natural dos homens, mas no Estado racional que exige do homem a ação de ser humano na universalização da própria razão legisladora. A fórmula da humanidade aposta por Kant, de nossa parte, entendemo-la como a realização racional do ser humano, por isso, o homem como fim em si mesmo "age de tal modo que usa a humanidade, tanto na tua pessoa como na pessoa de qualquer outro, sempre e ao mesmo tempo, como fim, e nunca simplesmente como meio"[414].

O ser humano deve ser humano de modo que, da racionalidade imanente, ele se conclua no devir histórico, o vir a ser do homem que, sendo, deve ser. A equação hegeliana na qual o real = racional imanta uma idéia de justiça que não se separa da realidade em que se revela. Assim, à medida que o Estado ou o direito aparece na sua mais radical expressão de racionalidade, mostra o ser humano como expressão da realidade do homem. A idéia de ser humano põe-se como a realidade efetiva do homem, não como em si imediato e natural, mas em si e para si. O sujeito de direito, como sujeito da ação de ser humano, realiza, na singularidade do seu direito, sua universalidade. O homem, em si racional, tem de fazer-se racional para si, tornar-se ser humano. E isso se dá no direito, na sua idéia de justiça, através da história, na qual

> o homem vai se construindo como ser livre e, por isso, sujeito de direitos. Isso é feito por meio do trabalho, processo pelo qual o homem se projeta no mundo exterior, tornando-se livre ao transformá--lo, e pela educação, processo pelo qual o homem se forma interiormente como livre. *Dessa dialética em que o 'exteriorizar-se' e o 'interiorizar-se' se processam, resulta o ser humano racional em si e para si, livre ou sujeito de direitos numa ordem racional igualitária*[415].

---

[412] HÖFFE, Otfried. La justice politique comme égalité dans la liberté: une perspective kantienne. *In*: GOYARD-FABRE, Simone et al. (Org.) *L'Égalité*. Actes du colloque de mai 1985, p. 167.

[413] HABERMAS, Jürgen. *Faktizität und Geltung, Beiträge zur Diskurstheorie des Rechts und des demokratischen Rechtsstaats*, p. 153.

[414] KANT, Immanuel. Grundlegung zur Metaphysik der Sitten. *In*: _____. *Kant's Werke*, p. 429.

[415] SALGADO, Joaquim. *A idéia de justiça em Hegel*, p. 500, grifo nosso.

Por isso, o político é concebido como a "forma do convívio ético":

Essa essência ética do político está na autárkeia ou 'autopossessão-de-si do homem', ou seja, na sua liberdade. Essa essência ética, segundo a qual o indivíduo é livre e, como tal, deve inserir-se na vida social, constitui o suporte da igualdade que caracteriza o Estado democrático[416] na sua manifestação formal, por meio da lei e do trato igualitário de todos perante ela (isonomia), cujo conteúdo ético (eunomia), a liberdade, é a lei justa ou boa, pela qual a autopossessão ou autárkeia (o ser-que-dá-razão-de-si-mesmo, na linguagem de Platão) se realiza. Isso só é possível no completo movimento do ético, pela autonomia, tomada essa no sentido da participação do indivíduo na formação das leis do Estado[417].

---

[416] Erhard Denninger aponta que à luz da tarefa da democracia, a articulação do princípio da dignidade humana precisa ser suplementada com a noção da participação ativa no processo de formação da vontade política, reconhecida como um direito humano e expressão da dignidade humana. "Se é verdade que desde Aristóteles nós sabemos que 'falarmos uns com os outros' – isto é, a comunicação lingüística – é peculiar dos seres humanos, então, pelo menos desde a Revolução Francesa, deveríamos saber que isso também requer 'falar com os outros' sobre questões públicas. Os reformadores constitucionais que hoje consideram o papel dos direitos políticos e a introdução de elementos de democracia direta na Lei Fundamental fazem bem em manter isso em mente [...]. Tanto as atividades práticas da solidariedade quanto a realização de diversidade cultural, religiosa, ética e ideológica não são concebíveis hoje em dia senão na esfera pública. O Estado precisará se limitar para dar forma ao arcabouço (*Rahmenbedingungen*) dessa esfera, se espera manter-se um estado 'liberal'. Uma das características desse arcabouço é tornar os meios financeiros (!) disponíveis. Mas decisiva aqui é a manutenção de um *processo político institucional* aberto, que, sozinho, torne a política democrática ativa possível, em primeiro lugar. Se falharmos em conseguir isso, os ideais constitucionais assumirão a forma de uma utopia ruim." Ademais, aponta Denninger a tentativa de concretizar o conceito de dignidade humana nos esforços de Adalbert Podelech, cujas cinco condições básicas para a manutenção da dignidade humana são: "a) liberdade em relação a ansiedades existenciais básicas; b) a manutenção da igualdade; c) a segurança da identidade e da integridade, incluindo a 'liberdade de dar significado à própria vida' e a proibição de se 'quebrar' a identidade de uma pessoa; d) limitações jurídicas sobre o estado e o uso proporcional da força por este; e e) respeito pelas contingências físicas dos seres humanos, incluindo a proibição da tortura e da punição corporal, bem como o direito a uma morte digna". (DENNINGER, Erhard. "Segurança, diversidade e solidariedade" ao invés de liberdade, igualdade e fraternidade". *Revista Brasileira de Estudos Políticos*, p. 43-45.)

[417] SALGADO, Joaquim. *A idéia de justiça em Hegel*, p. 500-501.

E o Estado democrático de direito se dá como eticamente concreto – autarquéia (o ser-que-se-dá-razão-de-si-mesmo), em que se assentam os fundamentos racionais dos direitos universais do homem, o Estado da humanidade, onde o ser humano decide sobre a vida do todo:

> Esse conteúdo ético que o Estado tem por fim realizar, declarado na sua constituição racionalmente expressa na forma escrita, é a autárkeia, segundo a qual o Estado ético tem como fim, em Hegel, realizar as liberdades dos indivíduos, cujas determinações são os direitos dos homens. Só assim, o homem pode encontrar-se no seu mundo como em sua casa (*zu Hause*)[418].

Em face disso, afirma Salgado:

> Daí a pretensão de uma justiça formal internacional a cuidar desses direitos e de um sistema de contribuição e repartição de receitas internacional, nos moldes como se desenvolve nos Estados federados avançados, a exemplo da República Federal da Alemanha (de que o modelo brasileiro é o avesso), para a realização de uma justiça distributiva da riqueza humana entre as nações, em que a dignidade humana seja o critério do mérito para sua fruição. Por tal razão essa justiça redistributiva não é generosidade dos povos ricos, mas cumprimento do dever correspondente ao direito à vida humana saudável, exigível de todos os povos, formalmente positivado na Carta das Nações Unidas.[419]

---

[418] SALGADO, Joaquim. *A idéia de justiça em Hegel*, p. 502. Aqui, convém-nos apôr o que Habermas põe a despeito de que sempre houve a necessidade de "movimentos sociais e batalhas políticas para que se aprendesse a lição das dolorosas experiências e dos sofrimentos irreparáveis dos degradados e dos ofendidos: que em nome do universalismo moral não se deve permitir que ninguém seja excluído – nem classes desprivilegiadas, nem nações exploradas, nem donas de casa ou minorias marginalizadas. Quem quer que seja que exclua o outro – que sempre tem o direito de permanecer um estranho – em nome do universalismo, trai seus próprios ideais. O universalismo do igual respeito e da solidariedade com tudo o que for humano somente se prova por uma radical libertação das narrativas individuais e formas de vida particulares". (HABERMAS, Jürgen. *Erläuterung zur Diskursethik*, p. 116.)

[419] SALGADO, Joaquim Carlos. *Globalização e justiça universal concreta*, p. 55.

A realização do ser humano é o do homem como *maximun* ético[420] na busca da sua formação para a perfeição no cumprimento espontâneo daquele que, sendo, deve ser[421].

---

[420] O professor Salgado prefere grafar a palavra "máximo" em latim, "ao considerar que o *maximum* representa a idéia qualitativamente diferenciada. Não se trata de máximo como quantidade de tutelas, mas como a tutela mais expressiva e inafastável, que é viabilizada pela experiência jurídica em seu sentido amplo". Para esse apontamento, Mariah Brochado (*Direito e ética*: a eticidade do fenômeno jurídico, p. 204). Para Salgado, o "direito é a forma de universalização dos valores éticos. Com efeito, enquanto tais valores permanecem regionalizados, isto é, como valores morais de um grupo e não como valores de toda a sociedade, e como tais reconhecidos, não podem ser elevados ao *status* jurídico. [...] Numa sociedade pluralista podem e devem conviver sistemas éticos dos mais diversos com as respectivas escalas de valores mais ou menos aproximadas, ou mesmo distanciadas umas das outras. Somente, porém, quando há valores éticos comuns a todos esses grupos ou sistemas, portanto quando se alcançam materialmente à categoria da universalidade, como valores de todos os membros da sociedade, e como tais reconhecidos, podem esses valores éticos ingressar na esfera do direito: primeiro, por serem considerados como universais na consciência jurídica de um povo, a exemplo dos direitos naturais, assim concebidos antes da Revolução Francesa; depois, formalmente positivados na Declaração de direito, ato de vontade que os normatiza universalmente, isto é, como de todos os membros da sociedade e por todos reconhecidos (universalidade formal decorrente da universalidade material). O direito é, nesse sentido, o *maximum* ético de uma cultura, tanto no plano da extensão – universal (reconhecido por todos) – como no plano axiológico – enquanto valores mais altos ou de cumeada, como tais formalizados. É o que marca a objetividade do direito no sentido kantiano [...] Então, quando certos valores, constituindo um núcleo da constelação axiológica de uma cultura alcançam a universalidade material reconhecida na consciência ético-jurídica de um povo e a universalidade formal pela sua posição e normatização através da vontade política desse povo, é que adquirem a natureza de direitos." (SALGADO, Joaquim Carlos. Contas e ética. *Revista do Tribunal de Contas do Estado de Minas Gerais*, p. 97-98.)

[421] Aqui, como uma luva a dar-nos guarida ao pensamento, uma compreensão de Mariah Brochado (*Direito e ética*: a eticidade do fenômeno jurídico, p. 115-116):
"Se o Direito for compreendido como ponto de chegada máximo da moralidade, definido como a universalização da moralidade já dialetizada na experiência da particularidade, e suprassumida como forma ética mais desenvolvida da vida moral na forma da liberdade objetiva, de todos e para todos, torna-se possível percebê-lo como realidade normativa dotada em si mesma de absoluta eticidade, não se sujeitando à confirmação ou desconfirmação do solipcismo moral de cada indivíduo, descomprometido com esse ponto centralizador do diálogo e do consenso moral. A moral individual apontou para esse nível objetivo de normatização; a sensatez sugere que o retorno a ela para a fundamentação isolada de um possível rompimento com esse padrão conquistado é uma verdadeira contradição da razão prática".

10. Conclusão

Quem somos? O ser humano intenta perscrutar de si quem é sem se dar conta que é, exatamente, aquele que é humano. Assim, por meio da própria racionalidade precisa tomar-se como obra de si porquanto para ser humano é preciso que na ação de ser quem não é encontre-se no seu devir como aquele que "mostra piedade, indulgência, compreensão para com outras pessoas" (Houaiss)[422]. Na possibilidade de expor o significado da expressão "ser humano" encontramo-la como frase, desempenhando uma ação completa no contexto filosófico: a ação de ser humano, a que demanda do homem como sujeito. Ora, se temos que humanidade é a "qualidade de quem realiza plenamente a natureza humana" (Houaiss), a realização do ser que em humano deve ser se põe. Na antonímia de fraterno, temos que a língua portuguesa nos oferece malvado (Houaiss) embora se nos diga que a significação da palavra seja amigável, afetuoso, cordial. Malvado é "aquele cuja índole é perversa, que pratica ou é capaz de praticar crueldades, mau, perverso" (Houaiss). De crueldades, toda sorte do que oferece "prazer em derramar sangue, causar dor". Tomando-se a derivação por metonímia, temo-la como "indiferença severa", "ação

---

[422] Como nos atrevemos a tomar aqui meramente as palavras, convém-nos então anotar a reflexão de Karl Rahner sobre a vocação do padre e do poeta quando joga com a palavra "Dichter": "Há palavras que dividem, e palavras que unem; palavras que se podem fabricar artificialmente e determinar arbitrariamente, e palavras, que já desde sempre eram ou nasceram como um milagre. Palavras que dissolvem o todo, para explicar o singular, e palavras que, numa evocação, fazem presente o que elas expressam à pessoa que se dispõe a escutá-las. Palavras que iluminam pouco, clareando com parcimônia só uma parte da realidade, e palavras que nos tornam sábios, fazendo ecoar juntos o múltiplo e o uno. Há palavras que delimitam e isolam. Mas também há palavras que fazem transparecer num objeto singular a infinitude do real. São como caramujos em que, por pequenos que sejam, ressoa um mar infinito. Elas nos iluminam, não somos nós que lhes damos luz. Elas têm poder sobre nós, porque são presentes de Deus – não artefatos criados pelos humanos, mesmo que nos venham deles. Há palavras que são claras, porque chãs, sem mistério. Contentam a cabeça. Por meio delas nos apropriamos das coisas. Outras palavras podem ser obscuras, porque evocam o mistério mais do que claro, o mistério das coisas. Elas ascendem do coração e fazem-se ouvir em hinos. Escancaram os portões para grandes obras e decidem sobre eternidades. Essas palavras que jorram do coração, que se apossam de nós, que unificam por mera evocação, essas palavras que enlevam e nos são doadas, eu gostaria de chamá-las protopalavras. As restantes poderiam chamar-se palavras úteis, palavras feitas, palavras técnicas." (Priester und Dichter. In: _____. Schriften zur Theologie, p. 350.)

injusta", "injustiça", "propriedade de causar sofrimento, desgraça". Nessa seqüência, podemos dizer que o não malvado é o mesmo que não desumano, portanto, humano é o desumano negado como desumano. À medida que essa análise é adequada (ou em que possamos torná-la adequada), tem o grande mérito de mostrar-nos, justamente, como o fato de a expressão *ser humano* ter a significação que tem porque, enquanto usuários da linguagem, dizemos que alguém é humano ou muito humano – dizemos – é exatamente porque "não malvado", ou seja, fraterno na antinonímia ideal, visto que o homem só é humano em relação a outro com quem se fraterniza. Como vimos, é exatamente a contradição dialética que nos revela um sujeito que surge, se manifesta e se transforma graças à contradição de seus predicados. Assim, em lugar de a contradição ser o que destrói o sujeito, ela é o que movimenta e constrói o sujeito, fazendo-o síntese ativa de todos os predicados postos e negados por ele.

A fraternidade define o ser humano porque nela temos a nós mesmos seja o que nos achega por meio do pensamento e da linguagem. Ser humano é o triunfo do homem pelo que nos apoderamos do uso da expressão para dizer que é nela que o homem afirma seu caráter humano, sua opção pelo humanizar-se. A expressão "ser humano" nos reivindica a ação e apoderando-nos da idéia de que se "ser homem significa ser um ente que fala"[423] e se o pensamento se materializa através da linguagem é possível encontrar nela a essência do que para nós seja o homem.

Tomemos mais uma vez a inscrição de Miguel Reale de que o homem é o único ente que só pode ser enquanto realiza seu dever ser, para dizer que o homem só pode ser humano na medida que realizar o dever ser humano. De Salgado pudemos tomar que

> a formação da consciência é um processo de formação e informação do homem. Esse processo só é possível em um ser que se transforma segundo suas potencialidades, não só do ponto de vista ontogenético, mas também do filogenético. O ser imediato do homem é negado por essas potencialidades que dele fazem parte na consistência imediata do seu ser em si. Como puro ser o homem é pura potencialidade, mas potencialidade não posta. Como potencialidade posta, o homem precisa definir-se, enquanto essência, não como mero vir-a-ser que pertence a esse ser como potencialidades, mas como dever

---

[423] MICHELAZZO, José Carlos. *Do um como princípio ao dois como unidade*: Heidegger e a reconstrução ontológica do real, p. 72.

ser, isto é, autoformar e não apenas transformar-se por determinações dos códigos diretores das suas potencialidades. O dever ser e não o devir é o que dá nota essencial do homem, pois, como devir é determinado, como dever ser é autodeterminação que, no caso, é autoformação. Ora, o dever ser que dá a nota da concepção do homem como ser que se projeta e auto-engendra, que se forma, implica uma concepção axiogênica, pela qual o homem tem de postular-se como livre no processo da auto-educação que envolve tanto uma busca permanente do saber do mundo e sua transformação, do qual ele faz parte, como a busca do saber de si como livre e sua formação como tal, num mundo por ele criado e que é o ambiente, o elemento da sua formação como livre. Não é o trabalho, apenas, que, como força cega, impele o homem no processo histórico, mas o trabalho do homem que inclui duas dimensões: o projeto e a atuação, a idéia e a ação, a ciência ou o saber e a operação.[424]

Assim, para nós auto-engendra, que ser a fraternidade se conforma uma idéia da razão que sustenta o direito como *maximum* ético, para a universalização máxima do direito na forma de direitos fundamentais, de modo que os valores máximos reconhecidos universal e igualmente a todos os homens sejam efetivados na fruição de todos. Já não se trata da norma jurídica como limite dos arbítrios para a conformação da liberdade, mas a autonomia da vontade aposta para a realização do ser humano como obra do homem, a liberdade de ser afora do mistério divino. Como aponta Salgado, entre "deuses e feras, não existe ou não existiria o direito."[425]

Tomemos a fórmula antropológica de Karl Rahner de que "o homem chega a si mesmo, em genuína autorealização, quando ousa colocar-se de maneira radical em favor dos outros"[426], para concluirmos pela racionalidade projetando uma organização social desenvolvida no plano da justiça a partir da efetivação da declaração dos direitos fundamentais no Estado Democrático de Direito.

---

[424] SALGADO, Joaquim Carlos. *A idéia de justiça no mundo contemporâneo*: fundamentação e aplicação do direito como *maximum* ético, p.19.

[425] SALGADO, Joaquim Carlos. *A idéia de justiça no mundo contemporâneo*: fundamentação e aplicação do direito como *maximum* ético, p.11.

[426] RAHNER, Karl. *Curso fundamental da fé*: introdução ao conceito de cristianismo, p. 527.

Como o direito é a forma de realização e objetivação da liberdade do conceito na estrutura de totalidade do silogismo, ser humano deve ser humano de modo que o conceito se realize como real e racional na sua unidade. Na dialética da razão, o ser humano caracteriza a ação do homem na organização social, a ação positiva de ser humano, e não de outro modo, e o faz enquanto ser livre que intenta uma finalidade. A finalidade de ser humano não se realiza na natureza como liberdade. A finalidade humana, a fraternidade, só se realiza por meio da razão. Na natureza não se tem o ser humano, mas apenas o homem, que só se humaniza, só realiza seu conceito a partir de outros seres humanos.

Aponte-se que a realização racional do ser humano como obra de si atenta ao dever ser humano quando a idéia de justiça se identifica como realização, dentre os valores igualdade, liberdade e trabalho, com o valor fraternidade, atingindo a totalidade social. Ser humano não é virtude moral, mas, antes, um ideal jurídico. A liberdade de ser é a dimensão máxima da liberdade. É preciso ser humano para ser livre bem como é preciso ser livre para ser humano. A liberdade de todos no plano universal conforma a idéia de uma humanidade livre. A idéia de humanidade conforma a do ser humano que deve ser antes de poder ser. Sabendo ser livre o homem que é, o ser humano em si só efetiva essa liberdade quando se põe para si por intermédio do outro no exercício de sua humanidade.

Nesse caminho, o direito posto como modo de realizar a liberdade, tanto mais a realiza quanto realiza, do homem, a humanidade. A fraternidade é o direito da totalidade social, na comunhão do universal e do particular, quando a razão confecciona o nós da liberdade efetiva suportando no direito à vontade livre de ser o que é, ser humano diante do outro reconhecido como seu próprio ser outro, ser humano também, o universal reconhecido, ser-para-si no mundo da cultura, livre para ser aquilo que ele enquanto ele mesmo pode ser, portanto, na efetividade da fraternidade como direito de todo ser humano que é e sendo deve ser, expressa na ordem política racional.

A Revolução Francesa legou aos filósofos do direito, os valores da liberdade, da igualdade e da fraternidade, que confeccionaram propostas maravilhosas para sua compreensão. Eis a que se apresenta sobre a fraternidade, idealista na sua contextura hegeliana, mas dada à compreensão da necessária efetivação dos direitos humanos para a conformação de uma sociedade verdadeiramente humana.

REFERÊNCIAS

ABBAGNANO, Nicola. *Dicionário de filosofia*. São Paulo: Mestre Jou, 1982.
AGAMBEN, Giorgio. *Homo sacer:* o poder soberano e a vida nua I. Tradução de Henrique Burigo. Belo Horizonte: Editora UFMG, 2002.
ARAÚJO, Aloízio Gonzaga de Andrade. *O direito e o estado como estruturas e sistemas*: um contributo à teoria geral do direito e do estado. Belo Horizonte: Movimento Editorial da Faculdade de Direito, 2005.
ARENDT, Hannah. *A condição humana*. 10. ed. Tradução de Roberto Raposo. Rio de Janeiro: Forense Universitária, 2004.
AVINERI, Shlomo. *Hegels theorie des modernen staats*. Frankfurt: Suhrkamp, 1976.
BENEVIDES, Maria Victoria. *A questão social no Brasil*: os direitos econômicos e sociais como direitos fundamentais. São Paulo: Videtur – Letras – 3, 2001.
BENHABIB, Sheyla. *Kritic, Norm und utopie*. Frankfurt: Suhrkamp, 1992.
BENJAMIN, César. Dialética da empulhação. *Revista Caros Amigos*, n. 74, maio 2003.
BOBBIO, Norberto. *A era dos direitos*. Tradução de Carlos Nelson Coutinho. Rio de Janeiro: Campus, 1992.
BOBBIO, Norberto. *Elogio da serenidade e outros escritos morais*. Tradução de Marco Aurélio Nogueira. São Paulo: Editora UNESP, 2002.
BOBBIO, Norberto. *O positivismo jurídico*: lições de filosofia do direito. São Paulo: Ícone, 1995.
BOFF, Leonardo. *A trindade e a sociedade*: o Deus que liberta seu povo. 3. ed. Petrópolis: Vozes, Série II, 1987. t. V.
BONAVIDES, Paulo. *Curso de direito constitucional*. 7. ed. São Paulo: Malheiros, 1997.
BORGES, Maria de Lourdes. *Amor*. Rio de Janeiro: Zahar, 2004.
BROCHADO, Mariah. *Direito e ética*: a eticidade do fenômeno jurídico. São Paulo: Landy, 2006.
CARDOSO, Sérgio. *Os sentidos da paixão*. Coord. Adauto Novaes. São Paulo: Schwarz, 1988.

CARDOSO, Sílvia Helena. *Transcendendo a mente tribal*. Disponível em: www.cerebromente.org.br

COMPARATO, Fábio Konder. *A afirmação histórica dos direitos humanos*. São Paulo: Saraiva, 1999.

COUTINHO, Carlos Nelson. *Atualidade de Gramsci*. Disponível em www.acessa.com/gramsci.

DEMO, Pedro. *Charme da exclusão social*. Campinas: Autores Associados, 1998.

DENNINGER, Erhard. "Segurança, diversidade e solidariedade" ao invés de liberdade, igualdade e fraternidade". *Revista Brasileira de Estudos Políticos*, Universidade Federal de Minas Gerais, p. 21-46.

DURKHEIM, Émile. *Sociologie et philosophie*. Paris: Presses Universitaires de France, 1951.

FERRAZ JÚNIOR, Tércio Sampaio. *Estudos de filosofia do direito*: reflexões sobre o poder, a liberdade, a justiça e o direito. 2. ed. São Paulo: Atlas, 2003.

FERREIRA, Aurélio Buarque de Holanda. *Novo dicionário da língua portuguesa*. 2. ed. Rio de Janeiro: Nova Fronteira, 1996.

FINKIELKRAUT, Alain. *La défaite de la pensée*. Paris: Gallimard, 1987.

FREUD, Sigmund. *Totem e tabu e outros trabalhos*. Rio de Janeiro: Imago, Edição Standard Brasileira das Obras Psicológicas Completas de Sigmund Freud, v. XIII (1913-1914).

GADAMER, Hans-Georg. Hegel y el mundo invertido. *In:* _____. *La dialéctica de Hegel*: cinco ensayos hermenéuticos. Madrid: Cátedra, 2000.

GALUPPO, Marcelo Campos. *Igualdade e diferença*: estado democrático de direito a partir do pensamento de Habermas. Belo Horizonte: Mandamentos, 2002.

GOMES, Marcelo Kokke. *O ser humano como fim em si mesmo*: imperativo categórico como fundamento interpretativo para normas de imperativo hipotético. Disponível em: http://jus2.uol.com.br/doutrina/texto

GRAY, John. *Cachorros de palha*: reflexões sobre humanos e outros animais. 2. ed. Rio de Janeiro/São Paulo: Record, 2006.

GUIMARÃES, Suzano Aquino. Desejo e liberdade: a dialética do reconhecimento como um segundo nascimento. *Revista Eletrônica de Estudos Hegelianos:* revista semestral da Sociedade Hegel Brasileira, SHB, ano 2º, n. 3, dez. 2005. Disponível em: www.hegelbrasil.org/rev03v.htm.

GUIMARÃES, Suzano de Aquino. Desejo e liberdade: a dialética do reconhecimento como um segundo nascimento. *Revista Eletrônica de Estudos Hegelianos*: revista semestral da Sociedade Hegel Brasileira, ano 1.º, n. 1, p. 9, dez. 2004. Disponível em www.hegelbrasil.org/rev01e.htm.

GUSTIN, Miracy Barbosa de Souza. *Das necessidades humanas aos direitos: ensaio de sociologia e filosofia do direito*. Belo Horizonte: Del Rey, 1999.

HABERMAS, Jürgen. *Erläuterung zur Diskursethik*. Frankfurt: Suhrkamp, 1991.

HABERMAS, Jürgen. *Faktizität und Geltung, Beiträge zur Diskurstheorie des Rechts und des demokratischen Rechtsstaats*. 2. ed. Frankfurt: Suhrkamp, 1994a.

HEGEL, G. W. F. *Elements of the philosophy of right*. Tradução de H. B. Nisbet, Cambridge: Cambridge University Press, 1991.

HEGEL, G. W. F. *Enziklopädie der Philosophischen Wissenschaft I*. Frankfurt: Suhrkamp, 1971 [Werke in zwanzig Bänden (1832-1845). Hrsg. von Eva Modenhauer; Karl Markus Michel].

HEGEL, G. W. F. *Fenomenologia do espírito*. Tradução de Paulo Menezes, Petrópolis: Vozes, 1992, parte I.

HEGEL, G. W. F. *Fenomenologia do espírito*. Tradução de Paulo Menezes. Petrópolis: Vozes, 1993, parte II.

HEGEL, G. W. F. *Fenomenologia do espírito*. Tradução de Paulo Menezes com a colaboração de Karl-Heing Efken e José Nogueira Machado. 7. ed. rev. Petrópolis: Vozes/Bragança Paulista: USF, 2002.

HEGEL, G. W. F. *Grundlinien der Philosophie des Rechts*. Frankfurt: Suhrkamp, 1971. [Werke in zwanzig Bänden (1832-1845). Hrsg. von Eva Modenhauer, Karl Markus Michel].

HEGEL, G. W. F. *Introduction à la philosophie de l'histoire*: essai sur les limites de l'objectivité historique. Paris: Gallimard, 1938.

HEGEL, G. W. F. *Lectures on the philosophy of world history*: introduction: reason in history. Tradução de H. B. Nisbet, Cambridge: University Press, 1995.

HEGEL, G. W. F. *O idealismo lógico*. Disponível em http://www.mundodosfilosofos.com.br/hegel.htm)

HEGEL, G. W. F. *Phänomenologie des Geistes* [Werke in zwanzig Bänden (1832-1845). Hrsg. von Eva Modenhauer, Karl Markus Michel].

HEGEL, G. W. F. *Phänomenologie des Geistes*. Hamburg: Felix Meiner, 1952, (Philosophische Bibliotek).

HEGEL, G. W. F. *Philosophie der Geschichte*. [Werke in zwanzig Bänden (1832-1845). Hrsg. von Eva Modenhauer, Karl Markus Michel].

HEGEL, G. W. F. *Science of logic*. Tradução de V. Miller. Atlantic Highlands: NJ Humanities Press International, 1989.

HEGEL, G. W. F. *Vorlesungen über die Geschichte der Philosophie I*. [Werke in zwanzig Bänden (1832-1845). Hrsg. von Eva Modenhauer, Karl Markus Michel].

HEGEL, G. W. F. *Vorlesungen über Rechtsphilosophie*, 1818-1831. Hrsg. K. H. Ilting Bd. I-IV. Stuttgart: Frommann-Holzboog, 1974.

HÖFFE, Otfried. *Introduction à la philosophie pratique de Kant:* la morale, de droit et la réligion. Paris: J. Vrin, 1993.

HÖFFE, Otfried. *La justice politique comme égalité dans la liberté*: une perspective kantienne. *In:* GOYARD-FABRE, Simone (Org.). *et al. L'égalite*. Actes du colloque de mai 1985, Caen: Centre de Publications de l'Université de Caen, 1985.

HULSMAN, Louk; BERANT DE CELIS, Jacqueline. *Das penas perdidas*: o sistema penal em questão. 2. ed. Tradução de Maria Lúcia Karam. Niterói: Luam, 1997.

HYPPOLITE, J. *Gênese e estrutura da fenomenologia do espírito*. Lisboa: Discurso Editorial, 1974.

INSTITUTO ANTÔNIO HOUAISS. *Dicionário Houaiss da língua portuguesa*. Rio de Janeiro: Objetiva, 2001.

JACQUARD, A. *Filosofia para não filósofos*. São Paulo: Campus, 2004.

JÁUREGUI, Jorge Mario. *O intangível em psicanálise e arquitetura*. Disponível em: www.vitruvius.com.br

KANT, Immanuel. *A metafísica dos costumes*. São Paulo: Edipro, 2003.

KANT, Immanuel. *A paz perpétua e outros opúsculos*. Lisboa: Edições 70, 1988.

KANT, Immanuel. *Crítica da razão prática*. Tradução de Artur Morão. Lisboa: Edições 70, 1989a.

KANT, Immanuel. Grundlegung zur Metaphysik der Sitten. *In:* _____. *Kant's Werke*. Berlin: Georg Reimer, 1911. v. IV.

KANT, Immanuel. *La metafísica de las costumbres*. Tradução de Adela Cortina Orts et Jésus Conill Sancho. Madrid: Tecnos, 1989b.

KANT, Immanuel. Risposta alla domanda: Se il genere umano sia in costante progresso verso il meglio (1798). *In:* BOBBIO, Norberto (a cura di). *Scritti di filosofia della storia e del diritto*. Torino: UTET, 1965, p. 213-230.

KANT, Immanuel. *Vorlesungen über Logik, Kant's gesammelte Schriften*. Berlim und Leipzig: königlich Preussische Akademie der Wissenschaften, v. IX, 1923.

KOJÈV, Alexandre. *Introdução à leitura de Hegel*. Tradução de Estela dos Santos Abreu. Rio de Janeiro: Contraponto, 2002.
KOJÈV, Alexandre. *Introduction à la lecture de Hegel*: leçons sur la phenomenologie de l'éspirit. Paris: Gallimard, 1947.
KOJÈVE, Alexandre. *Introdução à leitura de Hegel*. Rio de Janeiro: Contraponto: EDUERJ, 2002.
LAFER, Celso. *A reconstrução dos direitos humanos*: um diálogo com o pensamento de Hannah Arendt. São Paulo: Companhia das Letras, 1998.
LANGON, Mauricio. *Realización del potencial humano*. Disponível em: http://www.mondialisations.org.
LEXICON. *Dicionário teológico-enciclopédico*. Tradução de João Paixão Neto e Alda da Anunciação Machado. São Paulo: Edições Loyola.
LYONS, John. *Linguagem e lingüística*: uma introdução. Rio de Janeiro: LTC, 1981.
MAIHOFER, Werner. Hegels Prinzip des Modernen Staates. *In:* RIEDEL, M. (Hrsg). *Materialien zu Hegels Rechtsphilosophie*. Frankfurt: Suhrkamp, 1975.
MALUSCHKE, G. *Philosophische Grundlagen des demokratischen Verfassungsstaates*. Freiburg-München: Alber, 1982 (Praktische Philosophie, Bd.16), *apud* JAMME, Christoph. Rezension. *In:* _____. *Hegel-Studien*, 19, 1981.
MARCUSE, Herbert. *Razão e revolução*: Hegel e o advento da teoria social. 4. ed. Rio de Janeiro: Paz e Terra, 1988.
MATOS, Olgária C. F. *Os arcanos do inteiramente outro*. São Paulo: Brasiliense, 1989.
MCKENZIE, John L. *Dicionário bíblico*. Tradução de Álvaro Cunha, rev. de Honório Balbosco. São Paulo: Paulus, 1983.
MICHELAZZO, José Carlos. *Do um como princípio ao dois como unidade*: Heidegger e a reconstrução ontológica do real. São Paulo: FAPESP/Annablume, 1999,
MORAES, Alfredo de Oliveira. *A metafísica do conceito*: o problema do conhecimento de Deus na Enciclopédia das Ciências Filosóficas de Hegel. Porto Alegre: Edipucrs, 2001.
MUNDO. *História por Voltaire Schilling*. Disponível em: http://educaterra.terra.com.br/voltaire/mundo/jacobinos4.htm
NOGARE, Pedro Dalle. *Humanismos e anti-humanismos*: introdução à antropologia filosófica. Rio de Janeiro: Vozes, 1977.
OLIVEIRA, Marcelo Andrade Cattoni de. *Teoria discursiva da argumentação jurídica de aplicação e garantia processual jurisdicional dos direitos fundamentais*. Belo Horizonte: UFMG ; RBEP.

PASCAL, Blaise. *Pensées et opuscules*. Paris: Garnier/Brunschwig, 1971.
PENCE, Gregory E. *Cloning after Dolly*: who's still afraid? Oxford: Rowman & Littlefield Publishers, 2004.
PEREYRA, Mario. *De homo sapiens a homo videns*. Disponível em: http://dialogue.adventist.org/articles)
PLATÃO. *Diálogos de Platão*. 5. ed. Tradução de J. Paleikat. Rio de Janeiro: Globo, v. I, 1962.
RABINOVICH, Diana. *A angústia e o desejo do outro*. Tradução de André Luis de Oliveira Lopes. Rio de Janeiro: Cia de Freud, 2005.
RAHNER, Karl. Curso fundamental da fé: introdução ao conceito de cristianismo. São Paulo: Paulus, 3. ed., 2004, p. 527.
RAHNER, Karl. Priester und Dichter. *In:* _____. *Schriften zur Theologie*, Bd. 3, Einsiedeln: Benzinger, 1956, p. 349-390.
REALE, Miguel. *Filosofia do direito*. 7. ed. São Paulo: Saraiva, 1975. v. I.
REGAN, Tom. *The case for animal rights*. Berkeley/LA: University of California Press, 1983.
RIEDEL, Manfred. *Dialética nas instituições*: sobre a estrutura histórica e sistemática da filosofia do direito de Hegel. Tradução de Selvino José Assmann da versão italiana: *Dialettica nelle istituzioni*: sulla struttura storica e sistematica della filosofia del diritto di hegel. *In:* CHIEREGHIN, Franco (Org.). *Filosofia e società in Hegel*. Trento: Quaderni di Verifiche 2, 1977. Disponível em www.cfh.ufsc.br/~wfil/riedel.htm
RISÉRIO, Antônio. *Um jogo com as tecnologias do espírito*. Disponível em: http://www.revistazunai.com.br/entrevistas/antonio_riserio.htm.
RITTER, Joachim. *Hegel und die französiche Resolution*. Frankfurt: Suhrkamp, 1972.
ROQUE CABRAL. Fraternidade. *In:* POLIS: Enciclopédia Verbo da Sociedade e do Estado, Lisboa/São Paulo: Verbo, [s.d].
ROSENFIELD, D. *Hegel*. Rio de Janeiro: Zahar, 2002.
SALGADO, Joaquim Carlos. *A idéia de justiça em Hegel*. São Paulo: Loyola, 1996.
SALGADO, Joaquim Carlos. *A idéia de justiça em Kant*: seu fundamento na liberdade e na igualdade. Belo Horizonte: UFMG, 1986.
SALGADO, Joaquim Carlos. *A idéia de justiça em Kant*: seu fundamento na liberdade e na igualdade. 2. ed. Belo Horizonte: UFMG, 1995.
SALGADO, Joaquim Carlos. A *idéia de justiça no mundo contemporâneo:* fundamentação e aplicação do direito como *maximum* ético. Belo Horizonte: Del Rey, 2006.

SALGADO, Joaquim Carlos. Contas e ética. *Revista do Tribunal de Contas do Estado de Minas Gerais*, Belo Horizonte, v. 30, n. 1, p. 97-98, jan./mar. 1999.

SALGADO, Joaquim Carlos. Globalização e justiça universal. *Revista Brasileira de Estudos Políticos*, Belo Horizonte, 2004.

SALGADO, Joaquim Carlos. O aparecimento do estado na fenomenologia do espírito de Hegel. *Revista da Faculdade de Direito da UFMG*, Belo Horizonte, n. 19, 1976.

SANTOS, Boaventura de Sousa. *Pela mão de Alice*: o social e o político na pós-modernidade. 2. ed. Porto: Afrontamento, 1994.

SANTOS, José Henrique. *Trabalho e riqueza na fenomenologia do espírito de Hegel*. São Paulo: Loyola, 1993.

SARTORI, Giovanni. *Homo videns*: la sociedad teledirigida. Madri: Santillana, 1998.

SILVA, Antônio Álvares da. *Pequeno tratado da nova competência trabalhista*. São Paulo: LTr, 2005.

SILVA, Paulo César da. Fundamentos antropológicos do biodireito. *In*: NASCIMENTO, Grasiele Augusta Ferreira; RAMPAZZO (Org.). *Biodireito, ética e cidadania*, Taubaté: Cabral, Unisal, 2003.

SOUZA JÚNIOR, José Geraldo de. *Ética, cidadania e direitos humanos*: a experiência constituinte no Brasil. Disponível em: www.cjf.gov.br/revista/numero1/josegera.htm

SOUZA, José Carlos Aguiar de. *A alteridade recalcitrante*: a identidade e a alteridade na concepção metaxológica de William Desmond. Belo Horizonte: UFMF/FAFICH, 2000.

TENÓRIO, Fernando G. (Org.) *Gestão de ONG's*: principais funções gerenciais. Rio de Janeiro: Editora FGV, 1999.

TRIBE, Keith. Natural liberty and laissez faire: how Adam Smith became a free trade ideologue. *In:* COPLEY, Stephen; SUTHERLAND, Kathryn (Ed.). *Adam Smith's wealth of nations*: new interdisciplinary essays. Manchester: Manchester University Press, 1995.

VAZ, Henrique Cláudio de Lima. Destino da revolução. *Síntese*, Rio de Janeiro, n. 45, p. 5-12, jan./abr. 1989.

VAZ, Henrique Cláudio de Lima. *Escritos de filosofia I*: problemas de fronteira. São Paulo: Loyola, 1986.

VAZ, Henrique Cláudio de Lima. Senhor e escravo: uma parábola da filosofia ocidental. *In:* TOLEDO, C.; MOREIRA, L. (Org.). *Ética e direito*. São Paulo: Loyola, 2002.

VAZ, Henrique Cláudio de Lima. *Senhor e escravo*: uma parábola da filosofia ocidental. *Síntese*, Rio de Janeiro, n. 21, p. 7-29, 1981.

VIANA, Mário Gonçalves. *Ética geral e profissional.* Porto: Figueirinhas, [s.d.].

VILLELA, João Baptista. Em busca dos valores transculturais do direito. *Belo Horizonte, Revista Brasileira de Estudos Políticos,* n. 89, p. 32, jan./jun. 2004.

WEBER, Tadeu. *Hegel*: liberdade, estado e história. Petrópolis: Vozes, 1993.

WEIL, Eric *et al. Hegel et la philosophie du droit.* Paris: PUF, 1979.

WEIL, Eric. *Hegel et l'état.* 3. ed. Paris: Vrin, 1970.

WESTON, Burns H. Human rights. *In*: THE NEW Encyclopaedia Britannica. 15. ed. Chicago, 1990, v. 20.

ESSE, SIMOL NON ESSE, ESSE NON POTEST.

(Ser e, ao mesmo tempo não ser, não pode ser)

SUMÁRIO

1. Introdução 21
   1.1 A Escolha do Tema 21
   1.2 O Intento do Trabalho 23
   1.3 Para uma Delimitação Metodológica 24
2. A Fraternidade e os Direitos do Homem 27
3. A Idéia de ser Humano 36
   3.1 Razão de Ordem 36
   3.2 Quem Somos? – Da Possibilidade da Resposta 36
   3.3 A Fraternidade como Objeto do Direito 43
4. O Ser Humano 51
   4.1 Razão de Ordem 51
   4.2 O Ser Humano como Explicação do Homem para Si .. 52
   4.3 A Dialética dos Opostos – O Ser Humano como vir-a--ser do Homem 54
   4.4 Ser Humano como Razão de ser Homem 59
   4.5 A Dialética do Ser e da Aparência: a Existência Humana ... 62
   4.6 O Ser Humano enquanto Causa do ser Humano como Efeito 70
   4.7 Ser Humano e Dever ser Humano: A Unidade do Real e do Racional 75
   4.8 A Fraternidade como Produto da Razão 79
5. Reconhe-ser-se Humano 96
   5.1 Razão de Ordem 96
   5.2 O Reconhecimento do Outro 97
   5.3 O Reconhecimento de Si no Outro 100
   5.4 O Reconhecimento de Si a Partir do Outro .. 107
   5.5 A Dialética da Fraternidade 110
   Razão de Ordem – Capítulos 6, 7, 8 e 9 119

6. O Estado como Sujeito da Ação de Ser Humano 119
6.1 Razão de Ordem 119
6.2 A Fraternidade Estatal – A Realização da Família como Fim do Estado 119
6.3 A Fraternidade como Unidade da Consciência de Si com o Mundo 125
6.4 A Fraternidade como Essência do Estado como Família 128
6.5 "O Racional é Real e o Real é Racional" – O Vir-a-ser Humano do Homem que é 136
6.6 A Fraternidade como Organização Política da Liberdade 143
6.7 A Fraternidade como Vontade Universalizada de Todos 146

7. O Indivíduo como Sujeito da Ação de ser Humano 150
7.1 Razão de Ordem 150
7.2 O Cidadão, O Indivíduo e o Membro da Família – Distinções Necessárias 151
7.3 As Associações dos Indivíduos – A Fraternidade nas Fraternidades 158
7.4 A Sociedade Civil como Segunda Família – A Fraternidade Possível 162
7.5 As Organizações não-Governamentais sem Fins Lucrativos como Síntese – A Tese da Sociedade Civil como Segunda Família e a Exclusão Social como Antítese ... 165
7.6 A Fraternidade como Fundamento Universal para a Liberdade Individual 170
7.7 O Indivíduo Universalizado 177
7.8 A Fraternidade e o Estado Racional 180

8. O Cidadão como Sujeito da Ação de Ser Humano 190
8.1 Razão de Ordem 190
8.2 A Idéia de Ser Humano na Exigência da Ação na Racionalidade do Cidadão 191
8.3 Liberdade e Fraternidade 194
8.4 Igualdade e Fraternidade 196
8.5 Trabalho e Fraternidade 206

9. A Ação de Ser Humano 210
9.1 Razão de Ordem 210
9.2 O Desejo de Ser Humano 210
9.3 O Reconhecimento Humano 215

9.4 A Ação do Trabalho e a Ação de Ser Humano............ 222
9.5 O Ser Humano como Sujeito da Ação de Ser............... 225
9.6 O Ser Humano enquanto Obra de Si Mesmo................ 229
10. Conclusão 238

Referências 243